W0049206

Daniela Schetar und Friedrich Köthe

Portugal
kompakt

Daniela Schetar und
Friedrich Köthe

Portugal
kompakt

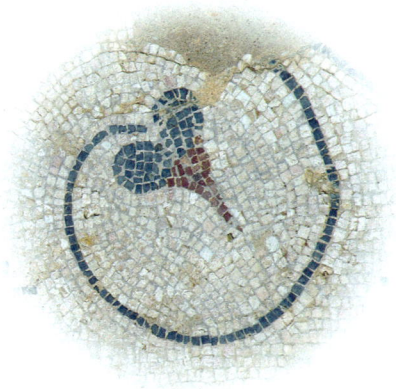

Daniela Schetar und Friedrich Köthe

Portugal Kompakt

erschienen im

REISE KNOW-HOW Verlag

ISBN 978-3-89662-510-6

© Helmut Hermann

Untere Mühle
D - 71706 Markgröningen
1. Auflage **2009**

Alle Rechte vorbehalten

– Printed in Germany –

www.reise-know-how.de

eMail-Adresse des Verlags:
rkhhermann@aol.com

Gestaltung und Herstellung
Umschlagkonzept: Carsten Blind
Inhalt: Carsten Blind
Lektorat: Christiane Wild, Helmut Hermann
Karten: Elke Krauß
Druck: W&A, Heusenstamm
Fotos: siehe Anhang

Dieses Buch ist erhältlich in jeder Buchhandlung in
Deutschland, Österreich, Schweiz, Niederlande und Belgien
Bitte informieren Sie Ihren Buchhändler über
folgende Bezugsadressen:
D: PROLIT GmbH, Postfach 9, 35461 Fernwald
(sowie alle Barsortimente)
CH: AVA-buch 2000, Postfach 27, 8910 Affoltern
A: Mohr Morawa Buchvertrieb GmbH, Postfach 260, 1011 Wien
Niederlande, Belgien: Willems Adventure, Postbus 403,
NL-3140 AK Maassluis

Wer im Buchhandel trotzdem kein Glück hat, bekommt
unsere Bücher auch über unsere Büchershops im Internet (s.o.)

Vorwort

Liebe Leserin, lieber Leser!

Als „Westküste Europas" wirbt Portugal um Touristen, doch dieser Slogan wird der Vielseitigkeit und den landschaftlichen und kulturellen Reichtümern des Landes kaum gerecht. Es stimmt – über die Hälfte des Landes ist von Küsten begrenzt: Im Süden bildet die mal felsig-wilde, mal sandig-sanfte Algarve den Meeressaum. Im Westen donnert und schmeichelt der raue Atlantik gegen endlose Dünenstrände. Im Binnenland aber locken viele weitere Highlights: Die weich gewellten und fruchtbaren Ebenen des Alentejo, die Weingärten des Douro-Tals, die herbe Gebirgsnatur der Serra da Estrela und des Nationalparks Peneda-Gêres, die Granitskulpturen des Geoparks Naturtejo sind nur einige der vielen Naturattraktionen, die sich im Hinterland verbergen. Zu ihnen gesellt sich geballte Kultur – Portugal bot vielen Völkern eine Heimstatt, und das Zusammenwirken maurischer und iberischer Einflüsse hat für architektonischen Blüten gesorgt, die Städte wie Évora, Beja, Coimbra und Lissabon schmücken. Die portugiesische Hauptstadt ist die unbestrittene Siegerin der urbanen Schönheitskonkurrenz: Malerisch über dem Tejo gelegen, von ganz unterschiedlichen Reizen, historisch-elegant und pfiffig-modern, lebhaft und avantgardistisch – eine rauschhafte Metropole! Kühler, verhaltener dagegen wirkt das ähnlich reizvoll über dem Douro-Fluss angelegte Porto, wo Portugals berühmtester Desertwein in kühlen Kellern lagert.

Wir hoffen, dass unsere Erfahrungen helfen, auch Ihren Besuch in Portugal zu einem unvergessenen Erlebnis zu machen. Im **Praktischen Reise-ABC** am Anfang finden Sie Antworten zu allen reisepraktischen Fragen. Das Kapitel **Land und Leute** stellt Ihnen Geschichte, Kultur und Alltag vor. Im dritten Teil führen kenntnisreiche Orts- und Regionenkapitel durch Portugal, angefangen bei der Hauptstadt Lissabon und dann von Süd nach Nord durch Algarve, Alentejo, Zentral- und Nordportugal. Viele praktische Tipps und Infos helfen bei der Wahl eines passenden Hotels oder eines Restaurants, von exklusiven Design-Hotels und Pousadas bis zur netten Pension, vom Sternekoch bis zum Sardinengrill. Sie finden ausserdem originelle Shopping-Tipps und Hinweise auf mögliche Aktivitäten – in Portugal wird ja nicht nur gebadet und gesurft, sondern leidenschaftlich Golf gespielt und gewandert.

Wir wünschen Ihnen viel Spaß und eine ereignis- und erkenntnisreiche Reise durch Portugal!

Ihre Daniela Schetar und Friedrich Köthe

Inhaltsverzeichnis

1 Lissabon

2 Algarve

Lagos und der Westen

4 Centro – Zentralportugal

5   Norte – Portugals Norden

Braga, Minho und Tràs-os-Montes

•••   Anhang und Register

Bitte schreiben oder mailen Sie (rkhhermann@aol.com), wenn
sich in Portugal Dinge verändert haben oder Sie Neues wissen.
Wir beantworten jede Zuschrift. Danke!

**Unterwegs
in Portugal**

Praktisches Reise-ABC Portugal

An- und Einreise

Anreise mit dem Flugzeug

Zahlreiche Flüge verbinden die mitteleuropäischen Zentren mit den größeren Städten Portugals. Die traditionellen Fluggesellschaften Air Portugal (TAP – Transportes Aereos Portugueses), Lufthansa (beide Mitglieder der Star Alliance) fliegen nach Porto und Lissabon und von dort aus weitere Städte im Land an (mit TAP). Swiss fliegt ebenfalls nach Lissabon und Porto.

Außerdem verbinden zahlreiche weitere Fluglinien, die aus dem Charterbereich kommen und heute auch Linienflüge im Programm haben, Mitteleuropa mit Portugal. Sie bieten meist sehr günstige Preise. Air Berlin hat oft Schnäppchen im Angebot, allerdings müssen Sie auf Mallorca umsteigen.

TAP

www.flytap.com – Direktflüge von Frankfurt, Hamburg, München, Genf und Zürich nach Lissabon, von Frankfurt, München und Wien nach Faro, von Frankfurt, Genf und Zürich nach Porto, von Frankfurt und Wien nach Funchal

Lufthansa

www.lufthansa.de – Direktflüge von Frankfurt und München nach Lissabon, von Frankfurt nach Porto und Faro jeweils mehrmals die Woche

Swiss

www.swiss.com – Direktflüge von Zürich nach Lissabon (täglich) und Porto (nur in der Saison, dann bis zu dreimal in der Woche)

Austrian Airlines/ Lauda Air

www.aua.com – Direktflüge (Charterflüge) von Wien nach Faro nur im Sommer (jeweils einmal pro Woche)

Air Berlin/Niki, www.airberlin.de, www.flyniki.com – Zahlreiche Flüge mit Zwischenstopp (Hub Palma de Mallorca, meist nur kurze Wartezeiten) aus Deutschland, Österreich und der Schweiz nach Lissabon, Porto und Faro.

Weitere Chartergesellschaften

Tuifly, www.tuifly.com – während der Saison nach Porto und Faro; LTU, www.ltu.de – während der Saison nach Lissabon, Faro und Funchal; Condor, www.7condor.com – während der Saison nach Funchal; Ryan Air, www.ryanair.com– während der Saison von Frankfurt (Flughafen Hahn) nach Porto und Faro.

Anreise mit dem Auto

Wer in die nördliche Landeshälfte will, wählt die Strecke über Lindau, Genf, Lyon, Bordeaux, Biarritz, San Sebastian, Salamanca und Vilar Formosa. Die Kilometer summieren sich für die einfache Strecke auf 2500 Kilometer, die reine Fahrzeit beträgt etwa 25 Stunden, die Maut kostet (mit Vignetten) etwa 120 Euro. Wer in den Süden Portugals möchte, fährt ebenfalls bis Lyon, nimmt dort aber die Route über Valence, Narbonne, Barcelona, Sevilla und Ayamonte. Die Strecke beträgt 2600 Kilometer, die Maut kostet mit Vignetten etwa 140 Euro und die Fahrt dauert gute 25 Stunden. An **Dokumenten** sind der Führerschein, der Kfz-Schein und sicherheitshalber die Grüne Versicherungskarte mitzuführen, die – wenn Halter und Fahrer nicht identisch sind – vom Halter unterzeichnet sein muss. In diesem Fall ist auch eine beglaubigte Vollmacht des Halters vorgeschrieben.

A-Z

Anreise mit dem Bus

Die Busgesellschaft Deutsche Touring verbindet viele mitteleuropäischen Städte mit dem südwestlichen Europa. Teilweise müssen Zwischenstopps mit Umsteigen in Kauf genommen werden. Die Preise für eine einfache Fahrt von Frankfurt nach Faro bewegen sich um 150 Euro, für Hin- und Rückfahrt um 250 Euro. Kontakt: Tel. 069-7903501, www.touring.de. Wer die Rückfahrt im Voraus nicht festlegen möchte, kann sie in Portugal an folgenden Stellen buchen: Internorte, Praça da Galiza 96, Porto, Tel. 226-052420 und Intercentro, Rua Eng. Viera da Silva 8e, Lissabon, Tel. 21-3571745. Von Hamburg nach Lissabon dauert die Fahrt etwa 40 Stunden.

Anreise mit dem Zug

Den günstigsten Preis für ein Zugticket zu finden, macht einem die Deutsche Bahn nicht gerade einfach. Wer Glück hat gerät über die **Hotline** der Bahn (Tel. 11861, Achtung! bis zu 1,80 Euro/Minute) an einen kompetenten Mitarbeiter. Auf www.bahn.de erhält man bei Auslandsverbindungen keine Preisauskunft (nur Abfahrtszeiten). Mit dem **Interrailticket** darf man über einen bestimmten Zeitraum eine unbegrenzte Kilometerzahl zurücklegen, allerdings muss man sich für bestimmte Zonen entscheiden.

Nächster Halt: Estação CP de Faro, Endpunkt der Schnellzüge von Lissabon

Es gibt täglich eine Hauptverbindung zwischen München (Abfahrt um 7.24 Uhr) und Lissabon, die Fahrt dauert mit vier Mal umsteigen knapp 30 Stunden (Mannheim, Saarbrücken, Paris Est und Irun/Spanien). Von Lissabon (Abfahrt um 16.14 Uhr) geht es über Hendaye/Spanien, Paris Est und Saarbrücken zurück (ebenfalls knapp 30 Stunden).

Einreise

Deutsche, Österreicher und Schweizer benötigen für den Grenzübertritt kein Ausweisdokument, da Portugal das Schengen-Abkommen unterschreiben hat und es deshalb keine Grenzkontrollen gibt. Ein Ausweisdokument ist dennoch mitzuführen (ein Personalausweis ist für EU-Bürger und Schweizer ausreichend). Auch die Fluggesellschaften wollen in den meisten Fällen beim Einchecken ein Ausweisdokument sehen. Im Übrigen kann das Schengen-Abkommen jederzeit für eine bestimmte Periode außer Kraft gesetzt werden. Nicht EU-Bürger mit Aufenthaltserlaubnis in einem EU-Land können ohne weitere Formalitäten für drei Monate nach Portugal reisen.

Wer einen **Hund** mitnehmen will, benötigt für das Tier einen internationalen Impfpass mit einem amtsärztlichen Stempel. In den meisten öffentlichen Verkehrsmitteln, in Geschäften und Restaurants und auch an bewirtschafteten Stränden sind Haustiere nicht geduldet.

Botschaften und Konsulate

Botschaften in Portugal

Deutschland
- Botschaft Lissabon, Campo dos Mártires de Pátria 38, 1169-043 Lissabon, Tel. 21-8810210, Fax 21-8853846, www.embaixada-alemanha.pt
- Konsulat Porto, Avenida de França 20-6, 4050-275 Porto, Tel. 226-052810, Fax 226-052819
- Honorarkonsulat Faro, Urb. Infante D. Henrique, Lote 11 r/c dt, 8000-490 Faro, Tel. 289-803148, Fax 289-801346, www.honorarkonsul-faro.de

Österreich
- Botschaft Lissabon, Avenida Infante Santo 43/IV, 1399-046 Lissabon, Tel. 21-395822022, Fax 21-3958224, lissabon-ob@bmaa.gv.at
- Honorarkonsulat Albufeira, Rua Ramalho Ortigao, Praia da Oura, 8200-604 Albufeira, Tel. 289-510900, Fax 289-510999, consulaustria@hotmail.com

	• Honorarkonsulat Porto, Praca do Bom Sucesso 123-137/VIII, sala 803, 4150-146 Porto, Tel. 226-053000, Fax 226-053002, austriaconsul@telepac.pt
Schweiz	• Botschaft Lissabon, Travessa do Jardim 17, 1350-185 Lissabon, Tel. 21-3944090, Fax 21-3955945, www.eda.admin,ch/lisbon
	• Konsulat Porto, Rua do Carvalho 102 M 6°, 4150-192 Porto, Tel. 225-321433, Fax 225-321434, consulado-suico@vianw.pt

A-Z

Portugiesische Botschaften

In Deutschland
- Botschaft und Konsulat Berlin, Zimmerstr.56/V, 10117 Berlin, Tel. 030-590063500, Fax 590063600
- Generalkonsulat Osnabrück, Schlosswall 2, 49080 Osnabrück, Tel. 0541-408080, Fax 4080835
- Generalkonsulat Stuttgart, Königstr.20, 70173 Stuttgart, Tel. 0711-227396, Fax 2273989
- Generalkonsulat Düsseldorf, Graf-Adolf-Str.18, 40212 Düsseldorf, Tel. 0211-138780, Fax 323357
- Generalkonsulat Frankfurt/Main, Zeppelinallee 15, 60325 Frankfurt/Main, Tel. 069-9798800, Fax 97988022
- Generalkonsulat Hamburg, Gänsemarkt 21/23, 20354 Hamburg, Tel. 040-3553484, Fax 35534860
- Generalkonsulat München, Maximilianplatz 15, 80333 München, Tel. 089-29163125, Fax 29163126

In Österreich
- Botschaft Wien, Opernring 3, 1010 Wien, Tel. 01-5867536, Fax 586753633
- Konsulat Salzburg, Faberstr.2B/IV, 5020 Salzburg, Tel. 0662-873902, Fax 8739024

In der Schweiz
- Botschaft Bern, Weltpoststr.20, 3015 Bern, Tel. 031-3528329, Fax 3514432
- Generalkonsulat Genf, 220 Route de Ferney, 1218 Grand Saconnex-Genève, Tel. 022-7917636, Fax 7832503
- Generalkonsulat Zürich, Zeltweg 13, 8032 Zürich, Tel. 01-2613366, Fax 2512484

Feiertage

Neben den gesetzlichen Feiertagen haben viele Orte eigene Feiertage (wie Porto und Lissabon), an denen die Geschäfte zumindest einen halben Tag geschlossen bleiben. Anlass der Feiern ist meist die Würdigung der Ortsheiligen, aber es gibt sie auch Erntedankfeste oder die feierliche Beendigung der Erntesaison und der Weinlese. Die Feste der Ortsheiligen gehen mit der prächtigen Ausstaffierung der Städte und mit Prozessionen einher. Die Häuser und Straßen versinken dann geradezu in einem Blütenmeer.

Auch Wallfahrten – häufig zu Mariä Himmelfahrt – werden von den Einheimischen gerne besucht. Im

Februar wird mit viel Musik Karneval gefeiert. Der Tag der Nelkenrevolution erinnert an die Beendigung der Diktatur in Portugal am 25. April 1974, als das Militär gegen die herrschende Klasse revoltierte und die Demokratie wiedereinführte. Am Nationalfeiertag, dem 10. Juni, wird diesem gedacht. Der 5. Oktober erinnert an den Sturz der Monarchie im Jahr 1910. Am 1. Dezember feiern die Portugiesen die Wiederherstellung der Monarchie nach der Vertreibung der Spanier 1640. Allerheiligen wird auch Tag des *pão por deus* genannt – Tag des „Brotes für Gott". Früher wurden die Armen gespeist, heute erhalten Kinder kleine Geschenke. Dem Feiertag Mariä Empfängnis kommt besondere Bedeutung zu, da mit ihm die Weihnachtszeit eingeläutet wird.

Gesetzliche Feiertage

- Neujahr (1. Januar)
- Faschingsdienstag
- Karfreitag
- Tag der Revolution (25. April)
- Tag der Arbeit (1. Mai)
- Nationalfeiertag (10. Juni)
- Sto. António (13. Juni, nur in Lissabon)
- Fronleichnam
- S. João (24. Juni, nur in Porto)
- Mariä Himmelfahrt (15. August)
- Tag der Republik (5. Oktober)
- Allerheiligen (1. November)
- Gedenktag der Restauration 1640 (1. Dezember)
- Mariä Empfängnis (8. Dezember)
- Weihnachten (25. Dezember)

Mädchen in Tracht, Viana

Fotografieren

Wer nicht gerade ein passionierter Fotograf ist, dem reicht eine Kamera mit einem Zoom zwischen leichtem Weitwinkel und leichtem Tele (etwa 28–135 Millimeter). Ein Polarisationsfilter lässt die Farben satter werden und schützt das Objektiv vor etwaigen Kratzern. In Portugal sind die gängigen Filme, Speichermedien und Kamerabatterien erhältlich, günstiger sind sie auf alle Fälle als Sonderangebote in Mitteleuropa zu erstehen. Wer analog fotografiert und

Spezialfilme verwendet, sollte diese ebenfalls aus Mitteleuropa mitbringen.

Geld und Kreditkarten

Portugal gehört zur Eurozone (die Währung wird **„e-u-ro"** ausgesprochen). Die Schweizer müssen weiterhin Geld wechseln (Kurs Mitte 2009: 1 Euro = 1,48 CHF, 1 CHF = 0,67 Euro).

Das Preisniveau liegt in den Großstädten etwas unter mitteleuropäischem Niveau, in kleineren Orten und auf dem Lande sind die Dinge des täglichen Bedarfes und die Preise in den Restaurants um einiges günstiger.

Bargeld
Generell sollte man so wenig Bargeld wie möglich mit sich herumtragen. Mit der Geld-(Maestro-)Karte lässt sich an den flächendeckend verfügbaren Bankautomaten mit dem Zeichen „MB" (für Multibanco) Bargeld abheben.

Kreditkarten
Eine weitere Möglichkeit der Bezahlung ist die Kreditkarte, die im ganzen Land in den meisten Geschäften, Unterkünften, Tankstellen und Restaurants als Zahlungsmittel üblich ist. Auch an den Multibanco-Automaten ist es mit einigen Kreditkarten möglich, Bargeld abzuheben. Wer ein Auto mieten und die teure Kaution nicht hinterlegen will, braucht zwingend eine Kreditkarte.

Kartenverlust/ Sperrung
Verlorene bzw. gestohlene Geld- und Kreditkarten müssen sofort gemeldet und gesperrt werden.

Die Notrufnummer ++49-1805-021021 gehört dem zentralen Sperr-Annahmedienst für Maestro-(EC)-, Bankkunden- und Sparkarten und ist rund um die Uhr zu erreichen. Die Abwicklung geschieht per Sprachcomputer und zur Sperrung werden die Kontonummer und die Bankleitzahl benötigt.

Unter der Notrufnummer ++49-116116 können Sie alle Kreditkarten (auch in Österreich und der Schweiz ausgestellte), aber auch EC-, Bankkunden- und Sparkarten (nur deutsche) sperren lassen. An diesem Service nehmen inzwischen viele Banken und Sparkassen teil.

Wer seine Kreditkarten direkt sperren lassen will, kann dies für Mastercard aus dem Ausland unter Tel. ++1-636-7227111 tun, für Visa unter Tel. ++1-410-5819995, für American Express unter Tel. ++49-69-97971000 und für Diners unter Tel. ++1-303-7991504. Diese Nummern (außer American Express) gelten auch für Kreditkartennutzer aus Österreich und der Schweiz.

Österreicher können ihre Maestro- und Mastercard unter der Notrufnummer ++43-1-2048800 sperren lassen. Teilweise kann über diese Nummer auch zu anderen Kreditkartenanbietern verbunden werden. Schweizer sperren ihre Karten direkt bei ihrer Bank.

Aktuelle Informationen über Kartensperrungen erfährt man auf dem Internet unter:
www.kartensicherheit.de.

Reisechecks   Eine etwas aus der Mode geratene Form des Geldtransportes ist der Reisescheck, der im Heimatland gegen Bargeld erworben und dann im Urlaubsland wieder gegen Bargeld getauscht wird. Als persönlicher Scheck lässt er sich nur mit der ersten beim Erwerb des Schecks geleisteten Unterschrift und der zweiten bei der Einlösung zu leistenden Unterschrift zu Bargeld machen. Eine Liste der bereits eingelösten Schecks mit Datum und Ort muss geführt werden, dann erhält man bei Verlust der noch nicht eingelösten Schecks das Geld zurück.

Gesundheit

In Portugal ist man mit keinem über das mitteleuropäische Maß hinausgehenden Gesundheitsrisiko belastet. Im Allgemeinen genügen die hygienischen Bedingungen den üblichen Ansprüchen und man kann bei normaler körperlicher Verfassung unbedenklich Salate zu sich nehmen, ohne besondere Vorsichtsmaßnahmen zu ergreifen. Obst sollte man vor dem Verzehr schälen.

Für Mitteleuropäer kann die ungewohnte Hitze des Sommers belastend sein und zu Problemen mit dem Magendarmtrakt führen– besonders, wenn eiskalte Getränke konsumiert werden.

Medizinische Versorgung bekommt man in einem der vielen Gesundheitszentren (Centro de Saúde), die überall im Land zu finden sind. Sie haben teilweise auch eine 24-Stunden-Ambulanz, die als SAP/CATUS ausgeschildert ist.

Die mitteleuropäischen Krankenversicherungen müssten nach EU-Recht auch in Portugal anerkannt werden. Die Krankenversicherung kann mit der „European Health Insurance Card" (EHIC, wird von der Krankenkasse ausgestellt) nachgewiesen werden.

Damit sollte eigentlich die bisher übliche Verwendung der Formulare E111 und E112 wegfallen. Allerdings wird die EHIC noch nicht überall akzeptiert und so muss vor Ort bar bezahlt und die Rechnung nach der Rückkehr in Deutschland bei der Krankenkasse eingereicht werden.

Ambulanzfahrzeuge kann man landesweit unter der Telefonnummer 112 anfordern (die Nummer gilt auch für Polizei und Feuerwehr).

Information

Fast jeder Ort besitzt als Anlaufpunkt für Touristen eine Informationsstelle, ***Posto de Turismo***, die meist sehr gut mit Prospektmaterial und Karten ausgestattet ist. Die meist freundlichen Mitarbeiter sprechen in der Regel englisch, manchmal sogar deutsch und helfen gerne weiter. Adressen und Telefonnummern finden Sie bei den Ortsbeschreibungen.

Der offizielle **Tourismus-Website** ist (auch auf Deutsch): **www.visitportugal.com**.

In den Heimatländern wende man sich an die portugiesischen Handelsdelegationen, die auch die Touristenbetreuung und den Versand von Informationsmaterial übernehmen:

Deutschland Turismo de Portugal, Zimmerstr. 56, 10117 Berlin, Tel. 030-2541060, Fax 25410699, icep.berlin@portugalglobal.pt

Österreich ICEP/Portugiesische Handelsdelegation - Touristikzentrum, Opernring 1/2.OG, 1010 Wien, Tel. 01-5854450, Fax 5854445, icepvie@icepvie.co.at

Schweiz ICEP/Portugiesisches Verkehrsamt und Handelsdelegation, Badenerstrasse 15, 8004 Zürich, Tel. 01-2410001, Fax 2410012, icep@icep.ch

Für die Regionen sind in Portugal die folgenden Büros zuständig:

- **Alentejo,** Agência Turismo do Alentejo, Av. Jorge Nunes, Lote 1 R/C Esq. 7570-113 Grândola, Tel. 269-498680, Fax 269 498 687
- **Algarve,** Associação Turismo do Algarve, Avenida 5 de Outubro 18, 8000-076 Faro, Tel. 0289-800403, Fax 800466
- **Lissabon,** Turismo de Lisboa, Visitors & Convention Bureau, Tel. 0210-312700, Fax 312899
- **Porto und Norden,** Norte Adeturn Turismo Norte de Portugal, Praça D. João I n. º25 4.ºdto., 4000-295 Porto, Tel. 0223-393550, Fax 393559

_____ **Informationen auf dem Internet**

Neben der offiziellen Tourismus-Website **www.visit portugal.com** existiert eine Vielzahl an Internetseiten von den Regional- und Stadtverwaltungen.

Alentejo	www.visitalentejo.pt (deutsch)
Algarve	www.visitalgarve.pt (engl.)
Alto Minho	www.rtam.pt (engl.)
Beiras	www.turismo-centro.pt (engl., franz.)
Braganca	www.bragancanet/pt
Coimbra	www.uc.pt/coimbra (engl.)
Estoril	www.estorilcoast-tourism.pt (engl.)
Faro	www.cm-faro.pt
Leiria/Fátima	www.rt-leiriafatima.pt (engl., franz.)
Lissabon	www.cm-lisboa.pt/turismo (engl., franz.)
	www.atl-turismolisboa.pt (deutsch)
Odemira	www.cm-odemira.pt
Porto	www.portoturismo.pt (engl.)
	www.adeturn.pt (engl.)
Serra da Estrela	www.rt-serradaestrela.pt
Setúbal/	
Costa Azul	www.costa-azul.rts.pt (engl., franz.)
Sintra	www.cm-sintra.pt (engl., franz.)
Verde Minho	www.rtvm.pt (deutsch)
Viana do Castelo	www.cm-viana-castelo.pt

Weitere Websites

Campingplätze	www.roteiro-campista.pt (engl., franz.)
Naturschutzgeb.	www.icn.pt
Wetterbericht	www.meteo.pt (engl.)
Eisenbahn	www.cp.pt (engl.)
Pousadas	www.pousadas.pt (deutsch)
Museen	www.ipmuseus.pt
Buslinien	www.rodonorte.pt
	www.rede-expressos.pt
	www.eva-bus.com (engl.)

_____ # Kleidung

Im Frühjahr und Herbst kann es am Atlantik und auch in den höheren Lagen des Landesinneren nicht nur nachts kalt werden. Wärmere Kleidung sollte also auch eingepackt werden. In den Sommermonaten reichen ein Pullover und eine Windjacke für Schlechtwettertage. Ansonsten hängt die passende Kleidung von den geplanten Aktivitäten (Baden an der Algarve, Wandern in den Bergen, Stadtbesichtigungen in Lissabon oder Porto etc.) ab. In den Städten und besonders in den besseren Restaurants wird auf angemessene Kleidung Wert gelegt.

Wer abseits des Strandes wandern will, sollte festes Schuhwerk einpacken. Ein effektiver Sonnenschutz ist auf jeden Fall – auch bei Stadtbesichtigungen – wichtig. Dazu gehören: Sonnencreme mit hohem Lichtschutzfaktor, Hut und Sonnenbrille. Einen Regenschirm und ein Regencape dabei zu haben, ist an der Westküste und im Landesinneren zu empfehlen.

A-Z

Kommunikation

Festnetz-telefon

Telefonzellen sind fast überall zu finden, allerdings nur noch selten in Form eines Münztelefons. Man muss sich Telefonkarten bei der Telecom oder in Läden, die mit einem Telecom-Schild gekennzeichnet sind, besorgen. In den Telefonzellen befinden sich Hinweise auf die nächstgelegene Verkaufsstelle. Telefonieren kann man auch bei den Postämtern und in Internetshops. Die nationale **Auskunft** ist unter 118, die internationale unter 179 zu erreichen, der internationale **Operator** unter 171. Wer **Telegramme** aufgeben will, wählt 1583.

Mobiltelefon

Portugal ist fast flächendeckend mit Funknetzen ausgestattet, so dass der Empfang Ihres Handys mehr oder weniger immer gewährleistet ist. Nachdem die EU die Netzbetreiber verpflichtet hat, bei den Roaming-Gebühren Touristen nicht mehr gnadenlos abzuzocken und die Höhe der Beträge gedeckelt ist, ist es nicht mehr so wichtig wie früher, sich Prepaid-Karten in Portugal zu besorgen. Dennoch telefoniert

Telefonzelle im Hinterland der Algarve, Caldas de Monchique

man immer damit nach wie vor günstiger als über den eigenen Handyvertrag. Die Karten sind in den Läden für Telekommunikation und am Flughafen erhältlich.

Vorwahl

Aus Deutschland, Österreich und der Schweiz nach Portugal: 00351 und Ortsvorwahl (ohne Null) und Teilnehmernummer; aus Portugal nach Deutschland 0049, nach Österreich 0043 und in die Schweiz 0041. Innerhalb Portugals wird der Telefonnummer keine Null vorangestellt, die Ortsvorwahl muss immer mitgewählt werden (auch bei Ortsgesprächen).

Internet-Cafés

Zahlreiche Internet-Cafés sind in den größeren und auch in kleineren Orten zu finden. Teilweise ist die Nutzung zur blauen Stunde kostenlos, wenn man ein Getränk bestellt. Telefonieren über das Internet mit Bildübertragung und *Wireless Lan (WiFi)* zur Nutzung des eigenen Laptops wird fast immer angeboten. Cafés: siehe die jeweiligen Ortsbeschreibungen im praktischen Teil. Die Landeskennung von Portugal im Internet ist „pt".

Post

Postämter tragen den Schriftzug „Correio" und sind Mo–Fr 9–18 Uhr (Mittagspause 12.30–14.30 Uhr) geöffnet, die Hauptpostämter sind bis in die Abendstunden und auch an Samstagen besetzt. Das Porto für Briefe und Postkarten nach Mitteleuropa kostet 68 Cent. Als Eilbrief *(Correio azul)* 1,85 Euro (man achte beim Einwurf in Briefkästen auf den richtigen Schlitz: *Correio normal internacional* und *Correio azul)*. Neben den Postämtern verkaufen auch Läden und Kioske Briefmarken. Man erkennt die Verkaufsstellen an einem grünen Schild mit rotem Pferd oder einem weißen Kreis bzw. dem Schriftzug „CIT Selos". Postlagernde Sendungen können an alle Postämter geschickt werden

Knigge

Wer nach Portugal mit dem Vorurteil reist, dort auf „südeuropäische" Verhältnisse zu stoßen, wird überrascht sein: Portugiesen gelten als die Preußen der Iberischen Halbinsel. Hoch diszipliniert wird überall dort, wo **Anstehen** erforderlich ist (wie z.B. bei Bus- und Tramhaltestellen und an Taxiständen) eine wohlgeordnete Reihe gebildet. Wer diese Gepflogenheit ignoriert, wird von den Anwesenden schnell zur Raison gebracht (in öffentliche Verkehrsmittel wie Bus und Tram steigt man übrigens immer nur vorne und nicht hinten ein).

Auch stoßen bei den Portugiesen die **Arbeitsgepflogenheiten** ihrer spanischen Nachbarn mit der ausgedehnten Siesta auf Unverständnis. In Portugal ist die Mittagsruhe zeitlich sehr begrenzt.

Beim **Einkaufen,** an Theken, in Supermärkten und auch in kleineren Lebensmittelgeschäften und in den Postämtern ist häufig eine Nummer zu ziehen, die aufgerufen wird.

Verabredungen werden dagegen immer mit einem akademischen Viertelstündchen Verzögerung (und auch mehr) wahrgenommen. Dies ist üblich und sollte akzeptiert werden.

Essenszeit ist mittags ab 12.30 Uhr, das Abendessen wird nicht vor 19 Uhr, meist ab 19.30 Uhr und in gehobenen Lokalen ab 20 Uhr serviert. Im Gegensatz zu Spanien ist die Küche ab 22 Uhr, spätestens ab 23 Uhr geschlossen. Am Restauranteingang zu warten und voll Ungeduld von einem Bein auf das andere zu treten, während das Personal noch sein Abendessen einnimmt wird verständlicherweise als unhöflich empfunden. In manchen Lokalen wartet man am Eingang, bis man einen Tisch zugewiesen bekommt.

In fast jedem Restaurant kommen kleine Leckereien automatisch auf den Tisch – ein *amuse gueule.* Man täuscht sich allerdings, wenn man diese für eine kleine, kostenlose Aufmerksamkeit aus der Küche hält. Sardellenpaste, Käse, Wurst, Thunfisch und auch Oliven finden sich am Ende auf der Rechnung, egal ob beherzt zugegriffen oder nur zögerlich gekostet wurde. Wer dies nicht will, sollte das von Anfang an klarstellen und die Tellerchen wieder entfernen lassen. Denn: gänzlich unpassend wäre es, am Ende eines Mahles diese Rechnungsposten diskutieren zu wollen.

Portugiesen sind ein ausgesprochen höfliches Volk und die **Grußformeln** werden ständig benutzt. Einen Raum oder auch ein Restaurant zu betreten, ohne zu grüßen gilt als unhöflich. Bis zum Mittag sagt man *Bom dia,* danach *Boa tarde.* Möchte man sich bedanken, sollte man dies tunlichst auf das eigene Geschlecht zugeschnitten tun: Damen danken mit *obrigada,* Herren mit *obrigado.*

Die **Kleiderordnung** ist im Allgemeinen für Touristen sehr leger (wenn auch die Portugiesen/innen der Geschäftswelt elegant und teuer

gekleidet sind). Wer in den Restaurants der Luxus-
klasse essen will, sollte sich entsprechend kleiden.
Der Besuch von Kirchen in Strandkleidung gilt als un-
schicklich, lange Hosen sind angemessen.

Ein Lokal mit **Fadomusik** sollte man nur besuchen
wenn man die Musik wirklich hören will. Lebhafte
Tischgespräche während des Vortrages erwecken den
Unmut derjenigen, die extra gekommen sind, um sich
dem Musikgenuss hinzugeben.

Kriminalität

Im Sommer 2005 berichteten alle Zeitungen darüber:
500 in Banden organisierte Jugendliche zogen an
einem Wochenende an die Strände Lissabons und
kassierten die Badenden gnadenlos ab. Als schließlich die Polizei kam, konnte sie wegen der schieren
Masse der Diebe nichts ausrichten und tausende
Strandbesucher waren ihr Bargeld, wertvolle Gegen-
stände, Funktelefone, MP3-Spieler und das eine oder
andere Designerkleidungsstück los. Dieser Übergriff
war aber die Ausnahme.

Die Urlaubsfreude sollte man sich davon nicht trüben lassen, sondern lediglich die in jedem Land sinn-
volle Vorsichtsmaßnahmen ergreifen: bei Besichtigungen keinen auffällig wertvollen Schmuck tragen,
die Handtaschen umhängen und mit einem Arm fest-
halten, Geldbeutel nicht in die Gesäßtasche stecken,
nichts im Auto liegen lassen, in den Dämmerungs-
stunden und bei Dunkelheit abgelegene Viertel und
unbeleuchtete Gassen meiden, in öffentlichen
Verkehrsmitteln besonders auf Geld, Dokumente oder
auch Fotoapparate achten. Auf Strandparkplätzen
und in den Großstädten ist die Gefahr, dass das Auto
aufgebrochen wird, am größten. Es hat sich bewährt
mit einem offenen Handschuhfach klar zu machen,
dass sich nichts Wertvolles im Fahrzeug befindet.

Sollte es trotz allem zu einem Zwischenfall kommen, erstattet man am besten Anzeige bei der
Polizei. Versicherungen, z.B. die Reisegepäckver-
sicherung, bei Raub auch die heimatliche Hausrat-
versicherung, benötigen auf alle Fälle ein offizielles
Protokoll, um seinen Schaden geltend zu machen.

Landkarten

Der Verlag **Reise Know-How** hat im World Mapping Project eine vorzügliche Portugalkarte mit dem Maßstab 1:350.000 herausgebracht. Sie ist sehr detailliert und zeigt mit Höhenlinien auch die topographischen Gegebenheiten auf. Die **Marco Polo**-Autokarte bildet Portugal im Maßstab 1:350.000 auf zwei Blättern, Süd und Nord, ab. Von **Michelin** gibt es die Karte Portugal/Madeira im Maßstab 1:400.000 mit sieben Stadtübersichtsplänen. Die **Shell-Länderkarte** besitzt mit 1:500.000 schon einen etwa gröberen Maßstab, Shell hat aber noch eine Algarvekarte mit 1:200.000 im Angebot. Es gibt zahlreiche weitere Karten – auch zusammen mit Spanien als Ausgaben „Iberische Halbinsel" mit einem kleineren Maßstab, der für die Anfahrt aber durchaus ausreichend ist.

Maßeinheiten

In Portugal gelten die mitteleuropäischen Maßeinheiten – das metrische System und die Celsiusskala. Früher gab es noch das portugiesische *Legua* als Entfernungsmaß, es entsprach 5 Kilometern, und das portugiesische *Libra* als Gewicht (344 und 459 g)

Notruf

Der **landesweite Notruf** für alle Notdienste ist unter **112** zu erreichen. Die Rufnummern zur **Kreditkartensperrung** sind unter dem Punkt Finanzen/Kartenverlust/Sperrung aufgelistet. Der **ADAC** hat seine für Portugal zuständige Notfallzentrale in Barcelona/Spanien, Tel. ++34-93-5082828. Die **ÖAMTC**-Schutzbrief-Nothilfe ist unter ++43-1-2512000 zu erreichen, Mitglieder des **TCS** mit ETI-Schutzbrief wählen die Notrufnummern ++41-22-4172220. Der Portugiesische Automobilclub **ACP** (Automóvel Clube de Portugal) mit Pannenhilfe ist in Nordportugal unter der Rufnummer 222056732 zu erreichen, in Südportugal 219429100, die Grenzlinie verläuft entlang einer Linie, die die Städte Pedrogão, Pombal, Foz de Giraldo, Idanha-a-Velha und Montefortinho verbindet.

Öffnungszeiten

- **Apotheken:** Mo–Fr 9–13, 15–19 Uhr, Sa 9–13 Uhr (Notdienste werden an den Apotheken angezeigt)
- **Banken:** Mo–Fr 8.30–15 Uhr (manche Banken haben mittags geschlossen)
- **Behörden:** Mo–Fr 8–12, 13.30–16 Uhr
- **Läden:** Mo–Fr 9–13, 15–19 Uhr, Samstag 9–13 Uhr (einige Supermärkte haben bis tief in die Nacht und am Wochenende geöffnet)
- **Museen:** Meist Di–So 9/10–17 Uhr mit einer Mittagspause, einige Museen haben auch am Montag geöffnet (teilweise am Sonntag kostenloser Eintritt).
- **Post:** Mo–Fr 9–18 Uhr (Mittagspause 12.30–14.30 Uhr, die Hauptpostämter haben bis in die Abendstunden und auch an Samstagen geöffnet)
- **Tankstellen:** täglich 7–24 Uhr, kleinere auf dem Land bis 18 Uhr, Autobahntankstellen durchgehend

Zoll

Bei privaten Reisen **innerhalb der EU-Grenzen** dürfen Lebens- und Genussmittel zum eigenen Verbrauch unbegrenzt mitgeführt werden. Einige Waren unterliegen aber Mengenbegrenzungen, damit zwischen privatem und gewerblichem Bedarf unterschieden werden kann. Es dürfen für den Eigenverbrauch maximal 800 Zigaretten oder 400 Zigarillos oder 200 Zigarren oder 1 kg Rauchtabak und 10 l Spirituosen oder 20 l andere alkoholische Getränke bis 22% Alkoholgehalt oder 90 l Wein (davon max. 60 l Schaumwein) oder 110 l Bier mitgeführt werden. Hat man größere Mengen dabei, muss dem innereuropäischen Zoll glaubhaft gemacht werden, dass die Waren tatsächlich für den Eigenverbrauch sind. Wer aus einem **Nicht-EU-Land,** wie aus der Schweiz, einreist hat folgende Grenze zu beachten: 1 l Spirituosen über 15% oder 2 l Wein oder andere alkoholische Getränke bis 15%, 200 Zigaretten oder 50 Zigarren oder 250 g Tabak.

Reisen im Land

Wer einen reinen Badeurlaub plant, für den macht es sicherlich keinen Sinn mit dem Fahrzeug aus Mitteleuropa anzureisen – er wird mit dem Flugzeug kommen. Wer allerdings das Land auf eigene Faust entdecken und abseits der großen Städte reisen will, tut das am besten mit dem Auto, dem Motorrad oder dem Fahrrad.

Selbstfahrer

Eigenes Auto

Wer mit dem Wagen durchs Land reist, ist unabhängig. Die Anreise mag anstrengend sein und so teuer, dass ein Mietwagen bei kürzeren Aufenthalten günstiger käme, aber man fährt das Fahrzeug, an das man gewöhnt ist und dies mag für viele den Ausschlag geben. Besonders praktisch ist der eigene Wagen, wenn man längere Zeit im Land bleibt, viel herumfährt oder eine größere Camping-Ausrüstung dabei hat. Mit dem Flugzeug ist die Anreise mit großem Gepäck eher umständlich.

In den Großstädten und in den kleineren Orten vor allem während der Ferienzeit herrschen chaotischer Verkehr und große Parkplatzmangel. Am besten man sucht sich einen Platz in einem Parkhaus (was durchaus 15 Euro am Tag kosten kann) und weicht für Besichtigungen auf öffentliche Verkehrsmittel aus.

Mietwagen

Anfahrt zum Gipfelplateau und Aussichtspunkt Fóia (902 m) nahe Monchique

Aus Kostengründen empfiehlt sich die Wahl eines Kleinwagens. Angebote in Deutschland beinhalten häufig alle Nebenkosten wie Vollkaskoversicherung, unbegrenzte Kilometer und Ausschluss der Selbstbeteiligung – vergleichen lohnt sich. Im Mietwagen ist stets der Mietvertrag für das Fahrzeug mitzuführen. Wird er vergessen, droht ein Bußgeld.

Motorrad   Es gibt nur ganz wenige Firmen, die auch Motorräder vermieten. Das eigene Motorrad mitzunehmen, lohnt sich also. Was ist schöner als durch die flirrende Hitze der spanischen Sierras zu gleiten, das Asphaltband im Horizont verschwinden sehen und zu wissen, dass der Urlaub begonnen hat. Zum Führen von Krafträdern ist ab 50 cm³ ein Führerschein vorgeschrieben, prinzipiell gilt für den Fahrer und dessen Sozius/Sozia Helmpflicht.

Fahrrad   Die meisten Radler nehmen Ihr Fahrrad im Flugzeug mit. Man sollte bei der Planung bedenken, dass Portugal kein flaches Land ist, sondern hügelig bis gebirgig. Auch die schmalen Straßen laden nicht unbedingt zu einer gemütlichen Spazierfahrt ein. Als Besonderheit bei den Verkehrsregeln ist zu beachten: Nichtmotorisierte Fahrzeuge wie Fahrräder müssen motorisierten Fahrzeugen immer Vorfahrt gewähren.

Verkehrsregeln

Die Verkehrzeichen entsprechen den internationalen Normen.

Es herrscht **Rechtsverkehr** und die Regel rechts vor links, die nur im Kreisverkehr aufgehoben wird (soweit Straßenschilder dies nicht anders regeln): wenn sich ein Fahrzeug in diesem befindet, hat immer das Fahrzeug im Kreis Vorfahrt. Außerdem haben motorisierte Fahrzeuge immer vor nicht motorisierten (wie Räder und Fuhrwerke) Vorfahrt.

Es gilt **Anschnallpflicht** auf allen Plätzen des Fahrzeuges – für Plätze auf der Rückbank, soweit diese mit Sicherheitsgurten ausgestattet sind.

Das Telefonieren während der Fahrt ist dem Fahrer nur mit einer **Freisprecheinrichtung** erlaubt.

Kinder unter zwölf Jahren dürfen nicht auf dem Beifahrersitz Platz nehmen – es sei denn, das Fahrzeug hat keine Rücksitze.

Die gesetzlich festgelegte **Promillegrenze** liegt bei 0,5 Promille – über diesem Wert gilt man nicht mehr als fahrtüchtig. Es werden dann – abhängig vom Alkoholgehalt im Blut – eine hohe Geldstrafe, Führerscheinentzug oder eine Haftstrafe angeordnet.

Innerhalb geschlossener Ortschaften liegt die **Geschwindigkeitsbeschränkung** bei 50 km/h, auf

Landstraßen für Pkw und Motorräder bei 90 km/h, für Pkw mit Anhänger bei 70 km/h und für Autobusse und Lkw bei 80 km/h. Auf Schnellstraßen gilt für Pkw und Motorräder 100 km/h, für Pkw mit Anhänger 90 km/h und für Busse und Lkw 80 km/h. Auf Autobahnen dürfen Pkw und Motorräder 120 km/h, Pkw mit Anhänger 100 km/h und Busse und Lkw 90 km/h fahren. Wohnmobile über 3,5 t Gesamtgewicht dürfen außerorts 80 km/h, auf Schnellstraßen 90 km/h und auf Autobahnen 110 km/h fahren. Fahrer, die weniger als ein Jahr im Besitz eines Führerscheins sind, dürfen auf Autobahnen maximal 90 km/h fahren und müssen das Fahrzeug mit einer (beim Automobilclub Portugals erhältlichen) Plakette am Heck kennzeichnen. In Portugal gibt es zahlreiche Radarkontrollen. Als Besonderheit gibt es im ganzen Land an Ortsein- und -ausfahrten mit Geschwindigkeitsmessern gekoppelte Ampeln. Nähert man sich diesen schneller als erlaubt, schalten die Ampeln auf Rot und man muss anhalten.

Wer seinen Wohnsitz nicht in Portugal hat, hat die von der Polizei verhängte **Strafe/Buße** sofort zu bezahlen bzw. eine Sicherheit zu hinterlegen, die bis zur Höhe der möglichen Maximalbuße gehen kann.

Einige **Verkehrsschilder** haben ergänzende Texte:
- *alto* – Halt
- *atenção/cuidado* – Vorsicht
- *curva perigrosa* – gefährliche Kurve
- *de passagem* – auf Vorfahrt achten
- *estacionamento proibido* – Parkverbot
- *ir pela direita/esquerda* – rechts/links fahren

Pannen- und Rettungsdienst
- **Polizei/Rettungswagen:** 112
- **ADAC:** 0034-93-5082828
- **ÖAMTC:** 0043-1-2512000
- **TCS:** 0041-22-4172220
- **ACP** (Automóvel Clube de Portugal): Nordportugal 222056732, Südportugal 219429100.

Autobahnen und die großen Überlandstraßen sind mit **Notrufsäulen** ausgestattet. Man drückt einen Knopf und wartet einige Sekunden, bis sich jemand meldet. Siehe auch unter Notruf weiter oben.

Mit öffentlichen Verkehrsmitteln

Das Netz der öffentlichen Verkehrsmittel ist dicht, die meisten Verbindungen verkehren regelmäßig. Einer der Gründe dafür ist sicher, dass sich noch immer nicht alle Portugiesen ein eigenes Auto leisten können. Vor allem auf dem Land sind viele Menschen auf öffentliche Verkehrsmittel angewiesen.

Bus

Der Bus ist für längere Strecken das geeignete Verkehrsmittel. Leider besteht kein einheitlicher Streckenplan. Die nationale Firma *Rede Expressos* und die privaten Busgesellschaften haben das Land teilweise unter sich aufgeteilt. Landesweit tätig ist Rede Expressos (www.rede-expressos.pt), die Busse von Rodonorte (www.rodonorte.pt) sind vornehmlich in der nördlichen Landeshälfte zu finden, Eva Transportes (www.eva-bus.pt) ist an der Algarve tätig. Die Strecke von Faro nach Viana do Castelo (650 Kilometer) dauert mit dem Bus zehn bis elf Stunden (Umsteigen in Lissabon) und kostet etwa 25 Euro für die einfache Fahrt.

Eisenbahn

Das Eisenbahnnetz besteht aus einer Hauptlinie etwas abseits des Meeres und folgt in etwa dem Verlauf der Küste von Faro über Lissabon nach Porto und weiter nach Guimarães. Dazu kommen drei Strecken ins Landesinnere hinein: in der südlichen Landeshälfte von Lissabon nach Évora und Beja, von der Landesmitte nach Covilhã und in der nördlichen Landeshälfte nach Guarda. Die Reise von Faro an der Algarve bis Viano do Castelo (600 Kilometer) ganz im Norden dauert acht Stunden und kostet für die einfache Fahrt etwa 50 Euro in der zweiten Klasse.

Flugzeug

Der Flug von Faro nach Porto dauert mindestens viereinhalb Stunden, da man in Lissabon zwischenlanden muss. Der Linienflug schlägt mit etwa 135 Euro zu Buche. Von der portugiesischen Fluggesellschaft TAP auf dem portugiesischen Festland bediente Flughäfen sind Faro, Lissabon und Porto.

Schiff

Einen Linienverkehr zur See gibt es so gut wie gar nicht, da dem portugiesischen Festland keine Inseln vorgelagert sind. Die Fernlinien führen nach Madeira/Porto Santo und auf die Azoren, daneben gibt es den Flussschiffsverkehr (in Lissabon über den Tejo) und Flusskreuzfahrten (auf dem Douro in Porto und

an der spanischen Grenze bei Miranda). Ausflugsboote fahren zu den Inselchen an der östlichen
Algarve.

Stadtverkehr

In den Städten wird der **öffentliche Verkehr** von
Bussen bestritten. Lissabon und Porto haben zusätzlich Straßenbahnen *(Eléctricos),* die die Stadtbesichtigung zu einem wirklichen Erlebnis machen. Die
Fahrzeuge sind teils schon 100 Jahre alt und immer
noch im Einsatz. Hinzu kommt noch die Metro, in
Lissabon mit vier Linien, in Porto mit einer Linie, und
Elevadores –Drahtseilbahnen, Gondelbahnen und
Lifte, die es leicht machen, auch die höher gelegenen Stadtteile zu erreichen. Die gekaufte Fahrkarte
wird im Fahrzeug elektronisch entwertet, wenn dies
geschieht, ertönt ein ohrenbetäubendes Piepen.
Bleibt es aus, lässt der Ärger mit dem Fahrer nicht
lange auf sich warten.

Straßenbahn in
Lissabon

**Regeln
für den
Nahverkehr**

An den Haltestellen sollte man sich ordentlich in die
Schlange einreihen vorne einsteigen und hinten aussteigen. Billet bis zum Ende der Fahrt aufheben (bei
der Metro wird es beim Verlassen des Bahnsteiges
nochmals verlangt).

Die Krux mit den **Taxis** ist, dass sie, wenn man sie
nicht braucht, in Scharen zur Verfügung stehen, im
Berufsverkehr sind sie jedoch besonders in Lissabon
rar. Das Preisniveau ist verglichen mit Mitteleuropa
günstig. Früher wurde von den Fahrern innerstädtischen Touren des Öfteren der Tarif für Außerortfahrten abgerechnet, dies kommt nicht mehr vor,

seitdem der eingestellte Tarif auf dem Dach des Fahrzeuges angezeigt wird. Vor Umwegen kann man sich mit Selbstsicherheit, einem Stadtplan und ein wenig Aufmerksamkeit schützen. Am bequemsten ist es, sich am **Flughafen von Lissabon** ein Taxibillet bei der Touristeninformation zu kaufen.

Reiseveranstalter

Zahlreiche große und kleine Veranstalter haben Portugal im Angebot. Hier seien nur einige Spezialveranstalter benannt:

Golf
- proGolf-Reisen, Am Blauen Berg 1, 51375 Leverkusen, Tel. 0214-55085, Fax 59131, www.progolf-reisen.de;
- Sun and Fun Sportreisen, Franz-Joseph-Str.43, 80801 München, Tel. 089-38014133, Fax 346644, www.golfreisen.de;
- Mondial Golfreisen, Operngasse 20b, 1040 Wien, Österreich, Tel. 02252-4424242, Fax 81870, www.mondial.at;
- Alpha Golftours, Alfred-Escher-Str. 9, 8027 Zürich, Schweiz, Tel. 044-2062000, Fax 2062007, www.alphagolf.ch

Golfplatz bei Marvão, Alentejo

Wandern
- Hauser Exkursionen, Spiegelstr. 9, 81241 München, Tel. 089-2350060, Fax 23500699, www.hauser-exkursionen.de;
- Lupe Reisen, Weilbergstr. 12a, 53844 Troisdorf, Tel. 0228-654555, Fax654556, www.lupereisen.de; Josef Luy, Apartado 395, 8600 Lagos, Portugal, Tel. 966563318, www.wandern-algarve.de (spezialisiert auf Wanderungen an der Algarve)

Radtouren
- Margreiter, Brannenburger Str. 26, 83131 Nußdorf/Inn, Tel. 08034-9293, Fax 9295, www.margreiter.de;
- Eurofun Touristik, Mühlstraße 20, 5162 Obertrum, Österreich, Tel. 06219-7444, Fax 8272, www.eurobike.at; Bikeiberia, Lg. Corpo Santo 5, 1200-129 Lissabon, Portugal, Tel/Fax 213470347, www.bikeiberia.com

Reiten
- creActiv Tours, Rader Weg 30 A, 22889 Tangstedt, Tel. 040-6076690, Fax 60766931, www.pferdreiter.de;
- Equitour, Herrenweg 60, 4123 Allschwil, Schweiz, Tel. 061-3033101, Fax 3033100, www.reiterreisen.com

Reisezeit

Die beste Jahreszeit für eine Portugalreise ist abhängig von der Region und den geplanten Aktivitäten.

Die Zeit von Juli bis September eignet sich am besten für Badeferien, an der Algarve wie entlang der Westküste. An den Atlantik sollte man nur im Hochsommer fahren, wenn man sichere Wetter- und Badeverhältnisse haben will – dabei gilt die Faustregel je weiter nördlich man kommt und je weniger der Einfluss des Mittelmeeres sich bemerkbar machen kann, desto kühler wird es. Die Wassertemperatur wird im Norden selten über 18 Grad steigen und auch im Juli und August kann es zu einem heftigen Regenguss kommen.

Für Stadt- und Kulturreisen ist der Frühling oder Herbst die beste Reisezeit: die Natur ist im Erblühen oder zeigt sich in den schönsten herbstlichen Farben, die Städte blitzen unter blauem, klarem Himmel und die Straßencafés laden zu einer Rast ohne, dass man unter der Hitze der Sommermonate zu leiden hat. In Lissabon und Porto herrschen dank der atlantiknahen Lage auch im Hochsommer noch erträgliche Temperaturen bei Besichtigungen.

Golfspieler schätzen Portugal dank des milden Klimas das ganze Jahr über; für Wander- und Fahrradtouren sind das späte Frühjahr und der Herbst ideal. Zu guter Letzt sollten auch die Ferientermine berücksichtigt werden. Die Portugiesen verbringen die Sommerferien im Juli/August bevorzugt an der Algarve; viele haben auch Ferienwohnungen oder – Häuser an der Westküste. Vor allem im August ist an den An- und Abreisetagen (meist Samstag) mit dichtem Verkehr und Staus zu rechnen.

Souvenirs

Neben den Mitbringseln kulinarischer Art – wie Käse, Wurst, Oliven oder dem Salz *Flor de Sâl* (die berühmte Ernte der ersten zarten Kristalle, denen besonders exzellenter Geschmack, aber auch eine heilende Wirkung nachgesagt wird) sind es vor allem die *Azulejos,*

Souvenirs,
Souvenirs ...

die blauen Kacheln, und Keramik in diesem Stil, die wohlverpackt den Weg ins Reisegepäck finden und dieses nicht unbeträchtlich beschweren. Leichter sind CDs mit der charakteristischen Musik Portugals – dem *Fado* (s.S. 54). Ihn gibt es klassisch aber auch in moderner Form, in der er durchaus auch bei der portugiesischen Jugend Zuspruch findet. Weißwein, Rotwein, vor allem aber Portwein – Weinliebhaber kommen in Portugal auf ihre Kosten. Wird man den *Vinho verde* – den jungen, spritzigen Wein – wohl nicht nach Haus transportieren, sondern vornehmlich vor Ort genießen, so wird der *Vinho do Porto* (Portwein) gerne als Souvenir mit nachhause genommen, sei es nur eine Flasche fürs Fluggepäck, seien es mehrere Kartons im eigenen Auto. Viele der Kellereien schicken Ihnen den Wein auch direkt nach Deutschland. Weitere beliebte Souvenirs sind Spitzen, Schnitzereien und Flechtarbeiten.

Strom

Die Spannung beträgt wie in Mitteleuropa 220/230 V, Euro-Flachstecker passen in den meisten Hotels in deren Steckdosen. Abseits der Touristenziele wird man unter Umständen einen Adapter benötigen.

Unterkünfte

Selbst Portugiesen haben Probleme, die unterschiedlichen Bezeichnungen der Unterkünfte und deren Bedeutung zu verstehen.

Agroturismo – Entspricht den Ferien auf dem Bauernhof, teils mit der Möglichkeit am landwirtschaftlichen Leben teilzunehmen. Ist dem TER angeschlossen (s.u.).

Albergaria – Pension der gehobenen Klasse

Aledamentos turísticos – Mit drei bis fünf Sternen klassifizierte Feriendörfer in einem abgeschlossenen Areal mit jeglicher notwendiger Infrastruktur.

Apartamentos turísticos – Ferienapartments häufig in

Privathäusern an der Küste, sie sind in vier Kategorien eingeteilt (2-5).

Camping – Es gibt rund 150 Zeltplätze im Land, die entsprechend ihrer Infrastruktur in fünf Kategorien eingeteilt sind, ein bis vier Sterne und kein Stern.

Casa de Campo – Landhaus, das sich architektonisch, vom Erscheinungsbild oder aus sonstigen Gründen harmonisch in seine ländliche Umgebung passt. Dem TER (s.u.) angeschlossen.

Casa de hóspedes – Einfaches Gasthaus

Casa nobre – Unterkunft in einem ehemaligen Adelssitz, gehobene Preisklasse.

Casa rústica – Landhaus, das sehr einfach aber auch ganz exquisit sein kann.

Estalagem – Herberge der gehobenen Klasse häufig in einer Stadt, Kategorie vier und fünf sind möglich. Meist haben sie eine exklusive Lage oder eine besondere Einrichtung mit bestem Service.

Hotel – Entspricht dem klassischen Hotel mit der Einteilung in das 5-Sterne-System.

Hotéis Apartamentos/Apartmenthotels – Hotelanlage, in der man Apartments mieten und sich selbst versorgen kann, vornehmlich an der Algarve und an der Atlantikküste zu finden. Sie sind in Kategorien von zwei bis fünf Sternen eingeteilt.

Hotéis rurais – Landhotels deren Architektur und Inneneinrichtung von den Charakteristiken ihrer jeweiligen Umgebung geprägt sind. Dem TER (s.u.) angeschlossen.

Motels – Unterkünfte mit zwei oder drei Sternen entlang der Fernstraßen mit Wohneinheiten und eigenem Zugang von außen. Jede Einheit verfügt über einen Parkplatz.

Pensão – Pension, in drei Kategorien eingeteilt, die einfacheren können sich auch Residência, die beste Kategorie darf sich auch Albergaria nennen.

Pousadas – Unterkünfte erster Klasse in Klöstern, Burgen und Palästen über das ganze Land verteilt, in Staatsbesitz stehend. Zu noch erschwinglichen Preisen wohnt man elegant in historischen Mauern und in exklusiver Lage. Sie sind eingeteilt in die Kategorien „historisch", „historisches Design", „Natur" und „Charme".

Pousada de Juventude – Jugendherberge, die auch mal ganz modern und fast luxuriös in zentraler Lage Zimmer bietet (keine Altersbeschränkung).

Quartos particulares – Privatzimmer in den Städten, teils mit eigenem Bad, unter Umständen mit Frühstück.

Quinta – Großzügiges Gut mit herrlichem Garten, man wohnt im Haupthaus oder in den ehemaligen Bedienstetengebäuden, häufig mit Restaurant.

Solares – Private Herrenhäuser, Landsitze oder Güter in mittlerer und gehobener Preisklasse.

Residência – Einfache Pension meist ohne Versorgungsmöglichkeit.

Turismo de Aldeia – Ferien in einem besonders schönen bzw. historischen Dorf, Unterkunft in einem Ensemble, das aus mindestens fünf historischen Gebäuden bestehen muss, dem TER (s.u.) angeschlossen.

Turismo de Habitação – Dem TER (s.u.) angeschlossener Betrieb, der „Ferien im Herrenhaus" bietet, in herrschaftlichen Anwesen, Palästen und anderen architektonisch ansprechenden Gebäuden

Turismo no Espaço Rural (TER) – Die hier zusammengeschlossenen Einrichtungen erkennt man an einer Plakette mit dem Schriftzug TER. Sie sind in mehrer Kategorien unterteilt: Turismo de Habitação (TH), Turismo Rural (TR), Agroturismo (AG), Turismo de Aldeia (TA), Casas de Campo (CC), Hotéis rurais (HR)

Turismo rural – Dem TER angeschlossene Betriebe, in etwa wie Ferien auf dem Bauernhof, doch in Häusern, die als typisch für die jeweilige Gegend gelten.

Camping

Eine Liste der portugiesischen Zeltplätze mit genauer Beschreibung findet sich auf der Seite www.roteiro-campista.pt: Hier finden sich Öffnungszeiten, Preise, Anfahrtsskizzen und Fotos. Im portugiesischen Buchhandel gibt es den Führer Roteiro Campista für knapp 7 Euro in Buchform. Campingplätze gelten als öffentlich, wenn sie für jedermann zugänglich sind und eine Mietgebühr für den Stellplatz verlangen. Es gibt auch Zeltplätze, die privat sind und nur einer bestimmten Gruppe zur Verfügung stehen, sie sind mit dem Buchstaben „P" gekennzeichnet. Die öffentlichen Zeltplätze sind in Kategorien unterteilt und mit ein bis vier Sternen klassifiziert. Öffentliche Plätze ohne Stern gelten als einfacher, „ländlicher" Platz – *rural*. Generell müssen Besucher eines Platzes einen Identitätsausweis vorlegen, mitunter wird die Vorlage eines Campingausweises verlangt (stellt z.B. der ADAC aus).

Zeitdifferenz

In Portugal herrscht Greenwich Mean Time (GMT) bzw. UTC, das heißt, dass es in Portugal um eine Stunde früher ist als in Mitteleuropa (Berlin 15 Uhr, Lissabon 14 Uhr); da die Portugiesen auch auf Sommerzeit umstellen ändert sich dies auch in unserer Sommerzeit nicht.

Land und Leute

Zaheln und Fakten

Zahlen und Fakten

Portugal liegt am südwestlichen Rand des europäischen Kontinentes auf der Iberischen Halbinsel und teilt sich mit Spanien auf 1300 Kilometer Länge eine Grenze (im Norden und Osten). Als natürliche Grenze im Norden fließt der Minho ins Meer, im Osten bilden die Flüsse Douro und Guadiana die Grenze. Im Süden und Westen zieht sich die portugiesische Küste 850 Kilometer weit am Atlantik entlang. Zwei Inselarchipele, die in diesem Buch nicht enthalten sind, liegen im Atlantik: Madeira (knapp 1000 Kilometer von Lissabon) und die Azoren (1600 Kilometer von Lissabon).

Zu Madeira ist im REISE KNOW-How-Verlag der Band *Madeira/ Porto Santo* erschienen.

Portugal bedeckt eine Fläche von 92.142 Quadratkilometern. Davon entfallen auf die Azoren 2352 Quadratkilometer und auf Madeira mit Nebeninseln 795 Quadratkilometer. Damit ist Portugal in etwa so groß wie Bayern und Hessen zusammengenommen. In Portugal leben 10.600.000 Menschen (2,1% der europäischen Gesamtbevölkerung), die zu 94% dem römisch-katholischen Glauben anhängen, die Bevölkerungsdichte beträgt etwa 116 Einwohner pro Quadratkilometer.

Portugals Plus: Weite Strände und beste Infrastruktur

Das Land ist verwaltungstechnisch in die zwei autonomen Regionen Madeira und Azoren und auf dem Festland in 18 Distrikte eingeteilt.

Landesnatur

Der Norden und Nordosten zwischen den Flüssen Minho und Douro zeigt sich als zerklüftetes Bergland mit durchschnittlichen Höhen zwischen 400 bis 1000 Meter. Den höchsten Punkt Zentralportugals bildet die *Serra da Estrela* mit dem Gipfel Malhão (1991 Meter). Zu Spanien hin gebirgig, wird das Land zur Küste hin flacher und ist von fruchtbaren Schwemmlandebenen geprägt. Hier nehmen die wichtigsten Wasseradern Portugals ihren Ausgang, mit dem Flusssystem des Tejo als bedeutendstem Gewässer. Zum Süden hin ist die Landschaft als Hügelland unter 400 Meter ausgebildet, steigt aber an der Küste mit dem Algarvischen Gebirge wieder auf bis zu 900 Meter an und endet schließlich als Steilküste am Meer.

Die Flüsse führen ganzjährig Wasser, das in zahlreichen Stauseen (Barragem) gesammelt wird, die eine ausgezeichnete Wasserversorgung sicherstellen. So zeigt sich Portugal, im Gegensatz zum Großteil der Iberischen Halbinsel, in allen Jahreszeiten in einem satten Grün.

Nördlichste Großlandschaft ist der *Minho* mit zahlreichen Stauseen, wildzerklüfteten Serras, wie dem berühmten Nationalpark Peneda-Gerês im Landesinneren, und langen Sandstränden am Atlantik. Die Hänge der Flusstäler sind geprägt von lieblichen Weinbergen. Hier ist die Heimat des Portweins, des Vinho Verde und der Rot- und Weißweine aus dem Tal des Douro.

Südöstlich schließt die *Serra da Estrela* an, die zum Meer hin zum Mittelgebirge der Estremadura wird. *Beiras* nennen die Portugiesen die Gegend – das Land an der Küste. Weiße Strände und Mittelgebirgslandschaften bilden einen reizvollen Kontrast, die Weinberge und Küchenspezialitäten machen eine Reise auch kulinarisch zum Erlebnis. Zahlreiche Thermen verweisen auf die unruhige geologische Vergangenheit.

Um das Welterbe Lissabon, dem kulturellen und wirtschaftlichen Zentrum des Landes, liegen die Schwemmlandbecken und noch weiter südlich weitet sich die Landschaft zum *Alentejo*, der sanfthügeligen Kornkammer des Landes und einem weiteren

Zentrum des Weinanbaus. Die Korkeichenwälder reichen bis an die breiten Strände mit weißem Sand, die sich am Horizont verlieren.

Mit der *Algarve* schließt das Land nach Süden zum Meer hin ab. Die Berge bieten eine atemberaubende Kulisse für die romantischen Strandbuchten – nicht umsonst ist dieser Küstenabschnitt bei Touristen eines der beliebtesten europäischen Ziele.

Geologie

Laurussia (Euramerika, zu dem auch das Iberische Massiv gehörte) war ein kleinerer Superkontinent, der sich im Perm-Zeitalter mit anderen zum Urkontinent Pangäa verband. Durch plattentektonische Vorgänge zerbrach dieser wieder in Einzelkontinente – in Gondwana, den südlichen Superkontinent, und in Laurasia (mit Europa). Weitere plattentektonische Spreizungen führten zum heutigen Kontinentalbild.

Mehr als zwei Drittel Portugals bestehen aus geologischer Sicht aus erdgeschichtlich alten Gesteinen wie Kalken, Gneisen und Quarziten. In der Landesmitte sind die wollsackverwitterten Granitkugeln bizarre Zeugen der Zeit, als sich der Block der iberischen Landmasse herausbildete.

Die südportugiesische Zone zwischen dem Tejo-Becken und der als Algarve-Becken bezeichneten Region bildete dabei den Kontinentalrand Laurasias, der mit Gondwana den Urkontinent Pangäa bildete.

Hauruck

Im mittleren Paläozoikum, dem Erdaltertum, entstanden Portugals Berge. Das Algarvebecken (mit dem heutigen Gebirge), das lusitanische Becken (die Region nördlich von Lissabon) und die Schwemmlandschaft des Tejo-Beckens waren Bestandteile des Meeres, die durch Hebungen im Ermittelalter (Mesozoikum) und der Erdneuzeit (Känozoikum) zu Land wurden. Zeugnisse dieser Epoche sind die Versteinerungen, die z.B. im Geopark *Naturtejo* zahlreich zu finden sind. Nordportugal wird der zentraliberischen Zone zugerechnet. Sie besteht aus metamorphen Gesteinen und Granitoiden. Nach Süden hin nimmt der Grad der Metamorphose stetig ab wie auch das Vorkommen magmatischen Gesteins zurückgeht.

Klima

Zwei Klimakomplexe beeinflussen das Wetter: der südlich-mediterrane und der atlantische. Der kühlende und feuchte Einfluss des Atlantiks macht sich an der Küste der Algarve am wenigsten bemerkbar. Hier ist das Klima mediterran mit langen, trockenen Sommern und milden Wintern, in denen es ausdauernd regnen kann. Angenehme Badetemperaturen von um die 20 °C erreicht das Meer hier zwischen Juni und Ende Oktober. Besonders die Wintermonate sind ideal für Golf- und anderen Aktivurlaub.

Das südliche Landesinnere, das **Alentejo,** kann im Sommer mit Temperaturmaxima um 35 °C heiß werden; hier sind Frühjahr und Herbst die idealen Jahreszeiten mit milden Temperaturen aber auch Niederschlägen.

Windiger Tag am Strand Viana do Castelo

Rauer und kühler ist das Wetter entlang der **West-küste,** wo es durchaus auch in den Sommermonaten Regen geben kann. Juli und August sind die niederschlagärmsten Monate. Im August kann das Meer entlang der gesamten Westküste Temperaturen bis zu 20 °C erreichen; im Frühjahr und Herbst sind es 16/17 °C. Die Winter sind oft stürmisch und nass.

Regenarm und heiß ist der äußerste **Nordosten.** Dort hält das Gebirge die kühlenden Atlantik-Luftmassen zurück. Wandertouren im Nationalpark Peneda-Gêres sollte man deshalb im Frühjahr und Herbst planen.

Tier- und Pflanzenwelt

Fauna

Die auch aus west- und zentraleuropäischen Regionen bekannten Säugetiere wie Rot- und Schwarzwild, Füchse und Hasen sind weit verbreitet. In geschützten Regionen kommen auch Luchse und Wölfe vor. Aus Nordafrika eingewandert sind die Mangusten, eine Säugertierfamilie, deren bekannteste Vertreter die Erdmännchen sind. Die Vogelwelt ist reich: Steinadler und Geier finden sich in den nördlichen Bergregionen und Flusstälern wie dem des Douro. Weiß- und Schwarzstörche besiedeln die Kirchtürme des Alentejo, und im Winter verstärkt eine Heerschar von Zugvögeln die heimischen Arten. Vogelrastplätze sind beispielsweise die Mündungen des Tejo und des Sado.

Im Delta des Sado lebt außerdem eine Kolonie von Delfiner.

Storch auf einem Glockenturm in Faro

Flora

Auch hier beeinflussen die beiden klimatischen Zonen das Vorkommen mediterraner und westeuropäischer Arten. Grob unterteilt unterliegt die nördliche Landeshälfte westeuropäischen Einflüssen, während im Süden die Flora des Mittelmeerraumes vorherrscht. Dazu gehören aus gedehnte Kiefer-, Korkeichen- und Eukalyptuswälder, die unter den Brandkatastrophen Anfang des

Flora an der
Küste

21. Jahrhunderts stark gelitten haben. Oliven, Zitrusfrüchte und Palmen betonen den südlichen Landschaftscharakter. Im Norden trifft man auf Baumarten wie immergrüne Eichen und Edelkastanien. Auch Nadelbäume sind in den Bergregionen vertreten. Araukarien (Nadelhölzer) sind wie rund ein Drittel der in Portugal vorkommenden Flora ein Importprodukt aus der Kolonialzeit. Mit ihren dekorativen, geometrischen Baumkronen sind sie vor allem entlang der Küste zu finden.

Wie für die Baumarten gilt auch für Blumen, Kräuter und Sträucher die Unterteilung in mediterran und westeuropäisch. Oleander, Hibiscus, Bougainvillea blühen im Süden und um Lissabon. Geranien und Petunien schmücken die Balkone von Binnenstädten wie Bragança.

Umweltschutz

Wie in den meisten südeuropäischen Ländern wurde der Schutz der Umwelt auch in Portugal lange Zeit kaum beachtet. Erst in den neunziger Jahren erhielt das Land ein Ministerium für Umweltschutz. Neben der Industrialisierung und der Ausdehnung von Agrarflächen sind vor allem die Brandgefahr und der Wassermangel in der südlichen Landeshälfte Probleme, die Tier- und Pflanzenwelt bedrohen. Durch den Anbau von australischem Eukalyptus sind große Flächen der Papiergewinnung zum Opfer gefallen. Eukalyptus wächst schnell, benötigt aber extrem viel Wasser. Ein Absinken des Grundwasserspiegels ist die Folge. Zudem brennt der Baum wie Zunder, was die verheerende Wirkung der Brandkatastrophen in den letzten Jahren noch verstärkt hat. Rund 6,5% des portugiesischen Festlands stehen unter Naturschutz. Einziger Nationalpark ist Peneda-Gerês im Norden. Die seit 2005 regierende Partido Socialista (sozialdemokratische Partei Portugals) hat sich ehrgeizige Klima- und Umweltschutzziele gesetzt: Ab 2010 sollen 45% der Elektrizität aus erneuerbaren Energien gewonnen werden. Dafür sollen zehn Wasserkraftwerke neu gebaut bzw. modernisiert werden.

Geschichte

Phönizier, Kelten und Römer

Zeugnisse prähistorischer Besiedlung sind in den zahllosen Steinsetzungen und auch in einigen Felsgravuren erhalten. Ihnen folgte eine Epoche, die durch auf Hügeln gelegene, ummauerte Dörfer, die *castros,* gekennzeichnet war und mit den Kelten in Verbindung gebracht wird. Ab dem 5. Jahrhundert sind phönizische und griechische Handelsniederlassungen an der Küste bezeugt – Lissabon war eine von ihnen. Dann unterwarfen die mit den Phöniziern verwandten Karthager die Iberische Halbinsel, mussten den Süden und Südosten aber ab dem 3. Jahrhundert v. Chr. an Rom abtreten (römisch-punische Kriege). Die keltische Bevölkerung zog sich in den Nordwesten, das heutige Nordportugal, zurück. 139 v. Chr. wurde auch diese Region gegen keltischen Widerstand erobert und befriedet. Römische Zivilisation und Sprache verdrängten das Keltische, schließlich verbreitete sich das Christentum. Im 5 Jahrhundert endete diese Ära mit der Völkerwanderung, während der die Westgoten die Iberische Halbinsel eroberten.

Maurische Herrschaft und Reconquista

Villa rustica – die römischen Ruinen von Milreu

711 n. Chr. eroberte das islamische Heer von Tariq ibn Zyad die Iberische Halbinsel. Die Mauren besiegten die Westgoten und gewannen schnell die Kontrolle über das heutige Südportugal und Spanien, Al-Gharb

Mauren: Im westlichen Nordafrika lebendes Volk, das sich aus Berbern, und den ab dem 6. Jahrhundert zugewanderten Arabern zusammensetzt.

und Al-Andalus. Beide Gebiete wurden von Córdoba aus regiert. Ein halbes Jahrhundert später war ganz Portugal unterworfen. Den Mauren verdankt Portugal zahlreiche landwirtschaftliche Errungenschaften wie Terrassenfelder, ausgeklügelte Bewässerungssysteme und neue Kulturpflanzen. Die portugiesische Tradition der *Azulejos* wurde von maurischen Kunsthandwerkern begründet. Außerdem sind viele Süßigkeiten in den Konditoreien nordafrikanischen Ursprungs.

Die maurische Herrschaft dauerte im Norden nur knapp 150 Jahre und wurde bereits 860 beendet. In der südlichen Landeshälfte leitete Ferdinand von Kastillien 1037 die Reconquista, die Rückeroberung, ein. 1085 erhielt Heinrich von Burgund das Lehen Portucalia, 1139 erklärte sich sein Sohn Afonso Henriques (1112–1185) nach der Schlacht von Ourique zum König Afonso I. und die Grafschaft zum unabhängigen Königreich Portugal. Um 1250 waren die Mauren auch aus der Algarve vertrieben.

Ein Nationalstaat entsteht

Als Begründer des Nationalstaates Portugal gilt König Dinis I. (1279-1325), der das Land nach den Eroberungszügen stabilisierte, zerstörte Städte und Burgen wiederaufbauen ließ und sich ebenso intensiv der Optimierung landwirtschaftlicher Methoden wie dem Aufbau einer See- und Handelsflotte widmete. Dies geschah unter der ständigen Bedrohung durch den kastilischen Nachbarn, der sich Portugal einverleiben wollte. Ende des 14. Jahrhunderts starb die erste Dynastie des portugiesischen Königshauses (Haus Burgund) aus und wurde durch die von Kastilien als illegitim angesehene Dynastie der Könige von Aviz ersetzt. Ihr erster König João I. war der Vater Heinrich des Seefahrers. So begründete die neue Dynastie das Zeitalter der portugiesischen Entdeckungen. König Manuel I. (1469-1521) ist Namensgeber eines eigenwilligen Baustils, der die Elemente der Seefahrt ebenso aufnahm wie maurisches oder ostasiatisches Dekor und dem die fantastischsten architektonischen Meisterwerke Portugals zu verdanken sind, die Manuelinik (s.S. 53).

Portugiesische Entdeckungsfahrten

Infant Henrique „o Navegador", besser bekannt unter dem Namen **Heinrich der Seefahrer** (1394–1460, s.S. 114) war Begründer und Förderer der portugiesischen Entdeckungsfahrten. Als dritter Sohn König Joãos I. hatte er keine Hoffnung, seinen Vater beerben zu können. Folglich verlegte er sich auf die Erforschung der Seewege und gründete zu diesem Zweck eine Seefahrtsakademie in Sagres am südwestlichsten Zipfel Portugals. Die Erfüllung seines großen Ziels, den Seeweg nach Indien zu finden, erlebte Henrique nicht mehr; unter seiner Ägide aber wurden die Voraussetzungen geschaffen: Zwischen 1419 und 1457 entdeckten seine Kapitäne Madeira, die Azoren und die Kapverdischen Inseln, die umgehend besiedelt wur-

Bartolomeu Dias

den. Auf den Fahrten an der afrikanischen Küste nach Süden stießen die portugiesischen Karavellen von Mal zu Mal weiter vor: 1434 erreichte **Gil Eannes** das Cap Bojador im heutigen Marokko. Henriques Begeisterung hatte sich auf das Königshaus übertragen, und so wurden die Forschungsfahrten auch nach seinem Tod fortgesetzt: 1482 erreichte der Seefahrer und Entdecker **Diogo Cão** die Kongo-Mündung, 1486 segelte er bis ins heutige Namibia, 1488 gelang es **Bartolomeu Dias**, das Kap der Guten Hoffnung zu umschiffen.

1497–1499 dauerte die Fahrt **Vasco da Gamas** um Afrikas Südspitze und weiter nach Nordosten, wo er als erster europäischer Seefahrer Indien auf dem Seeweg erreichte. **Pedro Álvares Cabral** segelte ein Jahr später nach Brasilien. 1519 bis 1522 dauerte die erste Weltumsegelung der Mannschaft um **Fernando de Magalhães**, besser bekannt unter dem Namen Magellan, der das Ende der Reise selbst nicht erlebte. Der Entdeckung neuer Seewege und Kontinente folgte die Kolonisierung und Ausbeutung der Bodenschätze. Der Sklavenhandel begann mit den ersten Fahrten der Kapitäne entlang der afrikanischen Küste.

Statue von Vasco da Gama
an seinem Geburtsort Sines

Spanisches Intermezzo und die Bragança-Dynastie

1580 starb der letzte Herrscher der Aviz ohne Erben, und Spanien nahm dies zum Anlass, Portugal zu überwältigen. Unter den spanischen Königen zum Rang einer Provinz abgesunken, verlor Portugal zahlreiche seiner Kolonien an die Niederlande; das Land selbst entwickelte sich kaum und verarmte. 1640 nutzte der portugiesische Adel eine innenpolitische Schwäche Spaniens und erklärte João I. von Bragança zum König. Um die Wende vom 17. zum 18. Jahrhundert ging Portugal eine politische Allianz mit England ein, die sowohl seine territorialen Ansprüche (Abtretung von Gebieten in Indien an die Briten) wie seine Wirtschaft nachhaltig prägen sollte. Englische Kaufleute bekamen eine monopolähnliche Stellung im Handel mit Portwein. 1750 leitete José I. die Modernisierung des Landes ein und beauftragte den Marquês de Pombal (1699–1782) mit der Aufgabe, Wirtschaft, Verwaltung und den Finanzsektor zu straffen. Die Ära Pombals hatte aber auch massive Repressionen zur Folge. So wurden die Jesuiten enteignet und des Landes verwiesen. In diese Zeit fiel außerdem das katastrophale Erdbeben von 1755, das vor allem in Lissabon aber auch in den meisten anderen Teilen des Landes Zerstörungen anrichtete.

Reiterstandbild von König José I. auf dem Praça do Comércio, Lissabon

Napoleonische Kriege und Ende der Monarchie

Portugal stand als Alliierter Englands im Focus Napoleons, der das Land 1807 besetzen ließ, es gegen den von England unterstützten Widerstand aber 1811 wieder aufgeben musste. Die nach Brasilien geflohene Königsfamilie kehrte nicht zurück, sondern versuchte zunächst, ihr europäisches Reich von Rio de Janeiro aus zu regieren. In den folgenden Jahren schwächten immer neue Revolten die Königsfamilie, die sich schließlich 1821 einer liberalen Verfassung für eine konstitutionelle Monarchie unterwerfen musste. Doch auch sie brachte Portugal keine Ruhe. Das 19. Jahrhundert stand ganz im Zeichen von Auseinandersetzungen, Rebellionen und Unabhängigkeitsbestrebungen der Kolonien. 1910 erklärte sich Portugal zur Republik.

Salazar Estado Novo

Zwischen der Ausrufung der Republik am 5. Oktober 1910 und dem 28. Mai 1926, dem Tag des Militärputsches, hatte Portugal 45 verschiedene Regierungen – auch die Republik brachte dem Land keine Stabilität. Dann putschte das Militär und machte einen katholischen Professor aus Coimbra, António Oliveira Salazar, zum Finanzminister. Dieser rief 1933 den *Estado Novo* aus, den Neuen Staat, dessen reaktionäre Doktrin deutlich faschistoide Züge besaß. International behielt Portugal während des Zweiten Weltkriegs und des Spanischen Bürgerkriegs seine Neutralität. In den nach Unabhängigkeit strebenden Kolonien in Afrika verwickelte sich Salazar in zermürbende Kriege. Den europäischen Integrationsversuchen, in deren Zeichen die Gründung der Europäischen Wirtschaftsgemeinschaft (EWG) stand, begegnete er mit einem konkurrierenden Wirtschaftsbündnis. Das Land, zunehmend politisch isoliert, nahm an der wirtschaftlichen Entwicklung anderer europäischer Staaten nicht Teil. 1968 zog sich der schwer erkrankte Diktator in den Ruhestand zurück und wurde durch den vormaligen Kolonialminister Marcelo Caetano ersetzt, der Salazars Kriege in den Kolonien mit immer größeren Verlusten und geringeren Erfolgen fortsetzte. Am 25. April 1974 putschte das Militär erneut.

Von der Nelkenrevolution bis heute

Diesmal war es ein Putsch, der den Weg zur Demokratie ebnen sollte, von den Menschen begrüßt mit Nelken, die zum Symbol der Revolution wurden. Doch zunächst hatte Portugal mehr als ein halbes Jahr lang politische und militärische Winkelzüge zu überstehen. Am 25. April 1975 fanden die ersten freien Wahlen statt und allmählich zog sich das Militär aus der zunächst stramm revolutionären, später dann zum demokratischen Sozialismus tendierenden Regierung zurück. Ebenfalls 1975 wurden alle Kolonien (abgesehen von Macau) in die Unabhängigkeit entlassen. 1986 trat Portugal der Europäischen Gemeinschaft bei. Seit 2005 wird das Land von einer sozialdemokratischen Regierung unter José Sócrates gelenkt, dessen *Partido Socialista* im Parlament die absolute Mehrheit hat. Staatsoberhaupt ist Dr. Aníbal Cavaco Silva. Die EU-Mitgliedschaft hat Portugal einen deutlichen Wirtschaftsaufschwung und eine Verbesserung der Infrastruktur in schlecht entwickelten Regionen beschert. Außerdem stellt es zur Zeit den Kommissionspräsidenten *José Manuel Barroso*.

Leben in Portugal

Wirtschaft

Portugal erlebte in den 1990er Jahren ein schnelles Wirtschaftswachstum, das nach der Wende zum 21. Jahrhundert abflaute. Die Arbeitslosigkeit ist mir 8 Prozent relativ hoch, das Bruttoinlandsprodukt BIP liegt mit 15.000 €/Einwohner unter dem Durchschnitt der EU-Mitgliedsstaaten. Rund 66% des BIP erwirtschaftet der Dienstleistungssektor, davon entfallen 10% auf den Tourismus. 25% trägt die Industrie zum BIP bei, auf die Landwirtschaft entfallen magere 8%. Produziert und exportiert werden Textilien, Kleidung und Schuhe, Kork und Holz, Papier sowie Wein und andere Lebensmittel. Im Durchschnitt verdient ein portugiesischer Arbeitnehmer 1000 € im Monat.

Religion

Bei der Besichtung von Kirchen sollten Besucher Rücksicht auf die Gläubigen nehmen.

95% der Portugiesen gehören der katholischen Kirche an. Als ideologische Waffe im Kampf gegen die Mauren und den Islam kam dem Christentum ab dem 12. Jahrhundert eine bedeutende Rolle zu. Der Orden der Christusritter operierte von portugiesischem Boden aus. Später waren Missionare treue Begleiter der Eroberer und Kolonialherren in Afrika, Südamerika und Asien. Portugal erlebte auch die dunklen Jahrhunderte der Inquisition, in deren Namen 1536 bis 1821 Ketzer und Ungläubige verfolgt wurden. Heute manifestiert sich der Glaube vor allem in den vielen Heiligenfesten und Wallfahrten, an denen die meisten Portugiesen mit Inbrunst teilnehmen.

Der Glaube, den portugiesische Missionare in die Kolonien getragen haben, kehrt nun in veränderter Form ins Mutterland zurück. Evangelikale Sekten aus Brasilien finden in Portugal immer mehr Anhänger, und dies nicht nur unter den Einwanderern.

Naives Zeugnis der Frömmigkeit an der Algarve

_____ ## Literatur

Mit **Luis de Camões** (1524–1580) beginnt die Ära der großen portugiesischen Literatur. Er schrieb 1572 *Os Lusíadas,* Die Lusiaden, ein Gedicht in zehn Gesängen über die Entdeckungsfahrt Vasco da Gamas nach Indien, das den Seefahrer diverse Abenteuer bestehen lässt. Vorbild dafür sind antike Mythen. In Portugal ist Camões Pflichtprogramm in den Schulen; viele Portugiesen können lange Passagen aus den Lusiaden auswendig zitieren.

Eine weitere große, auch international bekannte literarische Persönlichkeit ist **Fernando Pessôa** (1888–1935). Pessôa schuf verschiedene Dichtungen unter unterschiedlichen Namen. Diese waren nicht seine Pseudonyme sondern Heteronyme, wie er es nannte. So schrieb er als Monarchist und Konservativer unter dem Namen Ricardo Reis, als Modernist unter Álvaro de Campos und als Alberto Caeiro machte er sich an die Zerlegung überkommener sprachlicher Strukturen. Nach seinem Tod tauchten weitere Heteronyme auf, jedes mit Vita, Aussehen und Charakter des jeweiligen Dichters versehen.

F. Pessôa als Reisebegleiter

Zwei Bücher eignen sich besonders gut als Reiselektüre: *Mein Lissabon – Was der Reisende sehen sollte* mit historischen Schwarzweiß-Fotografien (2001) und *Wenn das Herz denken könnte* ..., kurze Prosa, Gedichte, Reflexionen (2006). Beide sind im Züricher Amman-Verlag erschienen, der auch weitere Werke Pessôas und seiner Heteronyme im Programm hat.

José Saramago José Saramago (*1922) erhielt 1998 den Literatur-Nobelpreis. *Eine Zeit ohne Tod* (Rowohlt Verlag 2007) beschreibt spannend, wie in einem fiktiven Land plötzlich niemand mehr stirbt, und welche Hoffnungen und Schrecken dieser Zustand auslöst. *Das Memorial* (Rowohlt 1986) versetzt den Leser in das Portugal zu Beginn des 18. Jahrhunderts. In Mafra beginnt der Bau des Franziskanerklosters, heute Palácio Nacional, und um diesen Bau entwirft Saramago ein lebhaftes, teils surrealistisches Bild dieser Epoche.

Antonio Lobo Antunes Antonio Lobo Antunes (*1942) legt in *Leben, auf dem Papier beschrieben* (Luchterhand Literaturverlag 2007) eine Sammlung von Briefen vor, die er in den 1970er Jahren als in Angola stationierter Offizier an seine Frau geschrieben hatte – ein literarisches Kriegstagebuch aus der portugiesischen Kolonialepoche.

Lidia Jorge   Lidia Jorge (*1946) erzählt in *Milene* (Suhrkamp Verlag 2005) von einer jungen Frau, die bei einer Einwandererfamilie von den Kapverden eine neue Familie und die erste Liebe findet, dafür aber von ihrer elitären Verwandtschaft verachtet wird.

Francisco José Viegas   Der Krimiautor Francisco José Viegas (*1962) schickt seine beiden Kommissare Jaime Ramos und Filipe Castanheira in *Der letzte Fado* (Lübbe TB 2006) auf Verbrecherjagd u.a. durch Porto.

Portugal mit fremden Augen literarisch gesehen:

Pascal Merciers   Pascal Merciers *Nachtzug nach Lissabon* (Hanser Vlg. 2004) ist inzwischen fast schon ein Klassiker der Reiselektüre. Der Held macht sich auf die Suche nach einem fiktiven Schriftsteller, dessen Leben er in Lissabon Stück für Stück recherchiert und zusammensetzt und dabei sein eigenes neu erfindet.

Robert Wilson   Spannend ist Robert Wilsons *Tod in Lissabon* (Bertelsmann 2006), das von einem aktuellen Mädchenmord zu einem SS-Offizier führt, der in den 1930er Jahren im neutralen Portugal kriegswichtiges Metall zu kaufen suchte und dessen Geschäfte im heutigen Lissabon tödliche Konsequenzen haben.

Architektur

Die unter König Manuel I. im 15./16. Jahrhundert aus der Gotik hervorgegangene **Manuelinik** ist ein genuin-portugiesischer Baustil, den man nur in diesem Kulturraum findet. Er verbindet Gotik und beginnende Renaissance mit dekorativen Elementen

Manuelinik pur: das berühmte Fenster von Tomär

der maurischen und der ostasiatischen Kunst und würzt das Ganze mit Fabelwesen und Motiven aus der Seefahrt wie Tauen, Seilknoten oder Muscheln. Den Höhepunkt dieses Stils bilden die Jerónimo-Kirche und das gleichnamige Kloster in Belém. Manuelinische Bauten sind oft mit Holzdecken im **Mudejarstil** ausgestattet, dessen abstrakte Schmuckelemente der islamischen Tradition entstammen und vornehmlich von muslimischen Handwerkern angefertigt wurden, die nach der Reconquista in Portugal geblieben sind.

Literaturtipp
Der prachtvolle Bild-
band **Azulejos in Por-
tugal** (Hirmer Verlag,
2000) dokumentiert
die Vielseitigkeit und
Schönheit der portu-
giesischen Azulejos.

Ein Kennzeichen des portugiesischen **Barock**
sind die ebenfalls dem islamischen Kulturkreis entlehnten Wandfließen, die *Azulejos,*
die neben der dekorativen Funktion dem
praktischen Zweck dienen, die Wände vor
Feuchtigkeit zu schützen. Die ältesten Azulejos sind zumeist gelb und blau gehalten.
Das heute vorherrschende blau-weiße Dekor
entstand unter niederländischem Einfluss
im 19. Jahrhundert. Ebenso charakteristisch
ist die *Talha dourada,* üppiges, vergoldetes
Schnitzwerk. Das 18. Jahrhundert liebte diesen Dekorationsstil so sehr, dass in manchen Gotteshäusern jeder Quadratzentimeter
von Wänden und Decke damit überzogen ist.
Ornamente und figürlicher Schmuck fließen
in der *Talha dourada* ähnlich ineinander wie
beim mitteleuropäischen Rokoko-Stuck.

Gustave Eiffel und sein Ingenieurbüro sind als
Vertreter des Übergangs zur **Moderne** mit Eisenkonstruktionen vielerorts in Portugal vertreten. Spektakuläre zeitgenössische Architektur kommt u.a. von
Álvaro Siza Vieira (Portugiesischer EXPO-Pavillon in
Lissabon, Museu Serralves in Porto). Die Portugiesen
begeistern sich für moderne Architektur; auch Klein-
städte versuchen mit modernen Bauten auffällige
Akzente in der historische Struktur zu setzen.

Musik

Bei portugiesischer Musik denkt wohl jeder sofort an
Fado. Entstanden ist dieser Musikstil in den 1820er
Jahren in den Armenvierteln von Lissabon; erster
Fado-Star war *Maria Severa,* eine Kurtisane, die aus
dem Mouraria-Viertel stammte. Begleitet von der klassischen Gitarre (*viola*) und der *guitarra portuguesa,* die
an eine Laute erinnert, bewegten die mit *saudade,*
Traurigkeit, getränkten Lieder von unerfüllter Sehn-
sucht, Liebe und Trauer die Zuhörer in den Kneipen
des Bairro Alto, der Alfama und der Mouraria. In
Coimbra wiederum entwickelte sich in der Studenten-
szene ein anderer, nicht ganz so erdiger Fado, der
häufig von Männern vorgetragen wurde. Die Themen
kreisten auch hier um die Liebe und um das Leben der
Studenten. Coimbras großer *Fadista* war *José Afonso.*

Schnell fand der Fado seinen Weg in die besseren Kreise der Gesellschaft. Die Spelunken der Halbwelt aufzusuchen und dort den Fadistas zu lauschen war in Mode. Vom Ruch des Zwielichtigen hat sich der Fado aber bald befreit: Sängerinnen wie die 1999 verstorbene, unvergessene *Amália Rodrigues* wurden verehrt wie Heilige – Amálias Haus in Lissabons Alfama ist heute eine Pilgerstätte.

Mit *Misia* begann die Ära des „neuen Fado", ihr Album 1999 *Paixões diagonais* (Diagonale Leidenschaften) erschien 1999. Ihr intellektueller Stil – sie vertont mit Vorliebe Gedichte, u.a. von Saramago – machte sie und damit auch den Fado international bekannt. Den Weg bereitet hatte aber schon zehn Jahre zuvor die Band *Madredeus* mit einer Fusion aus Fado und Weltmusik. Wim Wenders hat der Gruppe und Lissabon in seinem Film *A Lisbon Story* ein filmisches Denkmal errichtet.

Misia über Saudade:

„Für uns Portugiesen ist Saudade ein angenehmes Gefühl. Saudade ist nicht nur Nostalgie, nicht nur das Aroma von längst Vergangenem oder frisch Verwehtem, Saudade ist ein Versprechen. Etwas, das nicht sterben kann."

Neben Misia stehen Sängerinnen wie Cristina Branco oder Mariza, Letztere mit deutlich brasilianischem Einschlag. So faszinierend die Aufbrüche aus dem traditionellen Fado sind, am intensivsten erlebt man

ihn doch in den Kneipen der Alfama, wenn Sänger
und Musiker die Zuhörer und die Bühne vergessen und
sich völlig diesem besonderen Gefühl, der Saudade,
hingeben.

Dass man portugiesisch auch rappen kann, be-
weisen zahlreiche Künstler des **Hip Hop Tuga**. Dieser
Stil nimmt afrikanische und Reggae-Elemente auf.
Star der Szene ist *Boss AC* von den Kapverdischen
Inseln.

Stierkampf

Die in Portugal beliebte Form des Stierkampfs,
die *tourada,* kommt mit weniger Blutvergießen
aus als die spanische Variante. 1928 wurde das
Töten der Stiere in der Arena verboten, heute
sterben sie nach ihrem Auftritt im Schlachthaus.
Der Cavalheiro kämpft hoch zu Ross und beginnt
seinen Auftritt mit einigen Reitkunststückchen.
Den Stier, dessen Hörner mit Leder umwickelt und
damit etwas entschärft sind, reizt er durch das
Setzen von Spießen, den *farpas*, in den Nacken.
Schließlich übernehmen *forcados* den Kampf. Die
acht Männer versuchen, den Stier an Schwanz,
Kopf und Hörnern festzuhalten, bis er sich nicht
mehr rühren kann und den Kopf beugt. Damit ist
er besiegt.

Essen und Trinken

Kulinarisches Lexikon mit Sprachhilfe siehe **Anhang**!

Portugals Küche ist deftig und bodenständig. Frische, saisonal variierende Zutaten, bestimmen den Speisezettel. Gerichte wie *bacalhau* (Stockfisch) *sardinhas* (Sardinen) oder *caldo verde* (Kohlsuppe) finden Sie in unzähligen Variationen auf so gut wie jeder Speisekarte.

Vorspeisen

Fast jedes portugiesische Mahl beginnt mit einer Suppe: *Caldo Verde* im Landesinneren oder *caldeirada* (Fischsuppe) an der Küste. Spezialität des Alentejo ist die *açorda alentejana*, eine Brot-/Knoblauchsuppe. Kalte Vorspeisen bestehen meist aus einer Schinken- und/oder Wurst-Platte. Die kräftig gewürzte Wurst *chouriço* ist oft auch in den Eintöpfen zu finden.

> **Achtung:** Oliven, Wurst, Schinken und andere *Amusegeules* stellen die Kellner ungefragt auf den Tisch. Wenn Sie zugreifen, müssen Sie diese Vorspeise bezahlen – egal wie viel Sie gegessen haben.

Fisch und Meeresfrüchte

Exakt 365 Rezepte soll es für *bacalhau*, Stockfisch, geben. Ob aus frischem oder für die Lagerung gedörrtem Fisch zubereitet – die Portugiesen lieben den *bacalhau* und bereiten ihn auf viele verschiedene Arten zu. Der Trockenfisch muss zunächst gewässert werden, bevor er mit Gemüse und Kräutern gekocht

Fischhändler in
der Markthalle
von Lagos

oder überbacken wird. Platz zwei in der
Beliebtheitsskala haben Sardinen, die
bevorzugt gegrillt werden. Entlang der
Küste stehen natürlich auch viele andere Fische auf der Speisekarte, dazu
Langusten, Hummer, Krebse, Tintenfisch (*polvo*), Venusmuscheln (*amêi-
joas*) und die immer selteneren Enten-
muscheln (*percebes*). Fischspezialitäten
aus den Flüssen sind neben Forellen
auch Aal (in der Umgebung von Avoeiro) und Neunauge (Minho). Fisch und
mit Muscheln gedünstetes Gemüse sind
die Hauptbestandteile des köstlichen Eintopfs *cataplana*.

Fleischgerichte

Schweinefleisch in unterschiedlicher Zubereitung dominiert die Fleischküche: Als *leitão,* Spanferkel, ist
es ein Festtagsgericht, mit Muscheln gekocht eine
Spezialität des Alentejo (*carne de porco com amêi-
joas*). Schafe und Ziegen liefern nicht nur die Milch
für köstlichen Käse – das mit Kräutern und Knoblauch
in Rotwein geschmorte Zicklein *cabrito* hat auf den
Speisekarten im Landesinneren seinen festen Platz.
Dort bekommen Sie zur Jagdsaison auch Reh oder
Hirsch. Gewöhnungsbedürftig ist die Leidenschaft
für Kutteln, *tripas,* die vor allem in der Region Porto
beliebt sind und mit weißen Bohnen serviert werden.
Sollten Sie Hühnchen (oder ein anderes Gericht) *piri-
piri* bestellen, dann machen Sie sich auf eine gehö-
rige Schärfe gefasst.

Piri-Piri ist
Malagueta-
Pfeffer aus
Angola. Wer
nicht daran ge-
wöhnt ist, dem
ist er meist zu
scharf.

Nachtisch und Süßigkeiten

Das maurische Erbe lässt grüßen:
Süßigkeiten sind meistens sehr süß.
Arroz doce beispielsweise, Milchreis mit
Zimt, oder *leite creme,* die portugiesi-
sche Variante von Creme Caramelle.
Überall im Land beliebt, aber nur in
Belém im Original zu bekommen, sind
pastéis de Belém – mit Vanillecreme ge-
füllter Blätterteig. Die *pastéis de Santa
Clara* aus Beja sind mit Mandeln und

Kürbis gefüllt. Sie stammen wie viele andere portugiesische Leckereien aus einem Kloster, wo solche
und ähnliche Rezepte im 17./18. Jahrhundert er-
funden wurden. Die Ordensschwestern und -brüder
hatten Zugang zum wertvollen Zucker aus den
Kolonien.

Essenszeiten

Das Frühstück fällt in Portugal meist aus. Man kehrt
auf dem Weg zur Arbeit in einer Bar oder einem Café
ein, bestellt einen kleinen, starken Kaffe, *bica,* und
nascht dazu Gebäck. Dafür kommt dem Mittagessen
eine tragende Rolle zu. Es besteht fast immer aus drei
Gängen, gerne wird dazu auch Bier oder Wein ge-
trunken, und den Abschluss bildet erneut ein *bica.*
Abends geht vor 20 Uhr niemand in ein Restaurant;
in Lissabon liegen die Essenszeiten gar noch später,
wenngleich nicht so spät wie im Nachbarland
Spanien.

Wein

Drei Namen stehen international für portugiesische
Weine: *Portwein,* der trockene oder süße Aperitif oder
Desertwein aus Porto, *Vinho Verde,* der spritzig-fri-
sche Weißwein aus der nördlichen Landeshälfte, und
Mateus, der in Bocksbeutelflaschen abgefüllte Rosé,
ebenfalls im nördlichen Landesteil beheimatet. Für
exzellenten Rotwein, *vinho tinto,* stehen die Dão-
Weine aus der Region um Coimbra und Viseu; sie tra-
gen das Prädikat DOC (Denominação de Origem
Controlada).

Portugal war
das erste
Land, das
eine *Região
demarcada,*
also eine
kontrollierte
Ursprungsbe-
zeichnung für
Wein ein-
führte, und
zwar 1756 für
Portwein.

Lissabon

Auf sieben Hügel, keine 20 Kilometer entfernt von der Mündung des Tejo in den Atlantik gelegen, umspielt von kühlen Meereswinden und beschienen vom klaren, konturenscharfen Licht, liegt eine der schönsten Metropolen Europas. In ihr vermengen sich die Düfte und Farben der ehemaligen portugiesischen Kolonien mit dem bröckelnden, etwas dekadenten Charme einer Stadt, die ihre erste Blüte schon lange hinter sich weiß. Doch Nostalgie und Melancholie paaren sich mit Aufbruchstimmung und Elan; moderne Architektur schiebt sich zwischen Gotik und Barock, zeitgenössische Kunst erobert Galerien und Museen, und selbst die uralte Tradition des Fado wird von den Jungen ordentlich gegen den Strich gebürstet. Lissabon, portugiesisch *Lisboa,* bietet viele Überraschungen auf. Man sollte sich für die „alte Dame" und ihre rund eine Million Einwohner ruhig Zeit nehmen.

Lissaboner Profile

Baixa – Das im Schachbrettmuster angelegte Viertel zwischen den Hügeln Bairro Alto und Alfama und zwischen den Plätzen Rossio und Praça do Comércio ist Lissabons Shopping-Zentrum. Hier findet man die Läden der großen Modeketten, günstige Schuhgeschäfte und Souvenirs.

Chiado – Die Straßen des Chiado führen von der Baixa westlich hinauf zum Bairro Alto (Oberstadt) Auch hier gibt es zahlreiche Läden, allerdings ist das Angebot etwas eleganter; auch Antiquitätengeschäfte sind zu finden.

Barrio Alto – Die Oberstadt mit ihren schmalen, verwinkelten Gassen ist das Zentrum der Kneipenszene; Zwischen den Restaurants findet man auch viele ausgefallene Läden und Kunstgalerien.

Alfama – Das maurische Lissabon mit seinen schmalen, schattigen Gassen und winzigen Plätzen ist sicherlich der malerischste Teil der Stadt. Hier gibt es kaum Läden, aber viele Kneipen, in denen nachts Fado gesungen wird. Kulturelle Highlights sind die Kathedrale Sé und die Burg sowie mehrere Museen.

Belém – Der Vorort östlich der Innenstadt ist die Stein gewordene Ära der Entdeckungsreisen. Fantastische manuelinische Gotik, ein Marinemuseum und auch eine moderne Kunstsammlung im jüngst errichteten Centro Cultural sind dort angesiedelt.

Parque das Nações – Auf dem ehemaligen Expo-Gelände nord-östlich der Innenstadt am Tejo gelegen präsentiert sich das moderne Portugal mit zeitgenössischer Architektur, viel Grün und einem *Oceanário* der Superlative (s.S. 77). Mit einem herkömmlichen Ozeaneum hat das Ganze nichts mehr zu tun.

Geschichte

Lissabons großes Plus ist der Tejo. Er weitet sich hier, 17 Kilometer vor seiner Mündung in den Atlantik, zu einem 7 Kilometer breiten See, der *Mar da Palha*. Geschützt vor der Atlantikbrandung konnten die Schiffe vor Anker gehen – das nutzten bereits die Phönizier im 7. Jahrhundert v. Chr. Auf sie folgten im 3. Jahrhundert v. Chr. Römer, um 500 Westgoten, 714 Mauren, die erstmals den Stadtnamen *Al Osbuna* prägten, und im 12. Jahrhundert gelang es König Dom Alonso Henriques, die Stadt mit seinem Kreuzritterheer zu befreien und die maurische wirtschaftliche wie kulturelle Blüte zu beenden.

Eine neue Glanzzeit erlebte Lissabon im 14./15. Jahrhundert, als sich die Seefahrernation Portugal aufmachte, die Welt zu entdecken. Lissabon wurde europäischer Hauptumschlagplatz für Gewürze, Gold, Silber und kostbare exotische Handelswaren. Die Stadt erhielt neue Prachtbauten wie das Hieronymuskloster in Belém. 1755 machte ein verheerendes Erdbeben dieser Ära des Wohlstands ein Ende und begründete eine neue. Der Wiederaufbau im architektonischen

Blick über die Dächer von Lissabon

Geiste des Barock veränderte Lissabon nachhaltig, doch der Wohlstand kehrte nicht zurück. Die Jahrzehnte der Salazar-Diktatur (1932–1968) verwandelten Portugal in ein Armenhaus; auch Lissabon verfiel. Erst die „Nelkenrevolution" von 1974 setzte dem ein Ende. Stolzer Ausdruck des Aufbruchs war das „Facelifting", das Lissabon 1998 für die Expo auf sich nahm. Vieles wurde restauriert, vieles auch neu und kühn gebaut. So präsentiert sich die Stadt am Tejo mit ganz unterschiedlichen Gesichtern, und jedes für sich ist faszinierend.

Verkehrsmittel in Lissabon

Lissabon lädt zum Flanieren ein. Die Sehenswürdigkeiten in der Innenstadt sind alle gut zu Fuß zu erreichen. Man fährt hier nicht, weil man muss, sondern weil's so viel Spaß macht: Mit der winzigen Straßenbahn oder den Ende des 19. Jahrhunderts erbauten *Elevadores*, Aufzügen, die das Bergaufgehen ersparen:

- **Eléctrico 28:** Die gelbe Tram startet im Osten (Marti Moniz), klettert dann den Alfama-Hügel bis unterhalb des Castelo hinauf, durchquert Baixa und Chiado und endet ganz im Westen beim Jardim do Estrela.

- **Elevador de Santa Justa:** Dieser Klassiker aus Gusseisen führt von Baixo hinauf nach Chiado.

- **Elevador da Glória:** Kein Aufzug, sondern eine Standseilbahn, ebenfalls von der Unterstadt (Praça dos Restauradores) in den Bairro Alto.

- **Elevador da Lavra:** Per Standseil geht's hier von der Rua de São José hinauf zum gleichnamigen Hospital.

- **Elevador da Bica:** Von der Rua da Boavista unweit des Marktes tuckert der Waggon steil hinauf zur Calçada do Combro/Bairro Alto.

Elevador de Santa Justa

- **Teleférico Lisboa:** Die moderne Seilbahn schwebt entlang des Parque das Nações; man bekommt einen guten Überblick über das ehemalige Expo-Gelände.

Stadtrundgang 1: Baixa und Alfama

Praça dos Restauradores (1)   Ausgangspunkt ist die **Praça dos Restauradores (1)** mit dem 30 Meter hohen Obelisken. Er erinnert an den Sieg über die Spanier 1640, der ein halbes Jahrhundert spanischer Herrschaft über Portugal beendete. Von dem Prunkbau der **Estação do Rossio,** der als Bahnhof kaum zu erkennen ist, kann man mit der Bahn die Stadt in einem Tunnel unterquerend in Richtung Sintra fahren.

Rossio (2)   Südöstlich schließt Lissabons zentraler Platz an, eigentlich Praça Dom Pedro IV., aber kaum jemand nennt ihn so. Auf dem Rossio ist immer etwas los, Pensionäre plaudern auf den Parkbänken im Schatten von Jacarandabäumen; Tauben umflattern die beiden Brunnen, und in einer Ecke ganz hinten verrät ein Grüppchen zumeist männlicher Müßiggänger, dass dort eine besondere Lissaboner Spezialität, nämlich der pappsüße Kirschlikör *Ginjinha* ausgeschenkt wird. Eine 27 Meter hohe Marmorsäule in der Mitte des Platzes trägt die Statue von König Pedro IV.

Baixa (3)   Nachdem das Erdbeben 1755 die Stadt in Schutt und Asche gelegt hatte, ließ Marquês de Pombal die Straßenzüge zwischen den beiden Hügeln Alfama und Barrio Alto im strengen Schachbrettraster neu aufbauen. Jede Straße dieses neuen Stadtteils Baixa (Unterstadt) war einer Zunft bestimmt, an die heute noch Straßennamen wie *Rua do Ouro* (Gold) oder *Rua Aurea* (Silber) erinnern. Moderne Boutiquen und Markengeschäfte haben mittlerweile die alten Läden verdrängt, aber man kann noch Entdeckungen machen, wie beispielsweise die wunderbar fließenden Kleider der portugiesischen Designerin *Ana Salazar*. Oder eine exzellente Auswahl von Fado-CDs bei *Disccteca Amália*. Für einen leichten vegetarischen Snack empfehlen wir *Megavega* mit ganz frischen Salaten, Gemüse und köstlichen Suppen. Eine Portion Sardinen für 4 € und eine Karaffe Wein für 2,50 € – solche unschlagbaren Preise gibt's in dem urigen *Palmeira* unter alten Gewölben. Einen Snack auf die Hand bekommen Sie im *Lua do Mel,* wo mittags alle Angestellten der umliegenden Läden und Büros Schlange stehen.

Die Fußgängerzone Rua Augusta führt schnurgerade auf die Praça do Comercio zu.

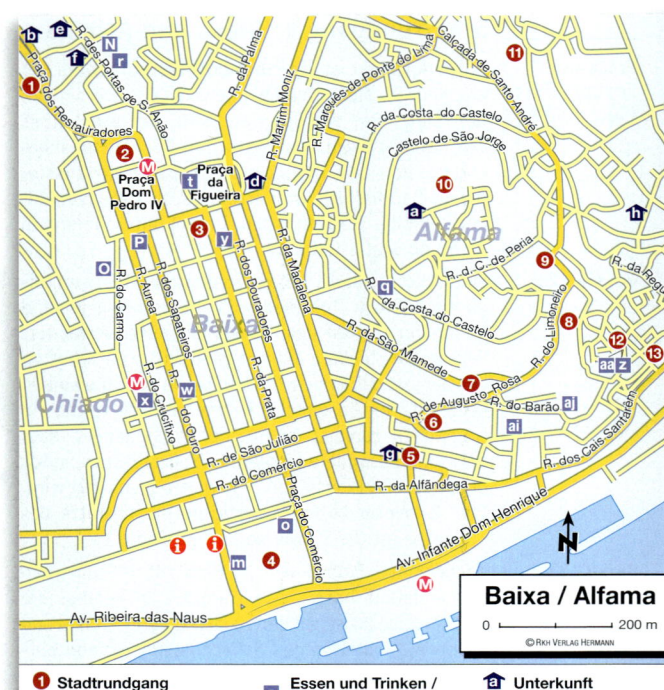

Baixa / Alfama

0 ⊢————————————————⊣ 200 m

© RKH VERLAG HERMANN

❶ Stadtrundgang

1 Praça dos Restauradores
2 Rossio
3 Baixa
4 Praça do Commercio
5 Casa dos Bicos
6 Sé Patriarcal
7 Museo do Teatro Romano
8 Mradouro de Santa Luzia
9 Museu des Artes
   Decorativas
10 Castelo de São Jorge
11 Kirche São Vincente
12 Largo S. Miguel
13 Rua de S. Pedro
14 Fado-Museum

**🅰 Essen und Trinken /
Nachtleben**

m Terreiro do Paço
o Martinho da Arcada
q Chapitô
r Casa do Alentejo
t Casa das Bifamas
w Megavega
x Palmeira
y Lua do Mel
z Malmequer Bemmequer
aa A Baiuca
ai Onda Jazz
aj Clube de Fado

🅰 Unterkunft

a Solar do Castelo
b Heritage Av. Liberdade
d Evidencia Tejo
   Creative Hotel
e Pensão Portuense
f Residencial Florescent
g Casa dos Hospedes
   Estrela
h Alfama Patio Hostel

🅰 Shopping / Diverse

N Ateneu Comercial
   de Lisboa
O Ana Salazar
P Discoteca Amália

Baixa, Shopping und Essen

(O) **Mode:** Ana Salazar, Rua do Carmo 87
(w) **Vegetarisch:** Megavega, Rua dos Sapateiros 113,
      Mo–Fr 8.30–23 Uhr, Sa 10–23 Uhr
(x) **Deftig:** Palmeira, Rua do Crucifixo 73
(y) **Billig:** Lua do Mel, Rua da Prata 244–254
(P) **Fado-CDs:** Discoteca Amália, Rua do Ouro 272

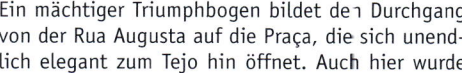

Praça do Comercio (4)

Ein mächtiger Triumphbogen bildet den Durchgang von der Rua Augusta auf die Praça, die sich unendlich elegant zum Tejo hin öffnet. Auch hier wurde

nach dem Erdbeben neu gebaut; in den barocken Palästen mit schattigen Arkaden residieren heute Ministerien und Ämter, wie das für Tourismus. Das traditionsreiche Restaurant *Martinho da Arcada* ist mittags Ziel von Reisegruppen, aber auch von Angestellten für einen Lunch. Lissabons berühmte Straßenbahn, der *Eléctrico 28* hält ebenfalls auf der Praça, bevor er die Alfama hinaufklettert.

Al hama, der arabische Name, bedeutet „warme Quelle", aber der Hügel war schon vor Ankunft der Mauren besiedelt. Ausgrabungen in der Casa dos Bicos (s.u.) förderten phönizische Fundamente zutage; die Existenz eines römischen Theaters beweist, dass auf dem Hügel lateinisch gesprochen wurde, bevor Westgoten und schließlich Mauren die Herrschaft übernahmen.

Casa dos Bicos (5)

Das Haus an der Rua dos Bacalhoeiros sieht ziemlich eigenwillig aus. Das fanden bereits Zeitgenossen des 1521–23 erbauten Palastes. Die spätgotische Fassade ist nämlich mit pyramidenförmig zugehauenen Steinen geschmückt, deren Spitze dem Betrachter zugewandt sind und ihm den Beinahmen „Haus der Spitzen", *Casa dos Bicos,* beschert haben. Das Erdbeben 1755 zerstörte den Palast, nur das Erdgeschoss blieb stehen. Was man heute sieht, ist eine originalgetreue Rekonstruktion. Im Inneren sind noch Steine der von den Mauren erbauten Stadtmauer sowie ein römisches Becken erhalten, in dem Fische eingesalzen wurden. Zugänglich ist das Haus, wenn darin eine Ausstellung stattfindet.

Sé Patriarcal (6)

Das 1344 erbaute Gotteshaus gilt als älteste Kirche Lissabons. Die wuchtige Fassade mit den zwei zinnengekrönten Türmen erinnert an eine Burg. Im Inneren zeigt sich die Kirche im Gewand der Romanik mit einem gotischen Chor. König Alonso IV. und dessen Gattin sind in eindrucksvollen Grabdenkmälern beigesetzt. Vom Chorumgang geht's in einen doppelstöckigen Kreuzgang aus dem 13. Jahrhundert (Kirche tgl. 9–19 Uhr, Kreuzgang 9–17 Uhr, Eintritt).

Museu do Teatro Romano (7)

Ein Stück die Rua Augusto Rosa bergauf sind wir im römischen Lissabon, damals Olisipo, angekommen. Das unter Kaiser Augustus erbaute Theater fasste 5000 Zuschauer und wurde im 4. Jahrhundert aufgegeben. Im Museum sind die Ausgrabungsarbeiten dokumentiert, und ein Teil des freigelegten Theaters kann besichtigt werden (Di–So 10–13 u. 14–18 Uhr, Eintritt).

Miradouro de Santa Luzia (8)

Der Aufstieg ist schweißtreibend – danach ist Zeit für eine Atempause mit fantastischem Blick über die Dächer der Alfama hinunter auf den Tejo. Wenn Sie mit dem *Eléctrico* gefahren sind, dann steigen Sie hier aus und gehen den Rest des Weges zum Castelo zu Fuß! Beste Fotozeit für diesen Miradouro (Aussichtspunkt) ist der spätere Nachmittag!

Museu des Artes Decorativas (9)

Sehenswert ist etwas oberhalb des Platzes auch das **Museu des Artes Decorativas (9),** wie so viele Lissabonner Museen, einer Privatsammlung entsprungen. Es zeigt vor allem Möbel aus dem 16.–19. Jahrhundert, Schmuck und andere kunsthandwerkliche Erzeugnisse (Largo das Portas do Sol 2, Mo–Sa

Castelo de São Jorge (10)

Weiter bergan und nach Westen erreicht man den seit römischer Zeit besiedelten Burghügel, auf dem zwischen dem 14. und 16. Jahrhundert der portugiesische Königspalast stand, bevor sich die Herrscher zum Tejo hin orientierten und an die heutige Praça de Comercio zogen. Hier auf dem Gelände

Aussichtspunkt auf dem Burghügel des Castelo de São Jorge

Flohmarkt Feira
da Ladra, Graça

des Kastells befindet sich ein malerisches Wohnviertel rund um die Kirche Santa Cruz; die Burganlage wurde hübsch begrünt und ist ein weiterer schöner Miradouro in dieser an Aussichtspunkten wahrlich nicht armen Stadt (tgl. März–Okt 9–21 Uhr, Nov–Feb 9–18 Uhr).

Abstecher nach Graça

Bevor man sich auf den Weg bergab durch die Gassen der Alfama macht, lohnt, zumindest am Dienstag und Samstag, der Abstecher zu Fuß oder mit dem Eléctrico weiter hinauf nach Graça und zur monumentalen **Kirche São Vincente (11).** Hier findet an besagten Tagen der Flohmarkt **Feira da Ladra** statt, der „Markt der Diebin". Diebesgut gibt's heutzutage wahrscheinlich kaum noch, dafür aber allen nur erdenklichen Schrott und Tand, dazwischen auch richtige Antiquitäten.

Alfama-Bummel

Zurück am Largo Portas do Sol beginnt der treppenreiche Abstieg durch die schmalen Gassen und Plätze der Alfama in Richtung **Largo São Miguel (12).** Heute ist die Alfama das Wohngebiet der einfacheren Hauptstädter. Blumentöpfe vor Fenstern und in der Gasse, häufig auch ein hinausgehängter Käfig mit zwitscherndem Kanarienvogel übertünchen malerisch die Armut, die hier bei näherem Hinsehen ganz offensichtlich herrscht. Die Alfama wandelt sich allerdings gerade in eine Art In-Viertel. Zum Ausgehen kommen ohnehin viele hierher, alleine wegen der lauschigen und noch erschwinglichen Restaurants und der typischen Fado-Kneipen. Nun ziehen aber auch immer mehr junge Leute ein, denen der Barrio Alto zu teuer geworden ist. Wer gut und preiswert essen möchte, kann am Largo São Miguel bei *Malmequer Bemmequer,* („er liebt mich, er liebt mich nicht"), einkehren. Es gibt frischen Fisch und gut gewürzte Fleischgerichte zu günstigen Preisen in familiärer Atmosphäre. Schräg gegenüber befindet sich außerdem eines der berühmtesten Fado-Lokale, das volkstümliche *A Baiuca*. Hier singt auch schon mal der vom Herzschmerz überwältigte Kellner.

Alfama: Essen und Fado

(z) **Malmequer Bemmequer,** Rua de São Miguel 23–25, Tel. 218-876535.

(aa) A Baiuca, Rua de São Miguel 20, Tel. 218-867284.

Rua de São Pedro (13) und Fado-Museum (14)

Vormittags wird auf der Rua de São Pedro Fischmarkt gehalten, dann sind in der Straße alle Bewohner des Meeres mit ihren unterschiedlichen Gerüchen vertreten. Die Straße mündet in den Largo *Chafariz de Dentro* mit dem Museum **Casa do Fado.** Anhand von Fotografien, Tonaufnahmen und Exponaten erzählt es die Geschichte des Fado und seiner regionalen Ausprägungen von den Anfängen in zwielichtigen Kneipen bis zu den heutigen Fado-Diven wie Marica oder Misia (tgl. 10–18 Uhr).

Stadtrundgang 2: Chiado und Bairro Alto

Ein Stück des Bergaufgehens können Sie sich ersparen, wenn Sie den **Elevador de Santa Justa (15)** an der Rua Santa Justa benutzen. Der einzige richtige Aufzug Lissabons ist eine 32 Meter hohe Konstruktion aus Gusseisen, die nicht zufällig an Arbeiten von Gustave Eiffel erinnert. Architekt R. Mesnier du Ponsard war ein Mitarbeiter des Eiffelturm-Konstrukteurs und errichtete den Elevador 1889. Oben erwarten die Besucher eine Aussichtsplattform und ein Café mit Getränken und Snacks sowie ein fantastischer Blick über die Stadt.

Alt und Neu

Chiado war eines der ursprünglichsten Wohnviertel Lissabons, bis ein verheerender Brand 1988 die meisten historischen Bauten entlang der Rua do Carmo zerstörte. In den darauffolgenden Diskussionen stießen Traditionalisten, die den Wiederaufbau im historischen Stil befürworteten, auf Stadtplaner, die architektonische Visionen realisieren wollten. Das Ergebnis war ein Kompromiss: Architekt Álvaro Siza Vieira konzipierte den Neuaufbau in einem sensiblen Mix: Die ursprünglichen Fassaden wurden beibehalten; moderne Elemente wie die Metrostation Baixa-Chiado oder das Luxushotel Lisboa Regency Chiado setzten zeitgenössische Akzente. Wie gelungen die Rekonstruktion ist, kann man vor allem entlang der beiden großen Einkaufsstraßen Rua do Carmo und Rua Garrett studieren.

Largo do Carmo und São Roque

Von der Plattform des Elevador de Santa Justa ragt die Ruine der im 14. Jahrhundert erbauten Kirche **Igreja do Carmo (16)** wie ein Dinosaurierskelett über die Stadt. Kirche und Kloster am hübschen Largo do Carmo wurden beim Erdbeben 1755 zerstört und nicht wieder aufgebaut. Die Kirche, damals die größte Lissabons, dient nun, ihres Daches beraubt, als Veranstaltungsort für Konzerte. Außerdem zeigt hier das **Museu Archeológico do Carmo** Fundstücke von der Frühgeschichte bis zum 18. Jahrhundert. Die Ausstellung selbst ist nicht so eindrucksvoll wie der

Panorama vom Elevador de Santa Justa

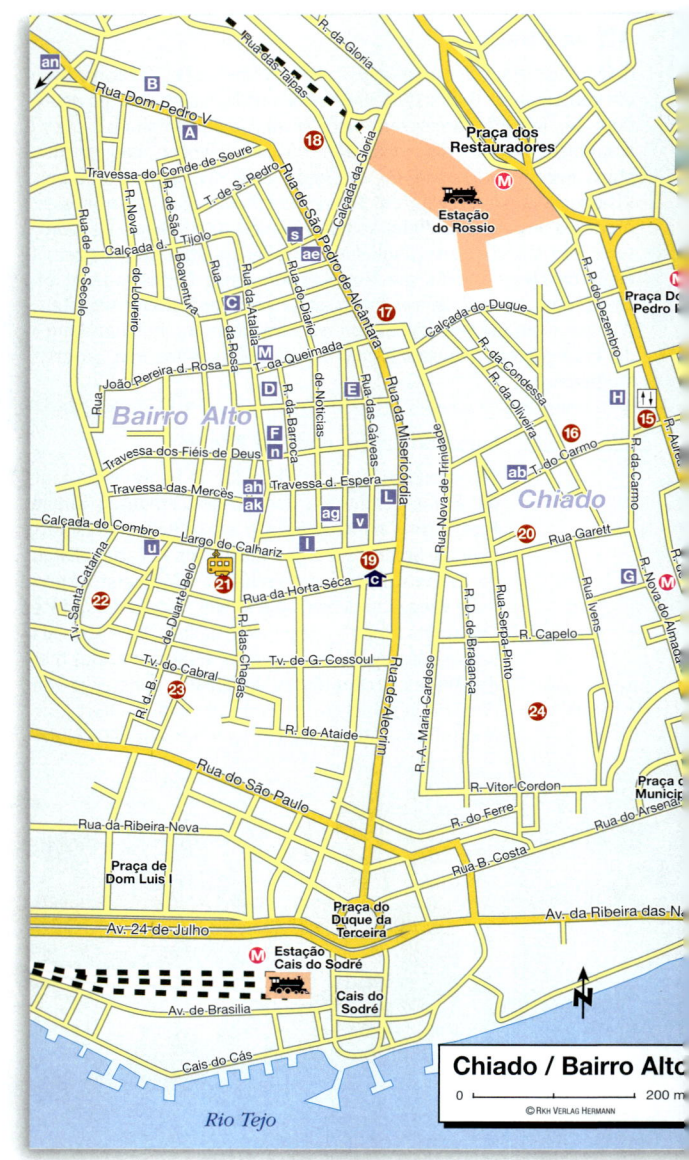

Rua da Glória

Rua das Taipas

Rua Dom Pedro V

Travessa do Conde de Soure

R.-Nova de S.-Pedro

Rua de São Pedro de Alcântara

Calçada da Glória

Praça dos Restauradores

Estação do Rossio

Praça Do Pedro I

R. P. do Dezembro

Calçada do Duque

R. da Condessa

R. da Oliveira

Calçada d.

do Louleiro

Rua de S. Boaventura

Rua da Atalaia

Rua do Diário

T. da Queimada

Bairro Alto

João Pereira d. Rosa

R. da Rosa

R. da Barroca

R. de Noticias

Rua das Gávea

Rua da Misericórdia

Rua Nova de Trindade

T. do Carmo

R. da Carmo

Chiado

Travessa dos Fiéis de Deus

Travessa das Merces

Travessa d. Espera

Rua Garett

Calçada do Combro

Largo do Calhariz

Rua do Alecrim

Rua da Horta-Seca

R. de Braganca

Rua Serpa Pinto

R. Capelo

Rua Ivens

Rua Nova do Almada

T.-Santa Catarina

R. de Duarte Belo

R. das Chagas

Tv. de G. Cossoul

R.-A.-Maria-Cardoso

Tv. do Cabral

R. d. B

R. do Ataide

Rua do São Paulo

Rua da Ribeira-Nova

Praça de Dom Luis I

R.- Vitor-Cordon

R. do Ferre

Praça do Município

Rua do Arsena

Av.-24-de-Julho

Estação Cais do Sodré

Cais do Sodré

Rua B. Costa

Av.- da Ribeira das N

Av.- de Brasilia

Cais do Cás

Rio Tejo

Chiado / Bairro Alto

0   200 m

© RKH VERLAG HERMANN

Kirchenraum, der nüchtern und schmucklos die Kühnheit gotischer Gewölbe sozusagen „nackt" präsentiert (Mo–Sa 10–18 Uhr, Eintritt). Draußen auf dem Platz plätschert ein hübscher Brunnen, und Cafés wie das *Vértigo* laden zur Rast ein. Ein kurzer Weg die Rua de Oliveira nach Nordwesten bietet das Kontrastprogramm zur gotischen Schlichtheit: Lissabons prunkvollsten Kirche **São Roque (17)** (tgl. 8.30–17 Uhr) wurde Ende des 16. Jahrhunderts erbaut und war vom Erdbeben kaum betroffen. Im Inneren glänzen barocke Azulejos und vergoldetes Schnitzwerk um die Wette. Eine besondere Geschichte hat die *Capela de São João Baptista:* König João V. ließ sie 1742 in Rom aus wertvollen und teueren Materialien zusammensetzen: Lapislazuli, Achat, Carrara-Marmor und roter Porphyr überziehen die Wände. Vom Papst gesegnet, wurde sie dann in Einzelteile zerlegt, auf drei Schiffen nach Lissabon verfrachtet und in der Kirche aufgebaut. Noch ein Stück nach Norden eröffnet der als Park gestaltete **Miradouro de São Pedro de Alcantara (18)** einen schönen Blick nach Osten über Alfama und Castelo. Hier endet auch der von der Baixa kommende **Elevador da Glória.**

> **Tipp**
> **Vértigo Café,** Travessa do Carmo 4, Retro-Schick und köstlicher Schokokuchen.

Durch den Bairro Alto

Im südwestlich sich anschließenden und weitgehend geradlinigen Gassenraster des Bairro Alto können Sie sich nicht verlieren – es sei denn, Sie erliegen den Verlockungen zahlloser Läden und Kneipen. Bairro Alto entstand im 16. Jahrhundert, als der Handel mit den neuen Kolonien Portugal reich machte. Damals kamen auch viele Fremde in die Stadt, um ihr Glück zu machen, und siedelten auf dem Hügel des heutigen Barrio Alto. Während der Norden wohlhabenden Händlern vorbehalten war (*Travessa dos Inglesinhos,* wo die Söhne englischer Kaufleute zur Schule gingen, und *Travessa de Água Flor,* wo die Damen ihre Duftwässerchen bestellten), lebten die einfachen Leute – Handwerker und Matrosen – im südlichen Bairro, das dem Hafen näher lag. In der Rua dos Calafates, der Kalfaterer, oder in der Rua das Gáveas, der Straße der Toppsegel.

Vom Miradouro de São Pedro könnte der Rundgang in der Travessa de São Pedro beginnen und über Rua dos Mouros, eine Erinnerung an die afrikanischen Leibeigenen, zur Travessa de Água Flor führen. Die Rua de Átalaia nach Süden gehend kann man dann in den östlich parallel verlaufenden Rua da Barrio Alto und Rua do Diário de Noticias und den Querstraßen, *Travessas,* auf Entdeckungstour gehen. Einige interessante Adressen für Shopping und Entspannung:

Shoppen und Genießen im Bairro Alto

(A) Panifacação São Roque (Rua D. Pedro V 57) ist Lissabons Brot-Himmel mit Jugendstil-Kuppel, aber leider etwas einfallsloser Einrichtung.
(B) Solar (Rua D. Pedro V. 68) schräg gegenüber ist das Pendant für Freunde einfacher wie kostbarer Azulejos.
(C) Jóias de Autor (Rua da Rosa 158) heißt der Schmuckladen der bekannten portugiesischen Designerin Tereza Seabra; hier verkauft sie ihre eigenen Werke und die portugiesischer Kollegen.
(D) Mercearia de Atalaia (Rua da Atalaia 64 A) verführt mit Feinkost, wie Flor de Sal, Pralinés, Kuchen und Wein.
(E) Outra Face da Luna (Rua do Norte 86) verbindet Shopping mit Café. Die Klamotten sind neu und Second Hand, die Atmosphäre ist entspannt.
(F) Embassy of Sound (Rua da Atalaia 17, Mo–Sa 14–21 Uhr), Anziehungspunkt für Reggae-Fans mit Super-Auswahl an CDs und Platten.

Die von Nord nach Süd verlaufenden Barrio-Straßen münden in die Rua do Loreto und die hübsche **Praça Louis do Camões (19).** Historische Häuser des 19. Jahrhunderts säumen eine kleine Parkanlage, darunter das ebenso dekorative wie komfortable *Bairro Alto Hotel* (s.u.). Die östlich anschließende, langgestreckte Praça do Chiado ist quirliger Verkehrsknotenpunkt und von gleich zwei Kirchen geschmückt. Eine Café-Institution ist das **A Brasileira (20),** Künstlertreff des beginnenden 20. Jahrhunderts, worauf das Denkmal an Fernando Pessoa davor hinweist. Hier beginnt die Haupteinkaufsstraße Rua Garret nach Osten und bergab nach Baixo. Man kann alternativ aber auch den Weg nach Westen wählen, wo an der Rua do Loreto der **Elevador ca Bica (21)** Fahrgäste aufnimmt und mit ihnen steil durch die schmale Gasse Rua da Bica de Duarte Belo, quasi mit Blick in die Wohnzimmer der Häuser links und rechts und unter Wäsche einen hindurch, zu seiner Talstation an der Rua de São Paolo hinunterrattert. Vor der Talfahrt noch ein Tipp:

MUDE – Museu do Design e da Moda (22)

Zum Zeitpunkt der Recherche war das Museum noch im Aufbau. Es soll 2010 eröffnet werden und vorrangig eine Privat-Sammlung internationaler Designer präsentieren, die bis 2006 im Centro Cultural von Belém zu sehen war (s.S. 78). Direkt im Herzen des Bairro Alto sicherlich ein spannendes Projekt. Palacio Verrader, neben dem Jardim do Adamastor/Miradouro de Santa Catarina, Details auf www.mude.pt. Auch ohne Museum ist der Miradouro den Abstecher wert, wieder ein herrlicher Blick über Stadt und Tejo! Und wenn Sie eine Pause einlegen möchten, empfiehlt sich hier oben das **Noobai Café** mit etwas asiatisch angehauchten Snacks, frisch gepressten Fruchtsäften und drahtlosem Internet-Zugang für Laptop-Besitzer auf der Panoramaterrasse.

Unten angekommen lohnt ein Blick zur **Architekten-kammer (23):** Das Mitte des 19. Jahrhunderts erbaute städtische Bad an der Travessa do Carvalho wurde in den 1990er Jahren behutsam zu einem zeitgenössischen Bürobau der Architektenkammer umfunktioniert. Die Fassade wurde restauriert, das Innere modern umgestaltet. Bücherwürmer finden hier eine gut sortierte Bibliothek, alle anderen ansprechende Architektur und ein nettes Café (Travessa de Carvalho 23, Mo–Sa 10–19 Uhr)

Anschließend wenden Sie sich an der Rua de São Paulo nach Osten, bis Sie die Rua Serge Finto wieder bergauf führt. Hier zeigt das **Museu National do Chiado (24)** portugiesische Kunst ab Mitte des 19. bis Mitte des 20. Jahrhunderts. Auch das Gebäude selbst ist außergewöhnlich: Ursprünglich ein Franziskanerkloster, diente es später als Keksfabrik, bis es als Museum neu gestaltet wurde (Rua Serpa Pinto 4, Di–So 10–18 Uhr, Eintritt).

Sehenswertes
außerhalb des Stadtzentrums

Museu Nacional de Arte Antiga (25)

Westlich der Praça do Comercio residiert das Museum Alter Kunst in einem Palais aus dem 17. Jahrhundert. Gezeigt wird eine umfassende Ausstellung bedeutender Kunstwerke, beginnend bei der Antike bis zum 19. Jahrhundert. Sie werden hier Albrecht Dürers *Heiliger Hieronymus* und *Versuchung des heiligen Antonius* von Hieronymus Bosch begegnen. Unter den portugiesischen Werken sticht das Altarbild *Veneração a São Vicente* hervor, das dem Maler Nuno Gonçalvez zugeschrieben wird. Rua das Janelas Verdes 9, Tram 15, 18, Mo–Sa 10–18 Uhr, Eintritt.

Museu de Carris (26)

Das Straßenbahnmuseum duckt sich unter den Brückenpfeiler der Ponte 25 de Abril, 1966 unter Salazar erbaut und ursprünglich nach ihm benannt. Neben der Ponte Vasco da Gama nordöstlich des Parque das Nações ist diese Brücke die einzige Möglichkeit, den Tejo im Stadtgebiet zu überqueren. Die ausgestellten historischen Tramwaggons erzählen anschaulich die Geschichte des Nahverkehrs in Lissabon. Rua 1 de Maio 103, Tram 15, Mo–Sa 10–17 Uhr, Eintritt.

Museu do Oriente (27)

Das 2008 neu eröffnete Museum widmet sich den Beziehungen Portugals mit dem Fernen Osten und vorrangig mit China. Die Exponate beleuchten die intensive Handelsgeschichte und den kulturellen

Austausch zwischen den beiden Ländern. In Sonderausstellungen werden besondere Aspekte des Kunstschaffens vorgestellt; häufig finden auch Musikabende statt. Avenida de Brasília, Doca de Alcântara Norte, Tram 15, tgl. 10–18, Fr bis 22 Uhr, Eintritt, www.foriente.pt.

Asiatische Dämonen in Lissabons Museen

Museu Calouste Gulbenkian (28)

Ein Gesamtkunstwerk: Die Sammlung des gebürtigen Armeniers Gulbenkian (1869–1955), der 1942 nach Lissabon emigrierte und hier zu einem der reichsten (und wohltätigsten) Geschäftsmänner Portugals aufstieg, ist in einem wunderbar konzipierten, modernen Museum in einem ebenso schönen, mit zeitgenössischen Skulpturen geschmücktem Park untergebracht. Zu den herausragenden Ausstellungsstücken zählen Jugendstilschmuck von René Lalique, traumhaft schöne Keramik aus der islamischen Welt, altägyptische Skulpturen, Werke europäischer Maler wie Rubens, Rembrandt, Turner und Renoir und vieles mehr. Avenida de Berna 45 A, Metro São Sebastião, Di–So 10–18 Uhr, Eintritt, www.museu-gulbenkian.pt.

Eine Pause können Sie im ruhig gelegenen Museums-Café einlegen – oder aber Sie gehen auf der Av. Duque de Ávila zwei Blocks nach Osten zur Av. de República, um in der Art-déco-Pastelaria *Versailles* (Av. de la República 15a) süße Köstlichkeiten mit Tee oder Kaffee zu genießen.

Parque das Nações

Parque das Nações praktisch:

Information: Info-Pavillon gegenüber der Estação Oriente; hier gibt's einen Plan sowie die *cartão do parque,* die den Eintritt ins Oceanário, die Fahrt mit der Seilbahn, den Besuch einiger weiterer Pavillons sowie Ermäßigung beim Fahrradverleih und in einigen Restaurants beinhaltet (um 17 €).

Anfahrt: Metro-Station Oriente (rote Linie); es gibt auch gute Parkmöglichkeiten.

Fahrräder: Verleih bei *Tejo Bike* hinter dem Info-Pavillon.

Essen und Trinken: Es gibt zahlreiche Imbissstände u. Restaurants.

Die Expo 1998 in Lissabon stand unter dem Motto „Ozeane". Für das Gelände der Weltausstellung wurden ab 1993 alte Hafenanlagen und slumähnliche Vororte am Tejo abgerissen und durch die modernen Pavillons der ausstellenden Länder und Parkanlagen, Hotels und Einkaufszentren ersetzt. Letztendlich soll hier am Ufer des Tejo ein neues, modernes Wohnviertel, *das sogenannte Expo-Urbe,* entstehen, es wird nach wie vor gebaut.

Aus dem historischen Lissabon kommend fühlt man sich beim Verlassen der Metrostation Estação Oriente zunächst wie auf einem anderen Stern. Doch an der Tejo-Promenade wirkt die Faszination der Architektur. Einen hervorragenden ersten Überblick verschafft die Fahrt mit dem Teleférico Lisboa entlang des Tejo und des Parque.

Teleférico Lisboa, Mo–Fr 11–20 Uhr, Sa/So 10–21 Uhr, Eintritt.

Die herausragenden architektonischen Sehenswürdigkeiten des Parque sind von der **Estação de Oriente (29)** zu Fuß erreichbar. Da ist die Station selbst, entworfen von Santiago Calatravas, eine lichte und trotz ihrer Größe ungemein leicht wirkende Konstruktion, in der nicht nur die Metro, sondern auch Bus und Bahn sowie das Shopping-Center Vasco da Gama untergebracht sind. Nördlich davon bildet der **Torre Vasco da Gama (30)** eine markante Landmarke. Der Aussichtsturm war ursprünglich ein Turm der hier angesiedelten Ölraffinerie und bekam ein gläsernes Segel, Symbol der alten Seefahrertradition. Noch ein Stück weiter überspannt die von Jean Vassord entworfene **Ponte Vasco da Gama (31)** mit 17 Kilometer Länge den Tejo. Die **Jardins Garcia de Orta (32)** dokumentieren die Pflanzenvielfalt der Erde, an ihnen entlang geht's zurück zur Metrostation und zum **Portugiesischen Pavillon (33)**, konzipiert vom portugiesischen Architektenstar Álvaro Siza Vieira.

Parque das Nações

0 ___ 200m

© RKH VERLAG HERMANN

Rossio do Levante

Parque do Tejo

Rotunda das Oliveiras

R. da Ilha dos Amores

Alameda dos Oceanos

Praça dos Venturosos

Rotunda dos Vice Reis

R. do Pólo Norte

Alameda dos Oceanos

R. do Bujador

Passeio de Báltico

Av. dom João II

R. do Pólo Sul

P

Doca do Oriente

Teleférico

Rio Tejo

Praça Principe Perfeito

R. Nova dos Mercadores

Av. Fernando Pessoa

Alameda dos Oceanos

1	**Sehenswertes**
29	Estação do Oriente
30	Torre Vasco da Gama
31	Ponte Vasco da Gama
32	Jardins Garcia da Orta
33	Pavilhão de Portugal
34	Casino Lisboa
35	Oceanário de Lisboa

Unterkunft
i Pousada do Juventude

Schräg dahinter zieht das **Casino Lisboa (34)** Spielernaturen das letzte Hemd aus; allerdings ist im Casino auch eines der besten Restaurants der Stadt untergebracht, das *Pragma,* dessen Besitzer Chefkoch im legendären *Bica do Sapato* (s.S. 76) war.

Pragma, Casino Lisboa, Tel. 218-929030, www.evolucao-gastronomica.com, teuer.

> ### Tipp
> Wer früh kommt, sieht mehr: Das Oceanário wird nicht nur von Touristen, sondern auch von Schulklassen besucht und wenn's so richtig voll (und laut) ist, macht's weniger Spaß.

Das große Wasserbecken der **Doca dos Olivais** ist nicht zu übersehen, und auch nicht das absolute Highlight des Parque, das **Oceanário de Lisboa (35),** das an ein Schiff erinnert. Auch wenn Sie moderne Architektur nicht interessiert und die Unterwasserwelt ebenso wenig – der Faszination dieses Ozeaneums des amerikanischen Architekten Peter Chermayeff werden Sie sich nicht entziehen können. Herzstück ist ein 7 Meter hohes und 7 Millionen Liter Meerwasser fassendes Becken, in dem Riesenrochen, Mantas, Haie und hundert andere Meeresbewohner ihre Bahnen ziehen. 50 Quadratmeter große Acrylscheiben auf jeder Seite sowie kleinere Fenster in künstlichen Felsnischen lassen die perfekte Illusion entstehen, als werfe man tatsächlich einen Blick in den Ozean. Vier weitere Riesentanks füllen die Ecken des Baus, ein jeder einem anderen Habitat gewidmet. Das Oceanário ist das größte Ozeaneum Europas und für Unterwasserenthusiasten alleine schon eine Reise nach Lissabon wert. April–Okt 10–19 Uhr, Winter 10–18 Uhr, Eintritt, www.oceanario.pt.

Oceanário de Lisboa

Architekt-Touren

Lissabon setzt nicht nur im Parque das Nações auf zeitgenössische Architektur. Gleich vier Stararchitekten sind an neuen Bauvorhaben in Portugals Hauptstadt beteiligt: *Frank Gehry* soll an der Av. da Liberdade am Parque Mayer einen Komplex mit Theater, Ausstellungsräumen, Bibliothek und Jazzclub errichten. *Renzo Piano* arbeitet an einem Shopping-Center auf einem ehemaligen Fabrikgelände am Tejo, der Quinta do Braco de Prata unweit der Doca do Poço do Bispo. Der Franzose *Jean Nouvel* leitet die Umgestaltung des Tejo-Ufers im Stadtteil Alcantara an der Ponte 25. de Abril. Nicht weit entfernt hat schließlich der Brite *Norman Foster* ein komplett neues Stadtviertel um ein 27-stöckiges Hochhaus zwischen Largo de Santos und den Ribeira-Markthallen entworfen. Dieses Bauvorhaben ist umstritten, weil der Turm die historische Silhouette der Stadt zerstört.

Belém

Im Vorort westlich der Ponte 25 de Abril manifestiert sich die Epoche der portugiesischen Entdeckungen. Nirgendwo sonst in Lissabon ist diese Ära so präsent wie hier in Belém (portugiesisch für Bethlehem).

Belém praktisch:

Anfahrt: Tram 15; Busse 14, 27, 28, 29, 43, 49, 51; Bahn ab Bahnhof Cais do Sodré, Station Belém.

Padrão dos Descobrimentos (1)

Unübersehbar ist der **Padrão dos Descobrimentos,** das monumentale Denkmal der Entdeckungen: Auf einem 52 Meter hohen Schiffsbug blicken die großen Seefahrer und Entdecker-Persönlichkeiten Portugals wie Vasco da Gama, Bartolomeu Dias, Pedro Álvares Cabral, Gil Eannes, Fernão de Magalhães oder Diego Cão über den Tejo

Amillarsphäre – das Symbol der portugiesischen Entdeckungsfahrten

dem Atlantik entgegen. Zuoberst steht Heinrich der Seefahrer (s. Kasten S. 114), zu dessen 500. Todestag 1960 dieses Monument errichtet wurde. Er hält Karavelle und Weltkarte in den Händen. Auf dem Vorplatz erinnert ein Windrosenmosaik an die Entdeckungsreisen. Ein Aufzug fährt hinauf zur Aussichtsplattform. Di–So 10–19 Uhr, Eintritt.

Museu de Arte Popular (2) Gleich neben dem Denkmal zeigt das **Museu de Arte Popular** eine nach Regionen geordnete, sehenswerte Ausstellung portugiesischen Kunsthandwerks. Di–So 10–12.30 und 14–17 Uhr, Eintritt.

Torre de Belém (3) Weithin sichtbar beherrscht auch der **Torre de Belém,** 1515–21 von Francisco de Arruda errichtet, die Uferpromenade am Tejo. Der Wehrturm stand eigentlich mitten im Tejo und schützte die Hafenzufahrt. Nach dem Erdbeben von 1755 verschob sich der Flusslauf, die ursprüngliche Wasserstraße versandete und der Turm rückte näher ans Ufer. Mit seinen venezianischen Erkern, maurisch anmutenden

Unesco-Weltkulturerbe!
Torre de Belém
Mosterio dos Jerónimos

❶ Stadtrundgang

1 Padrão dos Descobrimentos
2 Museu de Arte Popular
3 Torre de Belém
4 Centro Cultural de Belém
5 Mosteiro dos Jerónimos
6 Museu Nacional de Archeologia
7 Museu da Marinha
8 Museu Nacional de Etnologia
9 Museu Nacional dos Coches
10 Antiga Confeitaria de Belém

Belém

0 ⊢———⊣ 200m

© REICHVERLAG HERMANN

Der Torre de Belém

Zwillingsfenstern und den runden, von Kuppeln gekrönten Wachtürmchen ist er ein Paradebeispiel der manuelinischen Gotik, der unter König Manuel I. (Regierungszeit 1495–1521) entstandenen portugiesischen Ausprägung dieses Baustils. Von der Aussichtsplattform ganz oben kann man wie einst die Hafenwächter nach den Karavellen Ausschau halten, die mit Schätzen aus fernen Ländern hier im Vorhafen von Lissabon einliefen. Übrigens diente der Turm in späteren Jahrhunderten als Gefängnis. Noch unter Salazar saßen in den Zellen unter dem Wasserniveau Gefangene ein. Di–So 10–18.30 Uhr, letzter Einlass 18 Uhr, Eintritt.

Centro Cultural de Belém (4)

Die postmoderne Silhouette des **Centro Cultural de Belém** stellt dem Portugal der Seefahrer das der Kunstmäzene gegenüber. Manuel Salgado und Vittorio Gregotti ließen den Bau 1993 im gleichen, hellen Sandstein ausführen, wie er auch im Jerónimos-Kloster (s.u.) Verwendung fand. Das Kulturzentrum ist wegen seiner monumentalen und abweisend wirkenden Architektur umstritten, zugleich aber auch ein beliebter Veranstaltungsort für Konzerte. Seit 2007 beherbergt es die **Colecção Berardo,** eine aufsehenerregende Sammlung von Kunst des 20. und 21. Jahrhunderts, darunter Werke von Andy Warhol, Jackson Pollock, Jeff Koons und Salvador Dalí. Die Information, dass der Unternehmer und Mäzen José Berardo sein Vermögen mit Minen in Afrika gemacht hat, sollte man bei der Besichtigung besser verdrängen. Tgl. 10–19 Uhr, Eintritt frei. Weinliebhaber kommen in dem eleganten, von Viera entworfenen Laden *Coisas do Arco do Vinho* im Centro Cultural voll auf ihre Kosten.

Mosteiro dos Jerónimos (5)

Nun zum Höhepunkt, dem **Mosteiro dos Jerónimos,** dem von Heinrich dem Seefahrer gegründeten Kloster, das als Meisterwerk manuelinischer Gotik gilt und mit seiner alle Sinne verwirrenden Fassade die Nordseite der Praça do Império schmückt. Heinrich der Seefahrer ließ hier, unweit des Hafens Restelo,

Gotik trifft
Renaissance in
der Igreja Santa
Maria

eine Kirche für die abfahrenden und ankommenden
Seeleute bauen. König Manuel I. gab 1502 das Kloster
in Auftrag, das an die erfolgreiche Fahrt Vasco da
Gamas nach Indien erinnern sollte. 1522 waren
Kloster und Kreuzgang vollendet. Beginnen Sie den
Rundgang in der Kirche **Igreja de Santa Maria** mit
ihren prachtvollen Netzgewölben und dem imposanten Westportal. Hier befinden sich die Gräber zahl-
reicher Könige, darunter Manuels I., sowie die letzten Ruhestätten des Entdeckers Vasco da Gama und
des Dichters Luís de Camões. João de Castilho war
Baumeister der Kirche ebenso wie des sich daran anschließenden Kreuzgangs, des **Claustro.** Im Dekor des
etwa 55 Quadratmeter messenden Platzes mit lau-
schigem Innenhof verschmelzen Kunstelemente aus
Europa mit jenen der damals neu entdeckten Kolonien. Zierlich, verspielt, dabei zugleich gemessen-
gotisch ist dieser Teil des Klosters ein absolutes
Highlight manuelinischer Gotik. Di–So 10–18.30 Uhr,
letzter Einlass 18 Uhr, Eintritt.

Magisch:
der Kreuzgang
des Jerónimo-
Klosters

Museu Nacional de Archeologia (6) und Museu da Marinha (7)

Zwei Museen besetzen die Süd- bzw. Westflügel des Klosters. Das **Museu Nacional de Archeologia** zeigt vorrangig in Portugal gefundene Artefakte (Di–So 10–18 Uhr). Das **Museu da Marinha** widmet sich der Seefahrt. Historische Seekarten und Navigationsgeräte, Modelle der portugiesischen Karavellen und Prunk-

schiffe erinnern an die die großen Jahrhunderte Portugals. Das Museum behandelt aber auch Themen wie die Schifffahrt auf dem Tejo und den Fischfang. Im Museumsshop können Sie schöne Drucke historischer Weltkarten erstehen. Di–So, April–Sept. 10–18, Winter 10–17 Uhr, Eintritt.

Museu Nacional de Etnologia (8)

Genug gesehen? Müdigkeit sollte nicht aufkommen, denn es gilt, zwei weitere Museen zu würdigen: Das **Museu Nacional de Etnologia** liegt etwas abseits nördlich des Klosters, birgt aber wirklich schöne Exponate, besonders aus Afrika. Avenida Ilha da Madeira, Di 14–18, Mi–So 10–18 Uhr, Eintritt.

Museu Nacional dos Coches (9)

Zu guter Letzt steht das **Museu Nacional dos Coches** auf dem Programm: In der ehemaligen Reithalles des um 1700 erbauten Königsschlosses **Palácio de Belém** zeigen Prunk- und Luxuskutschen die ganze Prachtentfaltung des portugiesischen Königshofes. Das Museum sollte 2009 in einen Neubau umziehen, residierte aber zum Zeitpunkt der Drucklegung nach wie vor in den alten Räumen. Die Reithalle wird dann als Info- und Ausstellungsraum der Portugiesischen Reitschule dienen. Praça Afonso de Albuquerque, Di–So 10–18 Uhr, Eintritt, www.museudoscoches-ipmuseus.pt.

Antiga Confeitaria de Belém

Den obligatorischen Abschluss eines Besuchs in Belém bildet die **Antiga Confeitaria de Belém.** Seit 1837 werden hier *natas* gebacken, ein luftig-leichter Traum aus Blätterteig, gefüllt mit Eiercreme und charmant in historischen Räumen kredenzt. Rua de Belém, Di–So, 8 bis 2 Uhr morgens.

Service Lissabon

_____ ## Information

- **Turismo de Lisboa,** Praça dos Restauradores, Tel. 213-466307, Fax 213-468772, tgl. 9–20 Uhr, www.visitlisboa.com.
- **Lisboa Welcome Center,** Rua do Arsenal 25, Mo–Sa 10–19, So 10–18 Uhr. Hier gibt's die Lisboa-Card, mit der man freien Eintritt in Museen, freie Fahrt mit öffentlichen Verkehrsmitteln, Ermäßigung bei verschiedenen Läden und Restaurants, bei Stadtführungen etc. bekommt. Kostenpunkt 15 €/Tag.
- **Ask Me,** Info-Kioske, z.B. am Flughafen, in Belém, am Bahnhof Santa Apolónia und an der Praça do Comércio.

Ankunft

Flughafen

Aeroporto Portela de Savacém, 6 Kilometer nordöstlich der Stadt, Tel. 218-413500, www.ana-aeroportos.pt. Verbindungen in die Stadt:

- **AeroBus 91,** etwa alle 20 Min. ins Zentrum bis Cais do Sodre, Ticket beim Fahrer, 3,50 €
- **AeroShuttle** (Bus 96) von Marques Pombal über Flughafen bis Metrostation Oriente, 3,50 €
- **Taxi:** Viele Taxifahrer nutzen die Unkenntnis der gerade angekommenen Fahrgäste aus und verlangen überhöhte Preise für die Fahrt in die Stadt. Deshalb gibt die Touristeninformation „Taxi-Voucher", aus, die man bei der Touristinfo zum regulären Taxipreis kauft und damit dann die Fahrt bezahlt.

Bahnhöfe

- **Gare do Oriente** (Parque das Nações): Fernzüge und Verbindungen nach Südportugal. Metro in die Innenstadt
- **Santa Apolónia** (östlich des Zentrums am Tejo, Metro): Züge nach Nord- und Zentralportugal.
- **Rossio** (Metro Restauradores): Züge in Richtung Sintra
- **Cais do Sodré** (Metro): Züge in Richtung Cascais und Estoril

Bus

- **Sete Rios,** Rua Professor Lima Basto (Metro Jardim Zoológico): Busterminal für die meisten Fernlinien.
- **Gare do Oriente** (Parque das Nações): Fernbusse der kleineren Linien.

Stadtführungen

Neben den üblichen Stadtrundfahrten empfehlen wir:

- **Lisbon Chill-out Tours,** ungewöhnliche Stadtführungen abseits der üblichen Wege, durchs Lissabonner Nachtleben oder zu den besten Aussichtspunkten. Infos unter www.lisbonchill-out.no.comunidades.net.
- **Eléctrico 28,** Nostalgie-Straßenbahn von Martim Moniz bis Prazeres, quer durch Alfama, Baixa, Chiado und Bairro Alto.

- **Tejo-Kreuzfahrt:** Vom Parque das Nações nach Belém: Die Fahrt dauert ca. 2,5 Stunden und bietet die schönsten Panoramen auf. Transtejo, Tel. 218-824671, www.transtejo.pt, April–Okt. Abfahrt tgl. 15 Uhr am Terminal Fluvial do Terreiro do Paço.
- **Lisbon Bike Tour,** vom Parque Eduardo VII zur Torre de Belém und garantiert ohne Steigungen. Inkl. Rad, Helm, Wasser, Regenschutz: Filipe Palma Aventura, Mobil-Tel. 912-272300, www.filipepalma.pt.
- **This is:Lisboa,** Führungen mit Audio-Guide, zu buchen im Welcome Center an der Praça do Comércio, www.thisis.ws.
- **Lisbon Gay Tours,** Mobil-Tel. 967-111761. Stadtführungen und Ausflüge für Schwule, Lesben und natürlich auch für Heteros.

Stadtverkehr

Bus und Tram   Das Liniennetz ist sehr dicht; sie werden selten irgendwo länger warten müssen. Betreiber (auch der Elevadores und der historischen Tramlinien) ist die Gesellschaft Carris (www.carris.pt). Tickets und Netzpläne gibt's an den gelben Carris-Kiosken. Busse und Bahnen fahren bis 1 Uhr morgens, danach gilt ein Nachtlinien-Fahrplan, meist mit Abständen von 20 Minuten.

Metro   Es gibt vier Metro-Linien: Blau (Linea Azul), Gelb (Linea Amarela), Grün (Linea Verde) und Rot (Linea Vermelha). Touristisch interessant ist die Vermelha mit Endstation Oriente, dem Parque das Nações. Infos bekommt man unter Tel. 213-500115 oder www.metrolisboa.pt.

Tickets   • Grundpreis für die Fahrt innerhalb einer Zone ist für im Verkehrsmittel gekaufte Fahrkarten 1,40 € (gültig nur für entweder Bus/Bahn oder Metro)

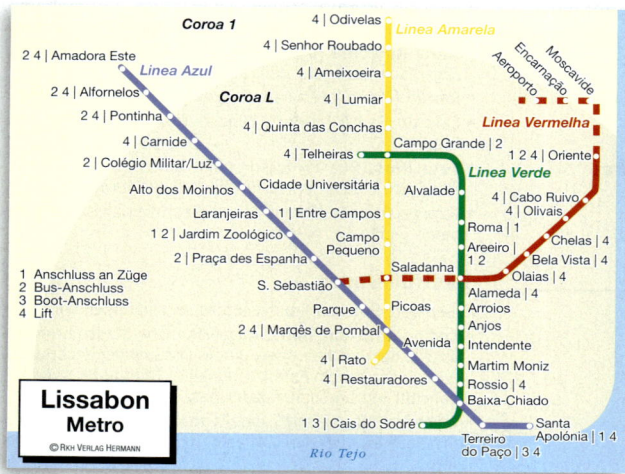

Achtung beim Busfahren: An den Haltestellen ordentlich in Reihe anstehen und immer vorne einsteigen!

- Mehrfahrten-Heftchen: Grundpreis für eine Fahrt 0,81 € (eine Ecke entwerten), bei Fahrt mit Bus/Bahn und Metro sind zwei Ecken zu entwerten
- Grundpreis für ein Ticket für Bahn/Bus und Metro, eine Stunde Gültigkeit: 1,25 €
- Preis für Tagesticket, gesamtes Carris-Netz: 3,70 €
- Zapping/Carta 7 Colinas: Die Carta 7 Colinas ist eine wiederaufladbare Ticket-Karte, die man gegen eine Gebühr von 0,50 € bekommt und dann wahlweise mit Einzeltickets (Bahn/Bus+Metro) oder Tageskarten auflädt. Dafür gibt's dann je nach Höhe einen Zapping-Bonus von 0,15 bis 0,75 €.

[Preisangaben Stand 6/2009]

Unterkunft

Prüfen Sie vor der Buchung **Sonderangebote!** Die angegebenen Preise gelten nur theoretisch. Manchmal kann man sogar noch beim Einchecken einen Nachlass bekommen.

Wenn Sie ein Hotel der höheren Kategorie buchen möchten, empfiehlt sich ein Blick in die Angebote von Pauschalveranstaltern wie DER-Tour oder auf www.opodo.de. Dort sind die Preise teils deutlich günstiger als bei Direktbuchung vor Ort.

(a) Solar do Castelo, Rua das Cozinhas 2, Tel. 218-8806050, Fax 218-870907, www.heritage.pt. Ein kleines, sehr feines Hotel in einem Palácio des 18. Jahrhunderts. im Castelo de São Jorge und damit mitten in der Alfama; die Zimmer gruppieren sich um einen Innenhof mit Springbrunnen. DZ ab 300 €.

(b) Heritage Av. Liberdade, Av. da Liberdade 28, Tel. 213-404040, Fax 213-404044, www.heritage.pt. Das zentral gelegene Komforthotel der Heritage-Kette ist von bekannten Designern modern und sehr geschmackvoll gestaltet. Angenehme Zimmer, köstliches Frühstück und eine Bar mit dezenter Musik verwöhnen den Gast. DZ ab 250 €.

(c) Barrio Alto Hotel s. Kasten unten

Ein feines Haus im Bairro Alto

Das leuchtend gelbe Haus stammt aus dem Jahr 1845, das Hotel wurde 2005 eröffnet. Ein zauberhaftes, mit viel Liebe zum Detail im klassisch-modernen Stil eingerichtetes Haus im Herzen des Ausgehviertels, dessen Restaurant *Flores* zu den besten in Lissabon zählt. Plasma-Fernseher, WiFi (drahtloser Internetzugang) und Wellness-Center gehören natürlich zum Service. Unschlagbar ist der Blick von der Dachterrasse. Unbedingt rechtzeitig buchen, das Hotel ist begehrt und mit 55 Zimmern nicht gerade groß! Praça de Camões 2, Tel. 213-408288, Fax 213-408299, www.bairroaltohotel.com, DZ ab 360 €.

(d) Evidencia Tejo Creative Hotel, Rua dos Condes de Monsanto 2, Tel. 218-866182, Fax 218-865163, www.evidenciahotels.com. Farbenfrohes Design, zentrale Lage und angenehmer Komfort zeichnen dieses relativ günstige Drei-Sterne-Haus aus. DZ um 100 €.

(e) Pensão Portuense, Rua das Portas de Santo Antão 149–157, Tel. 213-464197, Fax 213-424239, www.pensaoportuense.com. Die Pension liegt in Baixa, in einer ruhigen Seitenstraße. Nüchtern eingerichtete Zimmer und netter Empfang. DZ ab 50 €.

(f) Residencial Florescente, Rua das Portas de Santo Antão 99, Tel. 213-425062, Fax 213-427733, www.residencialflorescente.com. Ebenfalls zentral gelegen, etwas plüschig eingerichtete Zimmer aber sehr freundliches Personal. DZ ab 50 €.

(g) Casa des Hospedes Estrela, Rua dos Bacalhoeiros 8, 1. Etage, Tel./Fax 218-869506, pensaoestrela@hotmail.com. Einfache, aber saubere Unterkunft in der Alfama. DZ ab 40 €.

(h) Alfama Patio Hostel, Rua das Escolas Gerais, Tel. 218-883127, Fax 218-883127, www.flash-hostels.com. Mehrbett- und ein Doppelzimmer in einem Haus in der Alfama. Bett um 20, DZ 60 €.

(i) Pousada de Juventude, Parque das Nações, Rua de Moscavide Lt 47-101, Tel. 218-920890, Fax 218-920891, lisboaparquemovijovem.pt, www.hihostels.com. Modern, sauber, häufig gut ausgelastet. Bett um 13 €, DZ ab 35 €.

(j) Lisboa Bungalows, Estrada da Circunvalação, Tel. 217-623100, Fax 217-623105, www.lisboacamping.com. Auf dem Campingplatz werden kleine Blockhütten vermietet. Gute Busverbindungen ins Zentrum. Hütte um 50 €.

Essen und Trinken

(k) Bica do Sapato, Av. Infante Dom Henrique, Armázem 8, Cais da Pedra, Tel. 218-810320, www.bicadosapato.com. Lissabons gesellschaftlicher Hotspot mit postmodernem 50er-Jahre-Flair und hoher Promi-Dichte, schließlich gehört John Malkovich zu den Eigentümern. Darüber hinaus sehr entspannte Atmosphäre und exzellente Küche in Restaurant, Sushi-Bar und Cafeteria. Teuer.

(l) Eleven, Rua Marquês de Fronteira, Jardim Amália Rodrigues, Tel. 213-862211, www.restauranteleven.com. Stolz ist der deutsche Küchenchef auf den ersten Michelin-Stern Lissabons. Minimalistische Einrichtung, moderne Kunst und exzellente mediterrane Küche. Teuer.

(m) Terreiro do Paço, Praça do Comércio, Tel. 210-312850, www.terreiropaco.com. Traditionelle portugiesische Küche, raffiniert verfeinert und serviert unter den Arkaden eines der schönsten Plätze Lissabons. Teuer.

(n) Império dos Sentidos, Rua de Atalaia 35/37, Tel. 213-431822. Schwerpunkt ist italienische Küche mit einer Vielzahl köstlicher Pasta-Variationen, aber auch Portugiesisches wird gekonnt zubereitet. Mittel.

Mittags herrscht
immer Andrang
bei „Martinho"

(o) Martinho da Arcada, Praça do Comércio 37, Tel. 218-879259, www.martinhodaarcada.pt. Seit 1782 gibt es dieses Restaurant, in dem viele bekannte Literaten verkehrten. Auch heute ist es beliebt bei der gesetzten Klientel. Gute portugiesische Küche. Mittel.

(p) Origens, Alameda dos Oceanos, Tel. 218-946166, www.origensbio.pt. In dem modernen Restaurant im Parque Das Nações ist alles 100% Bio! Mittel.

(q) Chapitô, Costa do Castelo, 7, Tel. 218-878225. Bar/Restaurant einer Kunst-Kooperative nahe des Castelo de São Jorge. Neben der hervorragenden Küche besticht der Blick über die Alfama. Mittel.

(r) Casa do Alentejo, Rua das Portas de Santo Antão, 58, Tel. 213-405140. Alleine der mit Azulejos geschmückte Innenhof lohnt den Besuch. Natürlich stehen Spezialitäten aus dem Alentejo auf der Speisekarte, Schweinefleisch in Muschelsauce beispielsweise. Preiswert.

(s) O Tacão Pequeno, Travessa da Cara 3, Tel. 213-472848. Ein winziges, stets gut besuchtes Lokal im Bairro Alto mit sehr guten portugiesischen Spezialitäten und freundlicher Bedienung. Preiswert.

(t) Casa das Bifamas, Praça da Figueira, Tel. 213-422194. Günstige Mittagsmenüs und Lissabonner Spezialitäten in Baixa. Preiswert.

(u) Adega Dantas, Rua Marechal Saldanha 15, Tel. 213-420329. Eine günstige und viel besuchte Institution im Bairro Alto; große Portionen, schmackhafte Küche und es ist immer etwas los. Preiswert.

(v) LX IT, Rua das Gáveas 15, Tel. 213-432184. Schicke Snacks, Steaks und Salate im Bairro Alto. Pasta, Steaks oder große Salate alle um 5 €. Preiswert.

Tipp

Gut essen kann man auch in den Museumscafés des Museu Nacional de Arte Antiga und des Museu Nacional do Azulejo.

Cafés/Weinverkostung

(ab) Chá do Carmo, Largo do Carmo 21, Tel. 213-421305. Hübsches Teehaus mit Kuchen, Crêpes und Eis.

(ac) Basta Café-Jardim, Rua Dona Estefânia 175, Tel. 210-161134. Eine faszinierende Mischung: moderne Einrichtung in den hohen, holzgetäfelten Räumen einer wunderschönen Villa; im Sommer auch Garten. Der Treff der Lissabonner Künstler und Literaten.

(ad) Magnolia Caffe, Campo Pequeno, Tel. 217-959852, www.magnoliacaffe.com. Supermodernes Design, ein paar Zeitschriftenregale an den Wänden und eine lange gläserne Theke voller Köstlichkeiten. Der ideale Ort für eine Rast.

(ae) Solar do Vinho do Porto, Rua de São Pedro de Alcântara 45, Tel. 213-475707. Ein angenehmer, ruhiger Ort zur Weinverkostung.

Fitness und Nostalgie

Im Ateneu Comercial de Lisboa (M) (Rua das Portas de Santo Antão 110) ist die Zeit stehen geblieben. Der altertümliche Fitnessclub in der zweiten Etage eines Hauses aus dem 19. Jahrhundert. ist fast schon eine Sehenswürdigkeit, aber man kann darin auch ernsthaft Sport treiben. Besonders reizvoll ist das Schwimmbecken in der obersten Etage unter einem Glasdach. Geöffnet Sa 9–12.20, Di/Mi 7.30–21 Uhr, Mo, Do und Fr 7.30–21 Uhr.

Ausgehen

In Bairro Alto und Alfama reihen sich die Kneipen und Clubs aneinander. Zum neuen Mittelpunkt des Nachtlebens entwickeln sich die ehemaligen Lagerhäuser an den Docks am Tejo – sowohl im Westen an der Doca de Alcântara als auch im Nordosten um die Doca do Poço do Bispo. Aktuelle Tipps gibt die kostenlose Broschüre *Follow me!*

(ag) Suave, Rua Diário de Notícias 6, Tel. 213-240337. Entspannte Bar für den Einstieg ins Nachtleben, tgl. 22–2 Uhr, prominente DJs.

(ah) Majong, Rua da Atalaia 3, Tel. 213-421039. Kahle Wände, minimalistische Einrichtung, große Fenster. in diesem Ambiente präsentieren sich Möchtegern- und echte Promis zu Weltmusik von 21.30–3 Uhr.

(ai) Onda Jazz, Arco de Jesus 7, Tel. 218-873064. Wie der Name sagt eine Jazz-Kneipe, meist mit Live-Musik. 20–2 Uhr, So/Mo geschlossen.

(aj) Clube de Fado, Rua São João da Praça, Tel. 218-852704, www.clube-de-fado.com. Wohl das berühmteste Fado-Lokal Lissabons, dabei aber noch sehr authentisch. Prominente Sänger und gute Stimmung von 20 bis 2.30 Uhr.

(ak) Adega Mesquita, Rua Diário de Notícias, Tel. 213-219280, www.adegamesquita.com. Auch hier wird noch guter Fado gesungen. Tgl. 20–2 Uhr.

Fábrica Braço de Prata (af)

Eine ehemalige Waffenfabrik ist Lissabons jüngster Kulturtempel: Kino, Buchhandlung, Ausstellungsräume, Live-Musik, Galerien locken abends mit vielfältigen Programmen – ein bisschen abgehoben, ein bisschen alternativ, stets interessant. Rua da Fábrica do Material de Guerra 1, Tel. 967-354817, www.bracodeprata.org, Mi/Do 18–2, Fr/Sa 18–4, So 15–24 Uhr.

(al) Lux Frágil, Av. Infante Dom Henrique, Te.. 218-820890, www.luxfragil.com. Lissabons bekannteste Diskothek gilt außerdem als eine der schönsten Europas. Drei Bereiche, prominente DJs, Terrasse zum Tejo und natürlich die hippsten Menschen der Stadt. Mo–Sa 18–6 Uhr.

Schwule und Lesben

Auch das *Lux Frágil* und die gegenüberliegende Bar *Portas Largas* sind beliebt.

(am) Trumps, Rua da Imprensa Nacional 104-B, Tel. 213-971059, www.trumps.pt. Schwul-lesbischer Club mit modern-kühlem Ambiente.

(an) Finalmente, Rua de Palmeira 38, Tel. 213-479923. Travestie-Shows und Drag-Queens; ab 2 Uhr ist die Hölle los.

Einkaufen

Haupteinkaufsviertel sind Baixa und Chiado. Preiswert sind z.B. Schuhe und Lederwaren, aber auch Dessous portugiesischer und brasilianischer Marken.

(G) FNAC, Rua Nova do Almada 110. Die Fnac in Chiado hat eine wirklich eindrucksvolle Auswahl an Literatur und CDs zum Thema Lissabon und Portugal.

(H) Luvaria Ulisses, Rua do Carmo 87a: Traumhaft schöne Lederhandschuhe.

(I) Casa das Vellas Loreto, Rua do Loreto 53. Viel mehr als nur ein Kerzenladen; die historische Einrichtung ist sensationell!

(J) Mercado da Ribeira, Av. 24 de Julho. In der oberen Etage des ehemaligen Zentralmarkts gibt's Bücher, Weine und Kunsthandwerk zu kaufen.

(K) Flor, Largo Vitorino Damásio 3C - Pavilhão 3. Blumen-Kunst! Die beiden Floristen sind mit ihren Gestecken so erfolgreich, dass sie einen weiteren Laden an der Av. de la República und einen in Porto eröffnet haben.

(L) A Carloca, Rua da Misericórdia 9. Kaffee aus aller Welt in nostalgischem Ambiente.

(M) Fatima Lopes, Rua Atalaia 36. Zur Zeit Portugals angesagteste Mode-Designerin; tolle Klamotten.

Lissabon bei Nacht mit Ausblick auf das Castelo de São Jorge. Im Vordergund der Elevador de Santa Justa.

Lissabon – Sehenswertes in der Umgebung

Palácio Nacional de Queluz

Queluz liegt an der IC 19 von Lissabon nach Sintra. Nicht abschrecken lassen! Das Städtchen ist wenig mehr als ein Wohntrabant der Kapitale; das Rokokoschloss des Königshauses Bragança hingegen ist ein kleines Juwel. In der zweiten Hälfte des 18. Jahrhundert für Pedro III. errichtet, spiegelt es den Übergang von Barock zu Rokoko in übermütigem Formen- und Dekorationsreichtum. Übrigens war hier ein portugiesischer Schüler jenes Regensburger Baumeisters Ludwig am Werk, der den Barockpalast von Mafra (s.S. 98) errichtete. Den Abschluss der Bauarbeiten und die Anlage des Gartens übernahm der Franzose Jean Baptiste Robillon, dessen Handschrift in dem eleganten und verspielten Dekor der Räume, in der reichlichen Verwendung von Rocaillen deutlich abzulesen ist. Der Palast dient heute als Veranstaltungsort, wird für Empfänge genutzt und ein Flügel ist zu einem luxuriösen Hotel der portugiesischen Pousada-Kette umgewandelt worden. Sehenswert ist auch die Rokoko-Kirche gegenüber. Züge ab Lissabon-Rossio oder Oriente, Haltestelle Queluz-Belas, dann 10 Min. Fußweg. Mi–Mo 9.30–17 Uhr, Eintritt.

Unterkunft/Essen & Trinken

Die buchtenreiche Costa do Estoril

Pousada Dona Maria I., Tel. 214-356158, www.pousadas.pt. Fürstliche Unterkunft in einem Seitentrakt des Schlosses; das Restaurant *Cozinha Velha* gilt als sehr gute Gourmet-Adresse. DZ ab 200 €, teuer.

Costa do Estoril: Die Küste zwischen Lissabon und Cascais

Cascais und Estoril sind die beiden beliebtesten Sommerfrischen an der Küste westlich von Lissabon und in den Sommermonaten entsprechend überlaufen. Dennoch lohnt die Fahrt nach Westen, sei's mit dem Zug, sei's mit dem eigenen Wagen, denn die Küste ist wirklich hübsch. Wer diesen Ausflug mit dem Besuch am westlichsten Punkt Europas *Cabo da Roca* und des malerischen Städtchens Sintra verbinden möchte, sollte eine Übernachtung in Sintra einplanen.

Estoril

Estorils Karriere als Sommerfrische begann im 19. Jahrhundert, als gekrönte Häupter die Küste wegen ihres außerordentlich milden Klimas aufsuchten. Während des Zweiten Weltkriegs flüchteten sich zahlreiche Exilanten nach Estoril. Ein Exil-Museum in der ersten Etage des Postamts erinnert daran (Av. Marginal, Mo–Sa 10–13 u. 14–18 Uhr, Eintritt). Hauptattraktionen heute sind neben den Stränden das Casino d'Estoril, die Golfplätze und die zahlreichen eleganten Villen. Ein Fußweg führt am Strand entlang ins zwei Kilometer entfernte Cascais.

Costa do Estoril praktisch:

Information: Junta de Turismo da Costa do Estoril, Arcadas do Parque, Tel. 214-663813, www.estorilcoast.com. Das Büro liegt am Kurpark vor dem Casino.
Junta de Turismo da Costa do Estoril, Rua Visconde da Luz 14, Cascais, Tel. 214-868204.
Bahn: Von Cais do Sodré etwa alle 20 Minuten in Richtung Cascais. Bis Estoril 30 Minuten.
Bus: Busse von Scotturb verbinden Estoril mit Cascais und Sintra. Fahrpläne gibt's an den Touristeninformationsstellen oder unter www.scotturb.com.

Essen und Trinken

Costa do Estoril, Av. Amaral, Tel. 214-681817. Portugiesische Spezialitäten zu für die Region noch relativ günstigen Preisen. Mittel.
Garret, Av. de Nice 54, Tel. 214-680365. Ein Café mit dem Flair der 1930er Jahre, dazu köstliche Kuchen. Mittel.

_____ **Baden und Sport**

Der Sandstrand von Estoril ist gepflegt und an einigen Stellen von Steinen durchsetzt.

Estoril Golf, Av. da República 2765, Tel. 214-682796, www.palacioestorilhotel.com. Der 18-Loch-Platz oberhalb des Ortes wartet mit einer fantastischen Aussicht auf. Nicht ablenken lassen!

Die Küste und der Umweltschutz

Auf dem Weg von Estoril nach Cascais sticht das aus gleißend hellem Stein erbaute, postmoderne *Centro de Interpretação Ambiental da Ponta do Sal* ins Auge. Es spricht mit Aktionen und Ausstellungen zur Ökologie und Umweltfragen vor allem portugiesische Schüler an, besitzt aber eine nette Cafeteria, in der man eine kleine Pause einlegen kann (Estrada Marginal, Tel. 214-643670, www.cm-cascais.pt, Di–Fr 10–17 Uhr, Sa/So 10–13 u. 14–18 Uhr).

_____ # Cascais

Hier wird die Küste deutlich wilder und felsiger, und der Ort selbst wirkt wie eine Mischung aus Fischerdorf und mondänem Badeort. Zahlreiche Villen in unterschiedlichsten Architekturen sind in Cascais zu entdecken. Das Rathaus, *Câmara Municipal,* im Ortszentrum besticht mit einer schönen Azulejo-Fassade. Restaurants, Cafés und Läden drängen sich entlang der Fußgängerzone. Eine der sehenswerten Villen von der Wende vom 19. zum 20. Jahrhundert ist die **Casa de Sta. Maria**, 1902 von dem portugiesischen Architekten Raul Lino errichtet. Hufeisenbögen und mit Azulejos geschmückte Wände geben ihr ein fast maurisches Gepräge (Rua do Farol de Santa Marta, Di–So 10–17 Uhr, Eintritt). Über die Bucht wacht das **Forte São Jorge de Oitavos,** im 15. Jahrhundert erbaut, im darauf folgenden von den Spaniern zerstört und im 17. Jahrhundert neu errichtet (Di–So 10–17 Uhr). Cascais' Museum **Casa-Museu dos Condes de Castro Guimarães** ist vor allem wegen der Kapelle São Sabastião im angrenzenden Park sehenswert. Sie ist mit wertvollen Azulejos aus dem 16. Jahrhundert geschmückt (Av. Rei Humberto II de Italia, Di–So 10–17 Uhr, Eintritt). Das **Museu do Mar** widmet sich vorrangig dem Fischfang in der Region (Rua Júlio Pereira de Mello, Di–So 10–17 Uhr, Eintritt).

Casa-Museu
dos Condes

Unterkunft

Farol Design Hotel, Av. Rei Humberto II de Itália 7, Tel.
214-823490, www.farol.com.pt.
Das moderne Design lässt das Hotel auf einem Felsen über
der Küste wie ein Ufo erscheinen – ein faszinierendes Ufo,
das auch innen mit puristischem Design und großen
Panoramafenstern aufs Meer überzeugt. DZ ab 180 €.

Villa Albatroz, Rua Fernandes Tomás, Tel. 214-863410,
www.albatrozhotels.com.
Direkt am Hafen in einer historischen Villa gelegen und elegant eingerichtet, zählt das Haus zu den vornehmen
„Leading Hotels of the World". DZ ab 170 €.

Pergola House, Av. Valbom 13, Tel. 214-840040,
www.portugalvirtual.pt.
Das herrlich altmodische Palais mit üppig dekorierten
Gästezimmern und einem wunderschönen Garten liegt im
Herzen von Cascais und ist ein wahres Schmuckkästchen
der Innenausstattung des 19. Jahrhunderts. Für Nostalgiker!
DZ ab 90 €.

Tipp: Salamandra Bar

Die Bar über dem östlichsten Strand von Cascais ist un-
spektakulär-sympathisch; man sitzt mit Blick über
Strand und Meer, bekommt Sandwiches oder ein Gläschen
Wein und kann ein bisschen im Internet surfen. Praia
da Duquesa, tgl. 12–2 Uhr.

Essen und Trinken

Porto de Santa Maria, Estrada do Guincho, Tel. 214-870240.
Cascais' Adresse für einen besonderen Abend bei Fisch in
Salzmantel oder Reis mit Meeresfrüchten. Eleganter Rahmen.
Teuer.

Pimentão, Rua das Flores, Tel. 214-840994.
Ein Klassiker, in dem besonders die Fischgerichte und
Meeresfrüchte durch absolute Frische überzeugen. Mittel.

O Batel, Travessa das Flores 4, Tel. 214-830215.
Auch Batel hat Tradition; dazu eine hübsche Terrasse und
ebenfalls fangfrischen Fisch auf dem Teller. Mittel.

Bar do Guincho, Estrada do Abano-Pria do Guincho, Tel. 214-871683, www.bardoguincho.pt.
Rustikales Fischrestaurant mit Blick über den Guincho-Strand. Mittel.

Baden und Sport

Stadtstrände von Cascais sind **Praia da Rainha** und **Praia da Ribeira.** Westlich von Cascais ist's wesentlich ruhiger, schöne Buchten, wie die von Abano, folgen aufeinander. Höhepunkt ist die 8 Kilometer entfernte **Praia do Guincho,** Hot spot für Windsurfer mit viel Wind, hoher Brandung und gefährlichen Strömungen. Anfänger sollten ihn besser meiden.

Cabo da Roca

Rund 20 km westlich von Cascais liegt Europas westlichster Punkt, das *Cabo da Roca.* 140 Meter hoch türmen sich die Klippen über dem Atlantik. Die Position: 38°47' Nord, 9°30' West. Ein Tourismusbüro verkauft Bestätigungen (5 €), dass Sie auch wirklich an diesem Ort, „wo das Land endet und das Meer beginnt" (Luis Camões in seinen *Lusiades*) waren. Eine Vielzahl an Restaurants und Verkaufsbuden trägt nicht gerade zum außergewöhnlichen Flair des Ortes bei. Das Kap gehört zum „Parque Natural Sintra-Cascais", der den Sintra-Gebirgszug und dessen Flora und Fauna schützt. Mit etwas Glück kann man über dem Kap einen Wanderfalken erspähen. Charakteristische Pflanze ist die weißblühende Grasnelke, *Armeria pseudoarmeria.*

Sintra und Umgebung

Unesco Weltkulturerbe seit 1995 Kulturlandschaft Sintra

Sintra ist ein magischer Ort. Allein seine Lage, umgeben von schroffen, üppig bewaldeten Bergen ist zauberhaft. Aber hinter der Magie steckt mehr, denn bereits in vorgeschichtlicher Zeit gab es hier Kultplätze, und die Römer nannten das Sintra-Gebirge *Promontorium Lunae,* Mondberg. Die Kelten sollen hier eine heilige Stätte gehabt haben und auch für den Templerorden hatte Sintra eine besondere Symbolik. Dem Zauber verfiel die portugiesische Königsdynastie der Avis, die hier ab dem 14. Jahrhundert ihre Residenz unterhielt, ebenso wie der englische Dichter Lord Byron, der den Ort Anfang des 19. Jahrhunderts „glorreiches Eden" nannte. Sintras besonderes Klima lockte denn auch zahlreiche Ausländer an, die teils exzentrische Villen und Herrensitze errichteten. Die Stadt

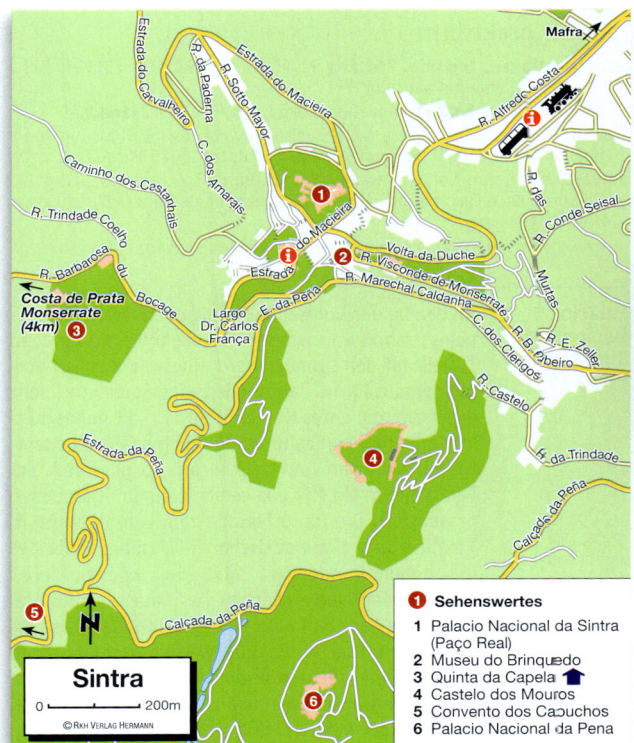

1 Sehenswertes

1 Palacio Nacional da Sintra (Paço Real)
2 Museu do Brinquedo
3 Quinta da Capela
4 Castelo dos Mouros
5 Convento dos Capuchos
6 Palacio Nacional da Pena

Sintra
0 — 200m
© RKH VERLAG HERMANN

Tipp

Sintra ist eines der Hauptziele von Tagestouristen und in den Sommermonaten tagsüber hoffnungslos überlaufen. Morgens und abends hingegen entfaltet es seinen Charme. Es lohnt sich also, hier wenigstens eine Nacht zu bleiben.

ist durch ihre Höhenlage deutlich kühler als die Küstenorte oder Lissabon. Zugleich nährt die hohe, vom Atlantik hergeführte Feuchtigkeit sowie das komplizierte, von den Mauren geerbte Bewässerungssystem eine fast dschungelartige Vegetation. Hauptsehenswürdigkeit im historischen Ortskern ist der Königspalast, bei einem Bummel durch die Altstadt sind noch die alten Strukturen der nach Volks- bzw. Religionsgruppen getrennten Viertel erkennbar. Die anderen Sehenswürdigkeiten sind an den Hängen der Sintra-Berge verstreut und nicht alle zu Fuß erreichbar.

Sintra praktisch:

Informationen: Turismo, Praça da República, 23, Tel. 219-231157, Fax 219-238787, www.cm-sintra.pt
Turismo am Bahnhof: Av. Miguel Bombarda, Tel./Fax 219-241623
Bahn: Hauptbahnhof Sintra, Av. Miguel Bombarda. Bahnverbindung von Lissabon vom Bahnhof Rossio alle 15 Min., Fahrtdauer 45 Min.
Bus: Busstation neben dem Hauptbahnhof. Busse Scotturb 417 und 418 von Sintra nach Cascais und Estoril, 403 über Cabo de Roca nach Cascais, www.scotturb.com

──────────── **Sehenswertes**

Palácio Nacional de Sintra (Paço Real) (1)

An den beiden konischen Turmkappen ist der Königspalast schon von weitem zu erkennen. König João I. ließ auf den Grundmauern eines maurischen Vorgängerbaus im 14. Jahrhundert eine Sommerresidenz errichten, die unter Manuel I. im 15. Jahrhundert erweitert und umgebaut wurde. Auch spätere Generationen änderten und bauten an, so dass sich der Palast heute als Mix aus verschiedenen Stilepochen präsentiert. Die Hauptfassade zum Largo Rainha D. Amélia stammt aus gotischer Zeit. Höhepunkte des geführten Rundgangs sind die Küche, deren Schornsteine Markenzeichen des Palastes sind, der maurische Saal, ein Märchen aus 1001 Nacht, sowie der Wappensaal mit seiner wappengeschmückten Kuppel und mit Azulejos dekorierten Wänden. Dazwischen durchquert man lauschige Innenhöfe, ein Erbe der Mauren, und weitere Zimmerfluchten und Säle. Do-Di 10–17.30 Uhr, Eintritt.

Die charakteristischen Kamine des Palácio Nacional

Museu do Brinquedo (2)

Spielzeug satt: Eine kinderfreundliche Abwechslung nach dem Königspalast bietet das Museu do Brinquedo (2), in dem über 20.000 Spielzeuge zusammengetragen wurden (Rua Visconde de Monserrate 28, Di–So 10–18 Uhr, Eintritt).

> **Sintra per Rad**
> Sogenannte ParkBikes können Sie im historischen Zentrum neben dem Uhrenturm tgl. von 10–18 Uhr mieten. Die mit Elektromotor ausgestatteten Drahtesel kosten 30 €/Tag.

Castelo dos Mouros (4)

Die von den Mauren im 8. Jahrhundert erbaute Burg steht in 429 Meter Höhe am Hang über Sintra. Zu erreichen ist sie über eine Serpentinenstraße oder einen Fußweg, der im Ort an der Igreja de Santa Maria beginnt (ca. 220 Höhenmeter). 1147 eroberte König Alonso Henriques die Festung. Sie wurde wiederholt umgebaut und verfiel schließlich. Einmalig ist die Aussicht von einem der noch erhaltenen Türme, *Torre Real*. Mit Scotttour-Bus 434, April bis Mitte September 9.30–20 Uhr, sonst 10–18 Uhr, Eintritt.

Convento dos Capuchos (5)

1560 gründete Álvaro de Castro das Franziskanerkloster, acht Kilometer südwestlich von Sintra, als eine Art in den Fels geschlagenes Höhlenkonvent. Bis 1834 wohnten hier noch Mönche. Heute kann man sich kaum vorstellen, wie Menschen in den winzigen Zellen, in denen man teils nicht aufrecht stehen kann, leben konnten. Gegen die eindringende Feuchtigkeit isolierten die Mönche ihre Zellen mit Kork. An der EN 247-3, April bis Mitte September, 9.30–20 Uhr, sonst 10–18 Uhr, Eintritt.

Palácio Nacional da Pena und Parque da Pena (6)

Oberhalb des Maurenkastells beherrscht der Pena-Palast einen felsigen Bergsporn in 528 Meter Höhe. Im 19. Jahrhundert ordnete König Fernando II. den Bau an Stelle eines Klosters aus dem 16. Jahrhundert an, das in das neue Projekt einbezogen wurde. Der Architekt setzte den Auftrag, verschiedene Baustile zu vereinen, konsequent um. So trifft man hier auf ein Nebeneinander neogotischer, neomanuelinischer und neomaurischer Elemente. Das mag befremdlich oder auch kitschig wirken, entbehrt aber nicht der Faszination. Wenn Sie mögen, können Sie auch einige Palasträume sowie den hübschen, mit Azulejos geschmückten Kreuzgang des Klosters besichtigen.

Sehenswert ist auch die Parkanlage mit über 400 Baumarten, einem Kameliengarten, einer Farnschlucht, künstlichen Seen, Tempelchen und Aussichtspunkten.

Mit Scotttour-Bus 434, April bis Mitte September 9.30–20 Uhr, sonst 10–18 Uhr, Eintritt.

Palácio e Parque de Monserrate

Park und Herrenhaus von Monserrate, vier Kilometer westlich von Sintra, wurde im 19. Jahrhundert von einem wohlhabenden Engländer angelegt, dessen Leidenschaft ganz offensichtlich der Pflanzenwelt galt. Der Park ist ein wahres botanisches Paradies mit Bäumen, Büschen und Blumen aus allen Erdteilen. Japanischer Garten, Farnschlucht, mexikanischer Garten, dazwischen hübsch arrangierte Wasserfälle, eine Kapelle und ein Cromlech schmücken das Anwesen. Im Palast selbst, der eine Mischung aus byzantinischen, indischen und maurischen Elementen zeigt, steht bislang nur ein Flügel zur Besichtigung offen.

An der EN 375; Touristenbähnchen Monserrate, 4 km von Sintra. Park: April bis Mitte September 9.30–20 Uhr, sonst 10–18 Uhr; Palast 10–13 u. 14–19 Uhr, im Winter 10–13 u. 14–16.30 Uhr, Eintritt.

Palácio Nacional de Mafra

Mafra, 24 km nördlich von Sintra, war ein weiterer Sommersitz des portugiesischen Königshauses. 1717 begannen die Arbeiten, an denen bis zu 45.000 Bauleute, viele davon Zwangsarbeiter, beteiligt waren. Das Barockschloss und -kloster sollte alles bisher Errichtete in den Schatten stellen. In nur 13 Jahren entstand eine 251 Meter lange und 221 Meter breite Anlage mit 900 Sälen, zu der neben dem Palast ein

Palácio Nacional da Pena

Franziskanerkloster, eine Basilika, eine Bibliothek und Unterkünfte für eine Garnison gehören. Anlass für den Bau war angeblich ein Gelübde Königs João V., im Falle der Geburt eines Thronfolgers einen Konvent für die Franziskaner zu errichten. Die Bauleitung übernahmen Vater und Sohn Johann Friedrich und Johann Peter Ludwig aus Regensburg. Genutzt wurde das fürstliche Anwesen kaum, nur Anfang des 19. Jahrhunderts zog ein König für einige Jahre ein. Besichtigt werden können einige Räume des Palastes und des Klosters. Auch die barocke Basilika mit Anklängen an den Klassizismus ist zugänglich. Mi–Mo 10–17 Uhr, Eintritt.

Costa de Prata Die EN 247 führt von Sintra nach Westen an die Atlantikküste mit mehreren Sandbuchten zwischen Felsklippen. An den Felswänden der **Praia Grande** haben Dinosaurier 66 Abdrücke hinterlassen. Der Strand selbst ist, wie die anderen an diesem Teil der Küste, fest in Händen der Surfer. Zum Baden ist das Wasser meist zu kalt. Nördlich folgt dann die **Praia das Maças,** die besser erschlossen und deutlich touristischer ist, wobei Touristen hier zumeist die Portugiesen sind, die übers Wochenende oder für die Ferien herkommen. Endpunkt nach Norden ist der malerisch am Fels gelegene Fischerort **Azenhas do Mar** mit einem Meeresschwimmbecken, das der Atlantik bei Flut mit frischem Wasser füllt. Eine gute Restaurantadresse ist hier die *Adega das Azenhas,* ein ehemaliger Weinkeller, der heute rustikal eingerichtet Spezialitäten wie *Bacalhau com Natas* serviert (Tel. 219-281357, mittel). Im *Piscinas Azenhas do Mar* speisen Sie mit Blick auf Meeresschwimmbecken und Atlantik einen köstlichen *Arroz de Polvo* (Tel. 219-280739, mittel).

Unterkunft

Quinta da Capela, s. Kasten S. 100
Tivoli Sintra, Praça da República, Tel. 219-237200, www.tivolihotels.com. Komfortables Haus im Ortszentrum mit schönem Blick auf Berge und den Palaçio Nácional. DZ ab 170 €.
Casa de Hóspedes Francisco Marques, Rua Sotto Mayor 1, Tel. 219-230027, Fax 219-241155, www.vilamarques.net. Gemütlich eingerichtete, ruhige Gästezimmer in einer Villa im Zentrum. DZ ab 60 €.

Quinta da Capela (3)

Man kann in einigen der historischen Villen von Sintra auch wohnen. Wenn Sie sich für die *Quinta da Capela* entscheiden, bekommen Sie zum romantischen Ambiente auch überaus charmante Gastgeber und ein konkurrenzlos üppiges Frühstück. Der Duque de Carvahal ließ das Herrenhaus im 16. Jahrhundert etwa sieben Kilometer westlich von Sintra erbauen. Damals wurde auch die namensgebende Kapelle errichtet, deren manuelinische Decke und die aus dem 18. Jahrhundert stammenden Azulejos noch hervorragend erhalten sind. Das Herrenhaus hingegen fiel dem Erdbeben zum Opfer und wurde 1773 neu errichtet. Seit 1979 wird die Quinta nun als *Turismo de Habitação* geführt, eine Art Wohnen auf dem Bauernhof, nur natürlich deutlich luxuriöser. Die Gäste haben die Wahl zwischen Zimmern im Haupthaus und romantischen Cottages im Park, alles mit viel Geschmack eingerichtet. Eigentümer und Personal sind von ausgesuchter Höflichkeit – kurzum, die Quinta ist der Inbegriff all dessen, was man mit Sintra und seiner Kulturlandschaft verbindet.

Quinta da Capela, Estrada de Montserrate, Tel. 219-290170, Fax 219-293425, www.quintadacapela.com, DZ ab 150 €.

Essen und Trinken

Tacho Real, Rua da Ferraria 4, Altstadt, Tel. 219-235277. Elegantes Restaurant mit Azulejos geschmückten Gewölben. Die Küche ist konservativ, dabei aber exzellent. Teuer.

Tulhas, Rua Gil Vicente 4, Tel. 219-232378. Auf den ersten Blick etwas touristisch, auf den zweiten aber erstaunlich gute, traditionelle Küche ohne Schnickschnack. Preiswert.

Alcobaça, Rua das Padarías 7, Tel. 219-231651. Ein gemütliches Gasthaus im Zentrum mit großen Portionen und guter Qualität. Preiswert.

Nightlife

Taverna dos Trovadores, Praça D. Fernando II., Tel. 219-233548. Eine richtig urige Musikkneipe, in der häufig Bands spielen. Ideal für einen Absacker am Abend.

Das Castelo dos Mouros – ein Teil der als Weltkulturerbe ausgewiesen Kulturlandschaft

Setúbal und Costa Azul

Der von Nordosten in den Atlantik mündende Tejo und der von Südosten kommende Sado formen Lissabon gegenüber eine Halbinsel mit herrlichen Stränden, historischen Städtchen und Naturschutzgebieten, aber auch dem drittgrößten Hafen des Landes, *Setúbal*. Die Hauptstadtnähe macht sich bemerkbar, ein dichtes Straßennetz und eine ebenso dichte Bebauung umringen die alten Städtchen, in denen die Menschen früher von Feldbau und Fischfang lebten.

> **Tipp Rundfahrt**
>
> Eine Rundfahrt ab Lissabon könnte an der Ponte 25 de Abril beginnen, über Cabo Espichel, Sesimbra und Vila Nogueira nach Setúbal führen (hier Möglichkeit mit der Fähre nach Troiá an die Costa Azul überzusetzen), und über Palmela und die Ponte Vasco da Gama nach Lissabon zurückkehren.

Setúbal

Der Industrie- und Hafenstadt (90.000 Einwohner, drittgrößter Hafen des Landes) mag man auf den ersten Blick nichts Reizvolles entlocken. Aber auch sie besitzt eine malerische Altstadt, zählt sogar zu den ältesten Städten in Portugal (im 5. Jahrhundert gegründet) und ist Ausgangspunkt für Erkundungen der Halbinsel Arrábida mit ihren kilometerlangen Stränden sowie ins nördliche Alentejo und die Halbinsel von Tróia.

Sehenswert

Hafenanlagen und Docks säumen das Ufer des Flusses Sado, nördlich davon erstreckt sich die Altstadt.

Igreja de Jesus

Ende des 15. Jahrhunderts entwickelte der spätere Baumeister des Hieronymusklosters von Belém an dieser Kirche den manuelinischen Stil und gestaltete die Säulen wie ineinander verwundene Taue. Schön ist auch das Sternengewölbe über dem Chor (Praça Miguel Bombarda). Im Konvent nebenan ist das Stadtmuseum untergebracht mit Gemälden flämischer und portugiesischer Meister sowie einer archäologischen Sammlung.

Mercado do Livramento
Wenn die Fischer vormittags mit frischem Fang zurückkehren, ist in den neobarocken und mit Azulejos geschmückten Markthallen in der Av. Luisa Tódi der Teufel los!

Praça de Bocage
Mittelpunkt der Altstadt ist der hübsche und begrünte Platz. Von hier können Sie durch die schmalen Gassen an Läden vorbeiflanieren, in Cafés eine Pause einlegen oder auf den Parkbänken verweilen.

Service Setúbal

Information
Posto de Turismo Municipal, Rua de Santa Maria, Tel. 265-534222, www.mun-setubal.pt.
Região de Turismo da Costa Azul, Travessa Frei Gaspar 10, Tel. 265-539120, www.costa-azul.rts.pt. Infos zur gesamten Costa Azul.

Ankunft & Weiterreise
Bus: Busbahnhof Av. 5 de Outubro 44, Busse nach Faro und Évora.
Fähre: Transado, Fähren nach Tróia alle 30 Min.

Unterkunft
Albergaria Solaris, Praça Marquês de Pombal 12, Tel. 265-541770, Fax 265-522070, www.albergariasolaris.com. Komfortables Vier-Sterne-Haus im historischen Zentrum mit geschmackvoll eingerichteten Zimmern. DZ um 60 €.
Residencial Bocage, Rua de São Christovão 14, Tel. 265-543080, www.residencialbocage.com. Komfortables, wenngleich etwas in den 1970ern verharrendes Hotel, was die Einrichtung betrifft. Zentral gelegen. DZ ab 40 €.

Essen und Trinken
Xica Bia, Av. Luísa Todi 131, Tel. 265-522559, So Ruhetag. Elegantes Feinschmeckerlokal mit einigen eher seltenen Spezialitäten wie Spargel-Brotsuppe oder die Alentejo-Spezialität *Pezinhos de Coentrada.* Überraschen lassen! Mittel.
O Cradador, Travessa do Peixe, Tel. 265-524778. Die Adresse ist Programm. Hier gibt's Fisch satt, abgerechnet nach Gewicht je nach Tages-Einkaufspreis. Köstlich! Mittel.

Burgen bewachen
die Küstenlinie
von Sétubal

Flussdelfine und Störche

Das Mündungsgebiet des Sado steht als *Reserva Natural do Estuario do Sado* unter Naturschutz. Zu bestimmten Zeiten halten sich hier riesige Schwärme von rosa Flamingos auf, und bei geführten Exkursionen lassen sich Flussdelphine beobachten. Berühmt ist die Region auch für die vielen Störche wie auch für die fantastischen Strände. Bootsexkursionen in das Naturreservat veranstalten **SAL,** Avenida Manuel Maria Portela 40, Tel. 265-227685, www.sal.pt.

Setúbal – Sehenswertes in der Umgebung

Fortaleza de São Filipe

1582 in hervorragender strategischer Position mit Ausblick über Halbinsel und Bucht westlich von Setúbal errichtet, beherbergt die Festung heute eine Pousada und ein Edel-Restaurant.

Vila Fresca und Vila Nogueira de Azeitão

Rund 15 km nach Westen und landeinwärts lohnen die beiden historischen Städtchen einen Abstecher. In Vila Fresca de Azeitão können Sie den **Palácio de Bacalhôa** mit seinen uralten Azulejos aus dem 16. Jahrhundert, dem Barockgarten und der maurisch anmutenden *Casa de fresco* mit ihrem Wasserbecken besichtigen (Di–Sa 9–17 Uhr, Eintritt). In Vila Nogueira öffnet nach Voranmeldung der Weinkeller von **José Maria da Fonseca** seine Tore, einer der ältesten des Landes. Hier gibt's nicht nur eine Auswahl der besten Weine Portugals, sondern auch den köstlichen *Moscatel de Setúbal* (Rua José Augusto Coelho 11/13, Tel. 212-198940, www.jmf.pt). Für Gebäck, Kuchen und andere Köstlichkeiten gilt *U Cego* (Rua Jose A. Coelho 150) als beste Adresse der Region. Und zu guter Letzt: Aus der Region kommt der berühmte Azeitão-Käse aus Schafsmilch. In der **Quinta Velha** können Sie ein Azeitão-Museum besuchen,

Käse kosten und welchen kaufen (auf halbem Weg zwischen Vila Fresca und Vila Nagueira, Tel. 212-191125, www.quintavelhaonline.com).

Die besten Strände:

Figuerinha, Galapos und **Portinho de Arrábida** sind drei Strandbuchten westlich von Setúbal mit nahezu weißem Sand und türkisblauem Meer.

Sesimbra

Ein maurisches Kastell und ein überaus betriebsamer Hafen sind die Attraktionen in Sesimbra, 29 Kilometer westlich von Setúbal. Das **Castelo** thront 230 Meter hoch über dem Ort und birgt in seinen Mauern eine im 12. Jahrhundert gegründete und im 18. Jahrhundert neu errichtete Kirche mit schönen Azulejos in Blau und Weiß (Fr/Sa 7–20 Uhr).

Sesimbra: barocke Azulejos in der Kirche von Castelo

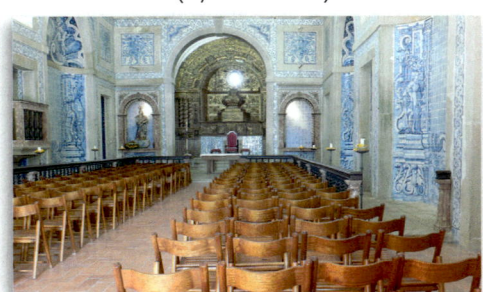

Die **Fortaleza de São Tiago** hingegen bewacht das Meer und bietet einen schönen Rundblick. Der Zugang zum **Hafen** ist theoretisch verboten, wird aber selten verwehrt, wenn man höflich fragt. Frühmorgens und am späten Nachmittag werden die frisch angelandeten Fische versteigert – ein spannendes Schauspiel. Und sie werden dann auch gleich in den Restaurantbuden gegrillt – frischer und preiswerter geht's nicht.

Cabo de Espichel

Ein weiteres „Ende der Welt", aber nicht ganz so weit westlich wie das Cabo de Roca. Dafür wilder und ungestümer mit seinen 100 Meter hohen, steil ins Meer abstürzenden Klippen.

Palmela

In optimaler strategischer Position überwacht die Zitadelle von Palmela die Mündungsdeltas von Tejo und Sado, die Ebene des Alentejo und die Serra D'Arrábida. Erbaut wurde es von den Mauren, denen es König Alonso Henriques 1148 abnahm. Bis zum endgültigen Sieg 1191 ging das noch ein paar Mal hin und her, die besiegten Mauren erhielten Siedlungsrecht, und 1323 war Palmela bereits eine Stadt. Sehenswert ist natürlich das **Castelo,** hübsch ein Spaziergang durch den ländlichen Ort, Mittelpunkt des Muskateller-Anbaugebiets. Auf den ersten Blick wie ein Fremdkörper wirkt in diesem ländlichen Ambiente der Tourismuskomplex *F Palmela* (Rua Manuel Carromeu, Águas de Moura, Tel. 265-930000, www.fpamela.com, Appartement ab 50 €). Bei näherer Betrachtung überzeugen die moderne Architektur mit viel Glas und klaren Linien sowie die schicke Einrichtung. Zum Komplex gehören auch Restaurant und Pool.

Tróia-Halbinsel

Mit der Fähre setzt man von Setúbal nach Tróia über, und der erste Anblick ist niederschmetternd: eine kantige Skyline von Apartment- und Hoteltürmen. Doch dahinter folgt die weitgehend unverbaute Natur der Tróia-Halbinsel, die ein 30 Kilometer langer Sandstrand säumt. Bis Sines im südlichen Alentejo ist diese Sand-Uferlinie sogar 90 Kilometer lang. Beschirmt von einem grünen Gürtel aus Pinien, Kiefern und Eukalyptus folgt hier Strand auf Strand, einige, wie die Praia do Comporta, sind bewirtschaftet, andere noch wild. Wer nicht so gerne badet bzw. surft – denn auch hier gelten die Bedingungen für Wellenreiter als sehr gut –, kann auf dem Golf de Tróia den Schläger schwingen (Carvalhal-Grândola, Tel. 265-494112, www.troiagolf.com).

Alcaçer do Sal

Das Städtchen liegt ein Stück landeinwärts am Sado und wird von einer Burg bewacht, die König Dinis im 13. Jahrhundert errichten ließ. Vor ihm hatten hier bereits Mauren ihre Festung Al-Kasr Abu Danis, davor Römer die Urbs Imperatoria Salatia und noch früher kontrollierten die Kelten von ihrem Bevipa die Flussmündung. So hat das **Castelo** also schon mindestens 2500 Jahre Geschichte auf dem Buckel und erlebt heute, wie gutbetuchte Gäste in seiner Pousada schlafen und speisen. Unten im Ort schmückt sich das Kloster São Francisco in der Rua Fabrica mit einer der frühesten Renaissancekirchen Portugals, der **Igreja São António** von 1524. Über ihre „Kapelle der 11.000 Jungfrauen" wölbt sich eine Kuppel aus Jaspis. Den schönsten Blick auf Alcácer hat man übrigens von der gegenüberliegenden Flussseite, wo eine schön gestaltete Uferpromenade entlang führt. Den Fluss kann man vom Ortszentrum aus auf einer Fußgängerbrücke überqueren. Viele Hauptstädter kommen zum Essen nach Alcácer. Hier ein paar Restauranttipps:

Genießen in Alcácer do Sal

Für den kleinen Hunger oder schmalen Geldbeutel empfiehlt sich das **Café O Néné (**Av. José Saramago, Tel. 265-622960, preiswert), in dessen *arroz de marisco* man die Frische der Zutaten deutlich schmeckt. Nicht weit entfernt sitzen die Gäste im **Sado** (Largo Luís de Camões, Tel. 265-622218, mittel) nahe am Fluss und lassen sich *Migas à alentejana* schmecken. Etwas edler ist das **Porto Santana** (Senhora Santana, Tel. 265-622344, mittel) am gegenüberliegenden Sado-Ufer. Spezialität ist hier die Fischsuppe *Borrego de caldeirada*.

Algarve

Al Gharb, der Westen, hieß der südwestliche Landstrich der Iberischen Halbinsel bei den Mauren. Die
ab dem siebten Jahrhundert aus Nordafrika über die
Straße von Gibraltar vordringenden islamischen Heere
von Arabern und Berbern waren nicht nur Eroberer,
sondern brachten auch ihre Kultur mit. Ihre Spuren
sind besonders an der Algarve allgegenwärtig. Heute
zählt die Gegend zu den beliebtesten Bade- und Golf-
destinationen Europas. Weite Teile der Küste sind mit
gigantischen Hotel- und Apartmentanlagen verbaut,
ein Golfplatz reiht sich an den anderen. Doch es gibt
auch ruhigere Fleckchen: Die wilde, unter Naturschutz
stehende Westküste *Costa Vicentina* oder den von vorgelagerten Düneninseln geschützten Streifen im
Osten zwischen Olhão und Tavira. Reizvoll ist auch
das Hinterland mit der zerklüfteten *Serra de Monchique* und dem idyllischen Flusstal des *Rio Guadiana.*

Lagos und der Westen

„Felsalgarve" heißt der westliche Küstenabschnitt
wegen seiner hohen Küstenfelsen, zwischen die sich
kleine Sandbuchten schmiegen. *Terras do Infante* nennen ihn die Tourismusexperten, denn von Sagres im
äußersten Westen ließ Dom Henrique (Heinrich der
Seefahrer, s.S. 114) seine Kapitäne zu den großen
portugiesischen Entdeckungsfahrten entlang der Westküste Afrikas auslaufen. Im Hafen von Lagos brachten die Karavellen ihre reiche Fracht aus den Kolonien
an Land. Heute bringen die Touristen Wohlstand.

Strand und Fels –
die Algarve

Lagos

Hier stand bereits der römische Hafen *Lacobriga*. Der maurische Name *Zawaya* lässt vermuten, dass die Siedlung nicht nur weltlichen, sondern auch spirituellen Charakter hatte: Eine *Zawaya* ist eine islamische Schule, die sich um das Grab eines heiligen Mannes entwickelt. Mitte des 13. Jahrhunderts wurden die Mauren vertrieben und Lagos avancierte zum bedeutendsten Hafen der von Heinrich dem Seefahrer vorangetriebenen Entdeckungsfahrten. Eine Zeitlang war es sogar Hauptort der Algarve, doch das Erdbeben von 1755 zerstörte die Stadt und damit war die Blüte vorbei. Der Tourismusboom hat Lagos nicht unbedingt verschönert, aber das Ortszentrum ist hübsch und der weite Sandstrand *Meia Praia* ist für Familien mit Kindern ideal. Reizvoll sind auch die vielen kleinen Sandbuchten westlich von Lagos.

Stadtrundgang

Lagos liegt an der Mündung der *Ribeira de Bensafrim* in den Atlantik, die Altstadt zieht sich entlang des Flussufers landeinwärts, und am Ufer entlang verläuft die von Palmen gesäumte *Avenida dos Descobrimentos*. Die Mündung des Flusses überwacht das aus dem 17. Jahrhundert stammende **Forte da Ponta da Bandiera (1)** ganz im Süden der Stadt. Vorbei am *Palácio dos Governadores* geht's zur **Praça do Infante (2),** wo Heinrich der Seefahrer sinnierend aufs Meer blickt. Beigesetzt wurde er 1460 im Vorgängerbau der Kirche Santa Maria an der Südseite der Praça. Heute ruhen seine Gebeine in Batalha (s.S. 205). Die **Delegação da Alfândega (3)** an der Nordseite hat eine grausame Geschichte: Hier wurden am 8. August 1444 erstmals Sklaven aus dem Senegal verkauft.

1454 wurde der **Sklavenhandel** durch Papst Nikolaus V. legalisiert. Ende des 15. Jahrhunderts wurden bereits 1000 Sklaven pro Jahr in Lagos auf dem Markt verkauft.

Die Rua de São Gonçalo nach Westen entlang erreicht man das originelle **Museu Municipal (4)**, das einen Besuch nicht unbedingt wert wäre – gäbe es da nicht den Zugang zur barocken **Igreja de Santo António**. 1769 wurde das nach dem Erdbeben zerstörte Gotteshaus neu errichtet und in eine *Talha dourada*-Orgie verwandelt. Der erste Eindruck ist der, in einen direkt aus Gold geschnitzten Raum zu treten. *Talha dourada* ist mit Blattgold überzogenes Schnitzwerk, beide Rohmaterialien, Holz wie Gold,

1 Stadtrundgang

1 Forte da Porta da Bandiera
2 Praça do Infante
3 Delegação da Alfândega
4 Museu Municipal
5 Praça Gil Eanes
6 São Sebastião

Unterkunft

a Casa da Moura
b Pensão Mar Azul
c Vivenda Miranda

Essen und Trinken / Nachleben

c Vivenda Miranda
d Resturante dos Artistas
e Taberna de Lagos
f O Galeão
g Meu Limão
h Millenium Jardim
i Bora Café
j Lounge
k Steve Ray's

Lagos
0 ————— 100m
© RKH VERLAG HERMANN

kamen aus der Kolonie Brasilien. Die *Talha dourada*-Mode war, beginnend mit dem Barock, bildhafter Ausdruck des Wohlstands und der Ausbeutung, die mit der Entdeckung der Neuen Welt einhergingen (Rua General Alberto da Silveira, Di–So 9.30–12.30 u. 14–17 Uhr, Eintritt).

Nun steht ein Bummel durch die **Fußgängerzone** auf dem Programm. Zahllose Läden, Cafés und Restaurants säumen die Gassen von Lagos, Touristen und Einheimische sitzen beim Kaffee oder bestaunen die Auslagen, Straßenmusiker geben ihr Bestes. Die Stimmung ist kleinstädtisch und sehr entspannt.

Fußgängerzone
von Lagos

Spazieren Sie langsam nach Norden, wo eine Skulptur
des portugiesischen Künstlers João Cutileiro an der
Praça Gil Eanes (5) an den verschollenen König
Sebastião erinnert. 1578 stach der König von Lagos
aus in See, um Nordafrika zu erobern. Er kehrte nie
zurück, auch sein Leichnam wurde nicht gefunden.
Weil er keine Erben hatte, übernahm das spanische
Königshaus die Macht in Portugal – eine Schmach,
die ganze 60 Jahre dauern sollte. Namensgeber des
Platzes ist der in Lagos geborene Seefahrer, der 1433
auf Geheiß Dom Henriques die Westküste Afrikas bis
zum Kap Bojador im heutigen Südmarokko entlang
segelte. Ein letztes Stück nach Norden erreicht man
die Kirche **São Sebastião (6),** deren makabre Sehenswürdigkeit eine kleine Knochenkapelle darstellt. Wer
mag, kann die im 16. Jahrhundert errichtete Stadtmauer *Murahlas da Cidade* entlanggehen. Sie ist vor
allem im westlichen Bereich gut erhalten.

Strände um Lagos

Im Südosten

Meia Praia: Der Hauptstrand südöstlich des Stadtzentrums
erstreckt sich mehr als fünf Kilometer nach Osten und ist
in seinem stadtnahen Bereich gut erschlossen. Von der Ria
de Alvor an ist er wilder und nicht so überlaufen.

**Im
Nordwesten**

Praia da Batata/Praia dos Estudantes: Die beiden Strände
grenzen nordwestlich an das *Forte Ponta da Bandeira*. Der
Sand ist mit Fels durchsetzt. Keine Infrastruktur.

Praia do Pinhão: Keine Pinien, wie der Name vermuten lässt, dafür aber eine schöne Felsbucht mit Sand und glasklarem Wasser. Keine Infrastruktur.

Praia Dona Ana: Viel fotografiert und ebenso gut besucht ist die Felsbucht mit dem ihr vorgelagerten Inselchen. Leider wird die Bucht von Hotels und Apartmentbauten geradezu erstickt. Gute Infrastruktur.

Praia do Camilo: Hier ist es ruhiger, der Strand liegt am Beginn der Landspitze *Ponta da Piedade.*

Praia Porto de Mós: Eine etwas größere Bucht nördlich der Ponta da Piedade mit tiefem Sandstrand, umgeben von zahlreichen Neubauten. Gute Infrastruktur.

Service Lagos

Information

Posto de Turismo, Rua Vasco da Gama, Tel. 282-763031, www.cm-lagos.pt.

Posto de Informação Municipal, Largo Marquês de Pombal, Tel. 282-764111.

Verkehr

Bahn: Bahnverbindung nach Osten bis Vila Real de Santo António, nach Lissabon über Tunes. Estrada da Meia Praia, Tel. 282-792361.

Bus: Linien EVA und Rede Expressos nach Lissabon, Faro, Sagres, Odeceixe. Rossio de São João, Tel. 282-762944, www.rede-expressos.pt.

Unterkunft

Casa da Moura (a), Rua Cardeal Neto 10, Tel. 282-770730, Fax 282-780589, www.casadamoura.com, DZ/App. ab 120 €. Ein marokkanischer Traum, angelehnt an die Stadtmauer mit wunderbar orientalisch eingerichteten Zimmern und einem Patio mit Pool.

Vivenda Miranda (c)

Das ehemalige Herrenhaus einer englischen Adelsfamilie ist in dieser von Standard-Unterkünften geprägten Umgebung etwas ganz Besonderes: Es liegt in einem großen subtropischen Garten auf einer Anhöhe über dem Strand *Porto do Mós,* zu dem ein kurzer Fußweg hinunterführt. Ins Zentrum von Porto sind's nur zwei Kilometer. Die Zimmer und Suiten sind elegant eingerichtet, haben alle Meerblick und viele eine Terrasse zum Garten. Der große Pool wird im Winter beheizt, gleich nebenan bietet eine Wellness-Grotte Entspannung in Sauna und Dampfbad. Im Restaurant zaubert ein Schweizer Sternekoch mediterrane Köstlichkeiten aus frischen Zutaten Golfspieler können auf acht umliegenden Greens (Plätzen) ihre Schläger schwingen. Kurzum: ein Wohlfühl-Hotel für Reisende, die individuelle Atmosphäre, Ruhe und unaufdringlichen Service schätzen. Romantik Hotel Viver da Miranda, Porto de Mós, Tel. 282-763222, Fax 282-760342, www.vivendamiranda.com. DZ ab 150 €. Frühbucherrabatte und Packages (Angebote) beachten!

Pensão Mar Azul (b), Rua 25 de Abril 13, Tel. 282-770230, Fax 282-770239, pensaomarazul@hotmail.com. Altstadtpension mit kleinen, freundlich und zweckmäßig eingerichteten Zimmern. Die Zimmer zur Straße hin sind etwas laut. DZ ab 50 €.

Essen und Trinken

Veranda, s. Kasten Vivenda Miranda, S. 111. Im Hotelrestaurant können auch externe Gäste die hochgelobte Sterneküche genießen. Teuer.

Restaurante dos Artistas (d), Rua Cândido dos Reis 68, Tel. 282-760659, www.lagos-artistas.com. Ein lichtes, farbenfroh eingerichtetes Restaurant mit Kunst an den Wänden und einer Speisekarte, die moderne internationale Trends ebenso bietet wie portugiesische Spezialitäten. Teuer.

Taberna de Lagos (e), Rua 25 de Abril, Tel. 919-426240, www.tabernalagos.pt. In dem 400 Jahre alten Herrenhaus werden Tapas, Salate, Steaks und Pasta serviert. Die Atmosphäre ist rustikal, in der Lounge elegant. Gelegentlich gibt es Jazz-Abende. Mittel.

O Galeão (f), Rua Laranjeira 1, Tel. 282-763909. Gute portugiesische und internationale Küche, originelle Bar. Mittel.

Meu Limão (g), Rua Silva Lopes 40, Tel. 282-767946. Die Tapas & Wine Bar ist hübsch mit weiß-blauen Azulejos dekoriert und bietet neben entspannter Lounge-Atmosphäre eine gute Auswahl an Tapas. Mittel.

Millenium Jardim (h), Rua 25 de Abril 78, Tel. 282-762897. Von der Vielzahl an Restaurants entlang der Rua 25 de Abril hebt sich dieses durch ein modernes, kühles Ambiente ab. Die Karte bietet neben Gängigem auch leckere Sandwiches. Mittel.

Bora Café (i), Rua Conselheiro Joaquim Machado 17, Tel. 282-083438. Ein gemütliches, etwas alternativ angehauchtes Café mit kleinen Gerichten, Kuchen, Tee und Internet-Zugang. Preiswert.

Nightlife

Lounge (j), Travessa Senhora da Graça 2, tgl. ab 20 Uhr. Der Treff für Cocktail- und House-Fans in minimalistischer Umgebung.

Steve Ray's (k), Travessa Senhora da Graça 9, Tel. 282-760673. Blues und Jazz, an den Wochenenden Live-Konzerte, für das gesetztere, ältere Publikum.

Shopping

Mercado, Av. dos Descombrimentos. Der Markt wurde kürzlich renoviert, Azulejos und Stände strahlen in neuem Glanz. Ein besonderes Erlebnis für die Sinne ist der Besuch der Fischhalle. Am lebhaftesten geht's in den Vormittagsstunden zu.

Mundo do Sapato, einen Kilometer östlich von Lagos an der EN 125. Outletstores verschiedener bekannter Schuhmarken. Lassen Sie sich nicht blenden: Es ist nicht alles billiger. Das ein oder andere Schnäppchen kann man aber machen.

Sport

The Surf Experience, Tel. 282-760964, www.thesurf experience.de. Die Surfschule fährt mit ihren Kursen je nach Wetterlage zu den jeweils besten Spots. Wer seine Ferien am liebsten unter Gleichgesinnten verbringt, kann in der

Vila Caterina komfortabel oder urig wohnen (Wochen-pauschale ab 500 €).

The Sailcompany, Meia Praia, Tel. 917-304957. Katamaran-Kurse und Vermietung.

Lagos Umgebung

Ponts da Piedade

An der Landzunge zwei Kilometer südlich von Lagos fallen die Felsen bis zu 20 Meter nahezu senkrecht ins Meer ab und bilden bizarr erodierte Figuren, Bögen und Zacken. Am eindrucksvollsten ist dieses Naturwunder vom Meer aus zu besichtigen, aber auch an Land kann man die Szenerie von verschiedenen Aussichtspunkten aus genießen. Schiffsausflüge zur *Ponta da Piedade* bieten verschiedene Unternehmen in Lagos an.

Zwischen Lagos und Sagres

In manchen Reiseführern werden die beiden ehemaligen Fischerorte *Luz* und *Burgau* westlich von Lagos als Idyll beschrieben. Diese Zeiten sind vorbei, auch dieser Küstenabschnitt hat sein Korsett aus Ferienanlagen bekommen, wenngleich noch nicht so exzessiv wie es weiter östlich um Portimão der Fall ist. Der Ortskern von Burgau zieht sich mit engen Gassen steil hinunter zum Meer und zum Strand. Noch nicht so überlaufen ist der Strand *Cabanas Velhas* mit nettem Strandcafé. Ein Stück weiter – auf dem Weg kommt man an verfallenen *Forte de Almadena* vorbei – liegt Salema. Früher war es ein Treffpunkt für Globetrotter, heute zieht es wie die Nachbarorte vorwiegend britische und holländische Urlauber an. Dennoch gibt's noch preiswerte Unterkunftsmöglichkeiten in Privatzimmern.

Viele Stufen führen hinab zum Ponts da Piedade

Sagres

Der Ort an der Südwestspitze Portugals wäre eine trostlose Einöde, gäbe es da nicht die bereits erwähnten portugiesischen Entdeckungsreisen, die Heinrich der Seefahrer von eben hier lenkte. Wenn die Wahl des Ortes, eines windgepeitschten Kaps, Rückschlüsse zulässt auf die Persönlichkeit des Prinzen, dann muss er schon ein sehr eigenwilliger Mensch gewesen sein. Die legendäre Seefahrerschule, an der Gelehrte aus aller Herren Länder ihr Wissen und Können in den Dienst Heinrichs stellten, existiert nicht mehr. Auch sein Palast ist nicht erhalten. 1587 zerstörte der englische Freibeuter Francis Drake die Anlage, den Rest besorgte das Erdbeben von 1755. Das heutige Sagres lebt also nur noch von der Erinnerung an etwas, das nicht einmal fassbar ist. Dennoch: Wer sich der Bedeutung dieser Entdeckungsfahrten bewusst ist, kommt nicht umhin, in Sagres eine besondere Stimmung zu spüren.

Heinrich der Seefahrer

1394 wurde Henrique als vierter Sohn Königs Joãos I., das heißt ohne Aussicht, den Thron beerben zu können, in Porto geboren. Mit 20 Jahren unternahm er seine erste und einzige Seereise: Mit Truppen setzte er nach Nordafrika über und eroberte Ceuta von den Mauren zurück. Auch wenn Henrique selbst nicht segelte – sein Interesse galt ausschließlich der Seefahrt. 1420 wurde er Großmeister des Christusritterordens und damit Erbe eines immensen Vermögens, das er voll in die Entwicklung neuer Schiffe, Erforschung von Gezeiten, Sammlung von Reiseberichten und in die Verbesserung von Navigationsgeräten steckte. In Lagos waren seine Werften, in Sagres sozusagen die wissenschaftliche Abteilung. Henriques Ziel war es, Afrika zu umsegeln, damit einen neuen Handelsweg nach Indien zu finden und in der von Kolumbus entdeckten Neuen Welt Brasilien für Portugal zu erobern. Unter seiner Ägide wurden 1431 die Azoren entdeckt, 1433 das *Cap Bojador* erreicht (in der heute von Marokko besetzten Spanisch Sahara) und 1444 *Cap Vert* im Senegal. Seine Kapitäne verpflichtete er, detaillierte Bordbücher zu führen und regelmäßige Messungen anzustellen. Die unter seiner Aufsicht entwickelten Karavellen trugen weiße Segel mit dem roten Kreuz des Christusritter-Ordens. Heinrich der Seefahrer starb 1460 in Sagres, ohne die Erfüllung seiner Träume zu erleben: Die Umsegelung des Kaps der Guten Hoffnung gelang Bartolomeu Dias erst 1487, den Seeweg nach Indien entdeckte Vasco da Gama 1498.

_____ **Sehenswert**

Es gibt Historiker, die die Existenz einer Seefahrerschule in Sagres inzwischen in Frage stellen. Tatsächlich ist es schon erstaunlich, dass es überhaupt
keine Spuren davon geben soll. Das einzige Indiz ist
eine Windrose mit einem Durchmesser von 43 Metern,
die in der _Fortaleza de Sagres_ entdeckt wurde. Die
Festung weit draußen auf dem Felsplateau über dem
Meer soll an jener Stelle stehen, an der sich Heinrichs
Palast befand. Sie wurde im 18. Jahrhundert erbaut
und mehrmals verändert. Bei einer dieser Umbau-
aktionen kam 1928 die Windrose im Pflasterbelag
zutage. Die ehemaligen Pferdeställe und ein schlich-
ter Neubau dienen heute als Museum, das an den
„Seefahrer" erinnert, aber auch über die besondere
Geologie, Flora und Fauna in dieser harschen Region
informiert (Mai–Sept., 10–20.30 Uhr, Winter 10–
18.30 Uhr, Eintritt).

_____ **Service Sagres**

Information **Posto de Turismo**, Rua Commandante Matoso, Tel. 282-
624873.

Unterkunft **Pousada do Infante,** Tel. 282-620240, Fax 282-624225,
www.pousadas.pt, DZ ab 80 €. Eigentlich ein Muss, wenn
man sich wie Dom Henrique fühlen will. Der Blick aufs to-
bende Meer ist fantastisch, der Pool angenehm, das
Restaurant serviert sehr gute Fischküche.

Pontalaia, Rua Infante Dom Henrique, Tel. 282-620280,
www.pontalaia.pt, Apartment für zwei ab 70 €. Moderne,
geschmackvolle Apartmentanlage mit Pool und gutem
Restaurant.

Albergaria dos Mareantes, Rua Patrão António Faustino,
Tel. 282-620260, Fax 282-620261, http://mareantes.
com.sapo.pt. Nettes Familienhotel mit einfachen, ordent-
lichen Zimmern und einem angeschlossenen Restaurant. DZ
ab 60 €.

Hafen von
Sagres

Essen und Trinken

Vila Velha, gleich neben der Pousada, Tel. 282-624788, Montag Ruhetag. Gemütliches britisches Ambiente und gute Küche, auch leckere Kleinigkeiten wie Omelette mit Zucchini und Feta. Mittel.

Bossa Nova & Dromedário, Av. Commandante Matoso, Tel. 282-624219. Im Restaurant Bossa Nova gibt's Pizza, Pasta und Snacks in legerem Ambiente. Die Bar Dromedário ist der Hot Spot des Nachtlebens. Preiswert.

agua salgada, Av. Commandante Matoso, Tel. 282-624297. Witziger Mix aus modernem und rustikalem Stil. Es gibt Toasts, Baguettes, Crêpes und frisch gepresste Säfte. Legendär ist das Frühstück! Preiswert.

Warung, Rua do Mercado, Tel. 282-624432, www.myspace. com/warungsagres. Auch Sagres passt sich den Trends an, deshalb gibt es hier nun auch eine Chill-out-Location mit Liegen und Reggae. Warum nicht? Surfen strengt an!

Baden, Sport und Ausflüge

Das Kap von Sagres ist von mehreren Strandbuchten gesäumt. Welche gerade die empfehlenswerteste ist, hängt von Witterung und Strömungen ab.

Sagres Natura, Tel. 282-624072, www.sagresnatura. com. Organisiert Mountainbike- und Kanu-Touren, Bodyboard-Unterricht.

Mar Ilimitado, Porto da Baleeira, Rua do tonel 1, Tel. 282-624842, www.marilimitado.com. Bootstouren zur Delphinbeobachtung.

Sagres Umgebung

Cabo de São Vicente

Am südwestlichsten Punkt des europäischen Festlands, sechs Kilometer westlich von Sagres, ragen die Felsen 60 Meter hoch aus dem Meer. Bereits im 16. Jahrhundert wurde hier eine Festung mit Leuchtturm erbaut, die wie jene von Sagres Francis Drake zum Opfer fiel. Die heutige Anlage stammt aus der Mitte des 19. Jahrhunderts.

Felsküste am südwestlichsten Punkt von Europa

Einsamer Strand,
Costa Vicentina

Vila do Bispo und Costa Vicentina

Das ruhige Örtchen **Vila do Bispo** liegt ein Stück landeinwärts und ist Ausgangspunkt für Erkundungsfahrten entlang der *Costa Vicentina*. Sehenswert ist die kleine Pfarrkirche mit blauem Azulejo-Schmuck. Die Küstenlinie westlich und nördlich gehört zum *Parque Natural do Sudoeste Alentejano e Costa Vicentina*. Der rund 80 Kilometer lange Streifen ist geprägt vom Wechsel von Sandbuchten und Felsklippen aus Kalk und Schiefer. In diesen Klippen nisten, einzigartig auf der Welt, Weißstörche. Dass Otter wie hier im Meer leben, ist relativ selten. Nirgendwo sonst in Portugal gibt es eine so große Anzahl besonders schützenswerter und endemischer Pflanzen. Während sich der Süden eher karg präsentiert, säumen Haine von Eukalyptus, Pinien, Johannisbrotbäumen und Kiefern die Straße nach Norden.

Die große Attraktion dieser Küste sind natürlich die Strände, wobei die meisten Buchten eher Surfer denn Schwimmer begeistern. Eine gute Infrastruktur mit Surfshops, Cafés und einem kleinen Supermarkt bietet der Fischerort **Carrapateira** auf einer Anhöhe. Noch umgibt das Dorf das charmante Flair einer traditionellen Siedlung, in der ein paar Aussteiger bunte Kontrastpunkte setzen. Dass es sich ändern wird, ist aber vorauszusehen. Die beiden Strände des Dorfes sind eingerahmt von roten Klippen, im Sommer parken Wohnmobile am Rand der Dünen. Auf dem Weg zur nördlichen **Praia da Bordeira** liegt das sympathische *Bamboo*, eine Café-Bar mit vier liebevoll eingerichteten Fremdenzimmern, erbaut aus Lehm und Öko-Baustoffen und geführt von einem deutsch-portugiesischen Paar.

Bamboo, Praia do Carrapateira, Tel. 282-973323, 969-009988, DZ um 55 €.

Pensão
das Dunas

Im Stil eines alternativen Bauernhofes führen Daniele und Dany ihre *Pensão das Dunas* (Rua da Padaria 9, Tel./Fax 282-973118, DZ/App. 50–60 €). Zum Essen geht die Szene ins *O Sítio do Rio* an der Praia Bordeira (Tel. 282-973119, Dienstag Ruhetag, mittel).

Ein Stück nach Nordosten grüßt die Burgruine von **Aljezur** von einem Hügel aus. Das gleichnamige Flüsschen säumt die Altstadt und strebt dann dem Atlantik zu. Die von weiß gekalkten Häusern gesäumte Rua João Dias Mendes mündet in einen hübschen, palmbestandenen Hauptplatz. Der Aufstieg zur Burg, die im 10. Jahrhundert von Mauren errichtet wurde, wird durch ein eindrucksvolles Landschaftspanorama belohnt. Einkehren können Sie im *Pont'a Pé* an der Brücke zwischen Alt- und Neustadt bei fangfrischem Fisch und Meeresfrüchten oder der lokalen Spezialität, Bohnen mit Süßkartoffeln. Nördlicher Endpunkt des Naturparks ist **Odeceixe** (s.S. 181).

Pont'a Pé,
Largo da Liberdade 16, Tel.
282-998104,
mittel.

Tipp **Muxima Montes Ferreiros,** Tel. 282-995420, www.muxima-montesferreiros.com, DZ ab 90 €. Die ländliche Unterkunft in der Nähe von **Aljezur** besteht aus einem Haus im Tal und einem zweiten etwas weiter bergauf. Die Zimmer tragen marokkanische Namen und sind rustikal und geschmackvoll eingerichtet. Ideal für Individualisten und Leute, die Einsamkeit und Ruhe schätzen.

Zwischen Portimão und Albufeira

Hier tobte die touristische Erschließung der Algarve in den 1970er Jahren und damit ist auch gleich gesagt, dass mit vielen britischen Urlaubsgästen zu rechnen ist. Die Küste ist auch hier geprägt von

Sandbuchten zwischen imposanten Klippen. Dahinter erheben sich aber nicht selten Hoteltürme, deren beste Zeit längst vorbei ist. Aber es gibt auch hübsche, der Umgebung angepasste Anlagen und zahllose Golfplätze, und nur ein paar Kilometer weiter im Hinterland ist die Welt ist wieder in Ordnung. Romantische Städte mit maurischen Wurzeln und das Bergland von Monchique sorgen fürs entspannende Kontrastprogramm zum Küstenrummel.

Portimão

Man könnte die alte Fischer- und Hafenstadt (40.000 Einwohner) ohne weiteres als Katastrophe bezeichnen: Hier wurden die größten Bausünden der 1970er Jahre begangen, entsprechend sieht der Ort aus, und so ist auch die Stimmung zwischen Fish&Chips-Buden und Pubs. Diejenigen, die in Portimão selbst Urlaub machen, sind angesichts des Rummels, des ständigen Verkehrschaos und des Lärms nicht zu beneiden. Die meisten Feriengäste steigen im angrenzenden Ferienvorort **Praia da Rocha** ab, wo die betonierte Urbanisierung wie eine Krake weit ins Landesinnere ausgreift. Die Leser mögen uns verzeihen, dass wir für diesen sehr beliebten Teil der Algarve wenig Sympathie aufbringen. Der einzig reizvolle Teil Portimãos ist wohl das alte Hafenviertel unterhalb der alten Brücke über den *Rio Arade*.

Service Portimão

Information

In den 1970er Jahren wurde an der Algarve hoch gebaut

Posto de Turismo, Av. Zeca Alonso, Tel. 282-470732, www.cm-portimao.pt.
Posto de Turismo de Praia da Rocha, Estrada da Rocha, Tel. 282-419132.

Unterkunft   In Portimão selbst gibt es nur einige sehr einfache Pensionen oder unattraktive Stadthotels. Über das Angebot in Praia da Rocha informieren die Kataloge aller Pauschalreiseveranstalter. Im nahen Caroveiro ist die *Quinta do Paraíso* (s.S. 121) empfehlenswert. Auf halbem Weg nach Albufeira erwartet den Gast im *Hotel Vilalara* ein perfektes Wellnesshotel. Jüngstes Resort ist das luxuriöse *Nikki Beach,* postmodern eingerichtet und um einen Pool gruppiert. Hier finden allerdings ab und an die berühmten Nikki-Beach-Parties statt, dann wird's laut.

Essen und Trinken   **Pearl** im Nikki Beach Portimão, Tivoli Arade Hotel & Marina, Tel. 282-460200, www.nikkibeach.com. Portimão kann auch ganz mondän sein: Im Pearl liegt der Zeitgeist in der Luft, auf der Karte steht Sushi und was sonst noch gerade kulinarisch angesagt ist. Teuer.

Forte e Feieo, Largo da Barca 1, Zona Ribeirinha, Tel. 282-413809. Unterhalb der Brücke und in einer ehemaligen Fischfabrik gelegen. Spezialitäten sind natürlich die Gaben des Meeres. Versuchen Sie eine *Cataplana de peixe* oder den Bohneneintopf *Feijoada de buzinas*. Mittel.

Unicórnio, Rua Direita 60/62, Tel. 282-484014. Alle Produkte, die in diesem vegetarischen Restaurant verwendet werden, stammen aus biologischem Anbau. Freundliche Atmosphäre. Mittel.

> **Tipp Sardinhas satt:** An den Grillständen nördlich der Brücke gibt's die Lieblingsspeise der Portugiesen, gegrillte Sardinen. Man isst sie mit Brot und Salat. Preiswert.

Portimão Umgebung

Ferragudo

Voilà das Postkartenidyll: Ein weißes Dörfchen auf einem Hügel über dem Fluss *Arade* und der Küste, ein paar Restaurants, eine Burg und einige moderne Apartmentanlagen entlang der geschützten *Praia Grande*. Romantisch, aber leider auch sehr teuer isst man im *Sueste* (Rua da Ribeira 91, Tel. 282-461391, teuer), z.B. eine köstliche *Cataplana de mariscos*.

Praia dos Três Irmãos

Der Paradestrand der Algarve, 15 Kilometer Sandstrand zwischen malerischen rotbraunen Felsklippen westlich von Portimão.

Carvoeiro

Der Fischerort östlich von Portimão hat trotz der vielen Ferienanlagen in der Umgebung sein besonderes Flair bewahrt. Zu Füßen zweier hoher Felsklippen liegt

Fußweg durch die Felslandschaft nahe Carvoeiro

Quinta do Paraíso, Praia do Carvoeiro, Tel. 282-350120, Fax 282-350129, www.quinta-do-paraiso.com, Apartment um 80 €

ein ziemlich schmaler, tief in die Bucht greifender Sandstrand, auf dem stets ein paar Fischerboote liegen. Die steilen Gassen des Ortes sind gesäumt von Pensionen, Restaurants und Cafés, ohne überlaufen zu wirken. Parkmöglichkeiten gibt es im Ort allerdings kaum. Gleich am Strand sitzt man nett im *Matabixo* (Rua do Barranco 2, Tel. 282-089856, preiswert), wo's neben Getränken auch ein paar Häppchen für den kleinen Hunger gibt. Mediterran-elegant sind Ausstattung und Küche im *Primavera Jardim* (Rua das Flores 2, Tel. 282-358342, mittel). Die italienischen Spezialitäten, die dort gereicht werden, bieten eine Abwechslung zur portugiesischen Küche. Eine sympathische, einfache Unterkunft bietet der Karate- und Tai-Chi-Lehrer João Trindade im *Castelo Guesthouse* (Tel. 282-357416, www.ocastelo.net, DZ ab 55 €).

Unter den vielen Ferienanlagen im Umfeld von Carvoeiro empfehlen wir die Apartmentanlage *Quinta do Paraíso,* einen gut gepflegten Komplex mit mehreren Restaurants, Pools und Unterhaltungsprogramm. Besonders Familien mit Kindern werden sich in der lebhaften, aber nicht lauten Umgebung wohlfühlen.

Die Küste zwischen Portimão und Albufeira

Die kleine Bucht mit dem Strand von Carvoeiro

Zwischen Carvoeiro und Armação de Pêra prägen kleine, von hohem Fels gesäumte Buchten das Bild – sehr malerisch, teils aber nur zu Fuß zu erreichen. Im Hinterland oberhalb der Strände befinden sich ausgedehnte Hotel- und Apartmentanlagen.

Im landeinwärts liegenden **Pêra** findet jedes Jahr im Sommer das Sand-Skulpturenfestival *Mitologias* statt.

Der erste Ort mit etwas Authentizität ist **Armação de Pêra,** der im 17. Jahrhundert gegründet wurde und im 18. Jahrhundert eine kleine Festung erhielt. Heute ist er ganz auf den mittel- oder nordeuropäischen Gast eingestellt. Westlich des Ortskerns thront die weiße *Senhora da Rocha* auf ihrem Felsen, eingerahmt von einer Festung, die auf römischem Fundament steht. Das Kirchlein soll auf eine westgotische Kultstätte aus dem achten Jahrhundert zurückgehen. Auffällig ist ihre konische, wie ein Spitzdach geformte Kuppel auf achteckigem Grundriss. Am Fuße der Kirche liegt die nach ihr benannte Strandbucht.

Unterkunft

Geradezu monumental wirkt der große touristische Platzhirsch hier, der Komplex *Vila Vita Park* mit Golfplatz und allem, was sonst noch zu einem kompletten Urlaubspaket gehört. Charmanter, aber in ähnlicher Preislage angesiedelt, ist die Wellness-Anlage *Vila Lara*.

Vila Lara, Praia das Gaviotas, Porches, Tel 282-320000, Fax 282-320077, www.vilalararesort.com, DZ um 300 €. Was die Vila Lara gegenüber anderen Hotelkomplexen auszeichnet, ist, dass man hier in jedem Detail spürt, dass Apartments und Hotel über einen längeren Zeitraum gewachsen sind und nicht aus dem Boden gestampft wurden. Das gilt auch für den grandiosen Garten, der übrigens zahllosen Vögeln eine Heimstatt bietet. Die Vila Lara setzt noch ganz traditionell auf klassische Thalasso-Behandlungen. Die Küche kocht herzhaft, aber auch Kalorienreduziertes auf allerhöchstem Niveau. Der Strand ist ein Traum (Last Minute- und Sonderangebote beachten!).

Casa Bela Moura, Estrada de Porches, Alporchinhos, Tel. 282-313422, Fax 282-313025, www.algarve.be, DZ um 70 €. Charmantes Turismo Rural, wobei sich das Attribut „ländlich" auf die Lage ein Stück landeinwärts bezieht. Geschmackvoll eingerichtete Zimmer und ein großer Pool im Garten sorgen fürs Wohlbefinden, ebenso wie das nette belgische Besitzerpaar.

Von Armação nach Osten wird die Küste offener, die Strände sind weiter und von Dünen gesäumt. An vielen Stellen begrenzen Kiefernwälder die Dünen und darin bzw. dahinter liegen große Ferienanlagen und Golfplätze. An den meisten Stränden erleichtern Holzstege und Brücken den Weg über den Sand bis zur Wasserlinie. Empfehlenswerte Strände sind z.B. *Praia do Castelho* und *Praia da Galé;* dort befindet sich auch die gleichnamige Hotelanlage.

Albufeira

Albufeira hat im Gegensatz zu Portimão das Privileg, an einem besonders schönen Strandabschnitt der Algarve zu liegen. Das Städtchen, ursprünglich ein Fischerdorf, thront malerisch auf den Felsklippen, die den Stadtstrand *Praia dos Pescadores* säumen. Dass es lange Zeit ein Geheimtipp war, ist Albufeira heute allerdings nicht mehr anzusehen, der Tourismus prägt das Stadtbild. Dennoch lohnt ein Bummel durch die Fußgängerzone zwischen den weiß gekalkten Häuschen, in denen Lokale und Boutiquen um die Gunst der Touristen werben. Hübsch ist die **Igreja Sant'Ana** aus dem 18. Jahrhundert. Einen Moment der Besinnung können Besucher des **Museu de Arte Sacra** in der Kirche São Sebastião erleben: Ihre Ausstellungsräume sind mit wunderbaren Azulejos geschmückt und gregorianische Gesänge erklingen. (Praça Miguel Bombarda, Di–So 14–24 Uhr, Eintritt).

Kinderspaß

Der **Zoo Marine** macht sicherlich der ganzen Familie Spaß. Anders als es der Name verspricht, sind hier nicht nur Meerestiere zu sehen. Doch auch das Aquarium allein lohnt mit seiner Artenvielfalt einen Besuch. Außerdem gibt's Riesenrutschen und Karussells und als Höhepunkt eine Delphinshow. Estrada Nacional 125 in Guia, April–Okt., tgl. 10–17, Juli–Sept. bis 19.30 Uhr, im Winter nur Di–So 10–17 Uhr, Eintritt, www.zoomarine.pt.

Große und kleine Buchten säumen die Felsalgarve – Strand bei Albufeira

Innenstadt von
Albufeira

Service Albufeira

Information   **Posto de Turismo,** Rua 5 de Outubro, Tel. 289-585279,
www.cm-albufeira.pt.

Unterkunft   Die großen Strandhotels werden in den Katalogen der
Pauschalveranstalter ausführlich beschrieben.

Vila São Vicente, Largo Jacinto d'Ayet, 4, Tel. 289-583700,
Fax 289-583708, www.sao-vicente-hotel.com. Das Hotel in
Panoramalage bietet einen Ausblick auf Altstadt und Küste.
Komfortable Zimmer, Pool und Restaurant mit kleinen
Gerichten gehören dazu. DZ ab 75€.

Essen und   **A Barraca do Evaristo,** Praia do Evaristo, Tel. 289-591 666.
Trinken   Eine einfache Strandbude hat sich hier zum eleganten Re-
staurant direkt am Strand von Evaristo gemausert. Probieren
Sie die Spezialität des Hauses, *Lula à Evaristo.* Teuer.

Moiras Encantadas, Rua Miguel Bombarda 2, Paderne, Tel.
289-368797. Exzellente, für die Algarve typische Küche mit
brasilianischen Anklängen. Man sitzt in gemütlichen Gewölben. Empfohlen wird *Galinha cerejada com figos e amên-
doas,* Hühnchen auf Feigen und Mandeln. Teuer.

Tres Coroas, Rua do Correio Velho 8, Tel. 289-512640. Das
Restaurant in einem der ruhigeren Teile von Albufeira ver-
sprüht Authentizität, zu der der kontaktfreudige Wirt nicht
unwesentlich beiträgt. Unbedingt Sardinen probieren!
Mittel.

Os Azeiteiros, Cais Herculano 15, Tel. 289-512356. Das
Fischlokal am ehemaligen Fischmarkt setzt auf fangfrische
Qualität zu relativ günstigen Preisen. Mittel.

Nachtleben   **Spots,** Praia dos Alemães, Tel. 289-515204. Früher ein einfaches Restaurant der lokalen Fischer entwickelt sich das
„Spots" heute immer mehr zum Szene-Treff.

> **Tipp Algarve Shopping:** Das monumentale Einkaufs-
> zentrum liegt an der N125 in Richtung Westen. Sie kön-
> nen nicht nur Produkte aller möglichen Marken kaufen,
> sondern auch ein Schnäppchen machen, z.B. im *Mundo
> do Zapato* mit sehr preiswerten Schuhen.

Im Hinterland: Von der Serra de Monchique nach Silves

Touristenrummel und Massenabfertigung lässt man hinter sich, sobald man die Algarve-Autobahn E1 von Süd nach Nord passiert hat. Im Hinterland kann man Kultur und Natur tanken.

Serra de Monchique

Dem sanften, in den höheren Gipfeln auch wild zerklüfteten Bergland nördlich von Portimão verdankt die Algarve ihr mildes Klima: Es wirkt als Barriere für den Zustrom der kühlen Atlantikluft. Die Berglandschaft ist vulkanischen Ursprungs, wie es die heißen Quellen beweisen, deren Heilkraft bereits von den Römern geschätzt wurde. Ein üppiges Baum- und Buschkleid bedeckt die Hänge, angefangen bei Kork- und Steineichen über Araukarien, Eukalyptus, Kiefern und Rhododendren. Die beiden höchsten Berge *Fóia* (902 Meter) und *Picota* (773 Meter) sind nicht nur lohnende Wanderziele, sondern auch herrliche Aussichtspunkte, von denen der Blick bis an die Küste, von der Fóia bei gutem Wetter auch bis zur *Costa Vicentina* im Westen reicht. Der Fóia-Gipfel ist zwar bequem mit dem Auto zu erreichen, enttäuscht ästhetisch allerdings durch eine von einem Antennen- und Mastenwald verschandelte Landschaft. Hauptort der Serra ist **Monchique,** ein eng bebautes Städtchen mit hübschem Hauptplatz und dem legendären Restaurant *Central,* dessen zufriedene Gäste der charmanten

Spuren eines Waldbrandes im Hinterland der Algarve

Eine Tapete von
Dankesbriefen
im Restaurante
Central

Besitzerin in zahllosen Dankesbriefen versichert haben, wie gut ihnen *Frango piri piri* geschmeckt habe. Nita Massano freut sich und tapeziert damit die Wände ihres Lokals.

Restaurante Central, Monchique, Rua da Igreja 5, Tel. 282-913160, mittel

Sechs Kilometer südlich von Monchique können Sie in **Caldas do Monchique** wie die alten Römer ihre müden Glieder in Thermalwasser entspannen. Mehrere Hotels und das Thermalbad bieten Unterkunft und Wellness, allerdings nicht im heute üblichen Sinn. Hier gilt noch die gute alte Kurtradition mit medizinischen Anwendungen. In Caldas de Monchique wird übrigens auch hervorragendes Mineralwasser abgefüllt.

Service Serra de Monchique

Information　　**Posto de Turismo,** Largo dos Chorões, Tel. 282-911189, www.cm-monchique.pt.

Unterkunft　　Fast alle Hotels in Caldas de Monchique gehören einem einzigen Unternehmen. Bis auf das **Hotel Termal** (es wurde in den 1970ern renoviert und wirkt etwas nüchtern) stammen alle Häuser aus dem 19. Jahrhundert. Ausstattung und Komfort sind gehoben, ebenso die Preise. Informationen zu **Hotel D. Carlos** (schönes Panorama, im Grünen über dem Ort gelegen), **Hotel Central** (mit antikem Mobiliar), **Estalagem D. Lourenço** (zentral, klein und gediegen, mit Restaurant) und den **D. Francisco Apartments** (gleich daneben) bekommen Sie auf der Homepage des Spa-Unternehmens. www.monchiquetermas.com.

Blick auf Caldas
de Monchique

Essen und Trinken	**A Charette,** Monchique, Rua Dr Samora Gil 30–34, Tel. 282-912142. Das Restaurant hat eine größere Auswahl als das oben erwähnte „Central", ist dafür aber auch nicht so originell. Mittel.
	O Tasco, Caldas de Monchique, Tel. 282-9109=0. Restaurant und gemütliche Wein-Bar an den Thermen. Mittel.
Aktivitäten	Die Serra wäre ein schönes Wandergebiet, allerdings gibt es leider nur wenige Wanderwege und sie sind zudem schlecht gekennzeichnet. Wer sich auf seinen Orientierungssinn verlassen kann, könnte von Monchique auf den Fóia wandern (fünf Stunden hin und zurück) oder den dichtbewaldeten Gipfel des Picota erklimmen.
	Alternativtour, Sítio das Relvinhas, Monchique, Mobil-Tel. 965-004337, www.alternativtour.com. Downhill von der Fóia und dann Kanufahren auf dem Lago Bravura; geführte Wander- und Klettertouren.

Silves

Die Mauren nannten ihre Stadt *Xelb*. Sie wurde im achten Jahrhundert gegründet und entwickelte sich schon bald zur kulturellen und politischen Hauptstadt der maurischen Algarve. Eine Festung mit Mauern bot Schutz vor Angriffen. Silves Standortvorteil war und ist der Fluss Arade. Zur Zeit der Mauren diente er als Handelsweg – die aus Nordafrika kommenden Schiffe befuhren ihn von seiner Mündung bei Portimão bis nach Silves, wo die Waren gehandelt wurden. Heute dient der aufgestaute Fluss der Bewässerung der Felder. Das historische Stadtzentrum und die schöne Lage am Fluss machen Silves zum Ziel fast aller Algarve-Rundfahrten.

Stadtrundgang

Den schönsten Blick auf die von einem mächtigen Kastell beherrschte Altstadt genießt man vom Ufer des Rio Arade, z.B. von der mittelalterlichen Brücke über den Fluss oder von ihrem modernen Pendant weiter östlich. Diese Brücke mündet auf die **Praça Al'Mutadit,** benannt nach einem muslimischen Gouverneur der Algarve aus dem elften Jahrhundert. Dieses Entrée hat die Stadt vor einigen Jahren ganz modern mit Skulpturen gestaltet, die an die tragenden Säulen der mittelalterlichen städtischen Wirtschaft erinnern: den Handel, den Fischfang und die Wissenschaften. Hier befindet sich auch der postmoderne Bau der 2008 eröffneten Bibliothek mit Multimedia-Raum und einem netten Café.

Bei Grabungsarbeiten kam mitten in Silves ein 18 Meter tiefer arabischer Brunnen aus dem zwölften Jahrhundert zu Tage. Dieser bildet nun das Kernstück der Ausstellung im **Museu de Arqueologia de Silves,** das außerdem prähistorische Artefakte wie Menhire zeigt und sich der römischen Epoche widmet. Schwerpunkt ist aber die islamische Abteilung, deren keramische Sammlung in ganz Portugal die größte und wertvollste ist (Rua das Portas de Loulé 14, Mo–Sa 9–18 Uhr, Eintritt).

Die Kulturgeschichte der Algarve nimmt auch die Ausstellung **Caminhos do Gharb** an der Praça Município auf. Multimediale Elemente und traditionelle Ausstellungsstücke wie Arbeitsgerät widmen sich den beiden wichtigen Themen „Wasser" und „Bauen" (Mo–Fr 9–13 u. 14–17 Uhr). Ihre Eindrücke können Sie in der komplett mit Azulejos getäfelten Cafeteria nebenan Revue passieren lassen. Die dekorativen Keramikkacheln schmücken auch die Fassaden mehrerer *palaços* an der Praça. Arkaden bieten Spaziergängern Schatten.

In der Altstadt sind noch Teile der **Stadtmauer** erhalten, z.B. entlang Rua 25 de Abril und Rua das Portas. Ein wieder aufgestellter Schandpfahl, *Peleurinho,* weist hier den Weg entlang der Rua da Sé bergauf. Sie endet an der **Kathedrale Sé,** die im 13. Jahrhundert am Fuße der Burg auf einer ehemaligen Moschee erbaut wurde, nachdem Silves von den Mauren zurückerobert worden war. Obwohl spätere Generationen manche baulichen Veränderungen an der Kirche vorgenommen haben, ist der ursprüngliche gotische Baustil am Hauptportal und im majestätischen Innen-

Panorama Altstadt Silves – im Hintergrund die Kathedrale und das Kastell

Auf der Wehrmauer des Kastells

raum noch erhalten und sichtbar. Mehrere berühmte Persönlichkeiten des ausgehenden Mittelalters sind in der Sé beigesetzt.

Schräg gegenüber überrascht die kleine **Igreja de Misericórdia** mit einem kuriosen Detail: Die Kirche selbst wurde im 16. Jahrhundert errichtet, ältere manuelinische Bauteile wurden integriert. Dazu gehört das seitlich über Bodenniveau eingemauerte Portal mit schönem Steinrahmen.

Elf Türme verstärken das größte **Kastell** der Algarve. Die Stadtburg wurde von den Mauren auf römischem oder westgotischem Fundament errichtet, das rund 12.000 Quadratmeter umschließt. Im Inneren gab es, so berichten Chronisten, einen Palast, der alle anderen an Schönheit übertraf. Eine von vier Säulen getragene Zisterne sowie unterirdische Speicherräume für Vorräte sind gut erhalten und Zeugnisse der arabischen Baukunst. (tgl. 9–19, im Winter 9–17 Uhr, Eintritt).

Am Fuße der Burg bezeugt die große, heute **Fábrica do Inglês** genannte Anlage die Bedeutung, die im Silves des 19. und 20. Jahrhunderts der Korkverarbeitung zukam. Mitte der 1990er Jahre wurde die Fabrik nach nahezu 100 Jahren geschlossen. Das nun darin untergebrachte **Museu da Cortiça** ist sehenswert und erläutert die Gewinnung und Verarbeitung von Kork. Zu sehen sind auch einige historische Maschinen (Rua Gregório Mascarenhas, www.fabrica-do-ingles.pt, Okt–April 9.30–12.45 u. 14–18.15 Uhr, Sommer 9.30–12.45 u. 14–20.45 Uhr, Eintritt). Der Rest des Fabrikareals widmet sich dem leiblichen Wohl: Cafeteria, Restaurant, Pizzeria etc. sind, was die Dimensionen angeht, auf Busladungen von Besuchern ausgerichtet.

Bronzestatue von Dom Sancho I., der 1189 mit Hilfe der Kreuzritter die Mauren aus Silves vertrieben hat.

Fábrica do Inglês
– ehemalige Kork-
verarbeitungs-
stätte, heute
Museumsareal

Service Silves

Information

Posto de Turismo, Rua 25 de Abril, Tel. 282-442255, www.cm-silves.pt.

Unterkunft

Colina dos Mouros, Pocinho Santo, Tel. 282-440420, Fax 282-440426, www.colinahotels.com. Das unlängst modernisierte Mittelklassehaus hat einen großen Garten, einen Pool und einen Traumblick auf die etwa 500 Meter entfernte Altstadt. DZ um 70 €.

Vila Sodré, Bairro Enxerim, Tel./Fax 282-443441. Das Residencial liegt an der Ausfallstraße in Richtung Lissabon, ist gut geführt und hat freundlich eingerichtete Zimmer. DZ ab 50 €.

Quinta do Rio, Sitio S. Estevão, Tel./Fax 282-445528. Einfache, ländliche Unterkunft fünf Kilometer außerhalb in Richtung Lissabon. Für alle, die Ruhe schätzen. Das italienische Besitzerpaar serviert Abendessen auf Vorbestellung – ein Fest wie bei *la mamma!* DZ ab 50 €.

Essen und Trinken

Rui Marisqueira, Rua do Comendador 27, Tel. 282-442682, Fax 282-445682. Seit mehr als 25 Jahren ist das elegant eingerichtete Restaurant unweit der Touristeninformation eine Institution in Sachen frischer Fisch und Meeresfrüchte. Teuer.

Café Ingles, Rua do Castelo 11, Tel. 282-442585. Ebenfalls eine Traditionsadresse unterhalb der Burg gelegen und mit herrlicher Aussicht. Die Küche ist schmackhaft. Mittel.

Bistro o Cais, Rua José Estevão 2, Tel. 282-448098. Das gemütliche Lokal in einem alten Stadthaus am Fluss gehörte früher einem bekannten Fado-Sänger. Die Karte hat einen leichten Asien-Einschlag, der die portugiesischen Gerichte angenehm veredelt. Mittel.

Casa Velha da Silves, Rua 25 de Abril 13, Tel. 282-445491. Traditionelle portugiesische Küche in der Altstadt. Das Essen ist gut, die Portionen sind großzügig. Mittel.

Faro und Umgebung

Faro ist der Hauptort der Algarve und mit seinem Flughafen auch von Touristen und Geschäftsleuten stark frequentiert. Das Marschland *Ria Formosa* verleiht der Landschaft ein ganz anderes Bild. Hier dominieren nicht Klippen und Buchten die Küste, sondern langgezogene Sandstrände, vorgelagerte Düneninseln und Wasserkanäle, die sich im Wechsel von Ebbe und Flut füllen. Die Region westlich von Faro wird gerne das „Goldene Dreieck" genannt. Hier bieten immens große Ferien- und Apartmentanlagen mit Golfplätzen und Spas eine perfekte Urlaubsinfrastruktur auf hohem Preis- und Komfortniveau.

① Stadtrundgang

1 Arco da Vila
2 Largo da Sé
3 Nossa Senhora da Assunção
4 Galerie Trem
5 Galerie Arco
6 Nossa Senhora do Repouso
7 Kirche São Francisco
8 Museu Etnográfico Regional
9 São Pedro
10 Igreja do Carmo
11 Museu da Marinha

Ⓐ Unterkunft

a Faro
b Estalagem Aeromar
c Residencial S. Algarve
d Apartamentos Vitória

Ⓐ Essen und Trinken / Nachtleben

e Mesa dos Mouros
f Suigeneris Restobar
g Sol e Jardim
h O Estaminé
i Art & Bar
j Os Artistas 🍸

Faro

Faro ist bzw. war so etwas wie eine ewige Konkurrentin von Silves. 713/14 wurde Faro von Abd el-Aziz erobert und zur ersten Hauptstadt des Gharb el-Andalus, der maurischen Algarve, gemacht. Nach einiger Zeit musste Faro diese Funktion an Silves abtreten, konnte sie unter christlicher Herrschaft aber zurückerobern. 1540 erhielt Faro das Stadtrecht, 1577 musste Silves auf den Bischofssitz zugunsten von Faro verzichten, denn die Stadt im Marschland Ria Formosa bot mehrere Vorteile: Der Hafen lag geschützt und sicher, vor den Toren wurde Salz gewonnen – damals ein wertvolles Handelsgut –, und aus dem Inland kamen landwirtschaftliche Produkte auf den Markt. Heute prägen Tourismus und Handel die Stadt. Der Universität verdankt Faro ihr lebhaftes und jugendliches Ambiente.

Stadtrundgang

Vila Adentro heißt jener Teil der Stadt, der noch vollständig von Mauern umgeben ist, die teils noch aus der maurischen Epoche stammen. Das nördliche Stadttor **Arco da Vila (1)** wurde allerdings Anfang des 19. Jahrhunderts von einem italienischen Architekten zu einer Art Triumphbogen umgebaut, in dessen Nische der hl. Thomas von Aquin die Passanten begrüßt. Gleich dahinter wird's maurisch, ein Hufeisenbogen erinnert an die muslimischen Erbauer. Abgesehen von den Monumenten und Museen ist der

Kreuzgang im Museumsbereich des Klosters Nossa Senhora da Assunçao

Altstadtkern eine eher enttäuschende Angelegenheit: Die zum größten Teil aus dem 19. Jahrhundert stammenden Gebäude dienen nicht als Wohnhäuser, in ihnen sind vielmehr zahlreiche Ämter und Büros untergebracht. Geht man die Rua do Município entlang, erreicht man den hübschen, von Bäumen gesäumten **Largo da Sé (2)** mit der **Kathedrale** von Faro.

Auch hier stand ursprünglich eine Moschee, in der Römerzeit war der Platz wahrscheinlich das Forum. Der festungsartige Turm sowie das Hauptportal stammen noch aus der Bauzeit im 13. Jahrhundert, die meisten anderen Teile des Gotteshauses wurden nach einem großen Stadtbrand im 16. Jahrhundert sowie nach dem Erdbeben 1755 ergänzt. Im Inneren ist die Rosenkranzkapelle mit schönen barocken Azulejos geschmückt (Mo–Sa 10–17 Uhr, im Sommer bis 18 Uhr).

Ein Stück weiter können Sie im **Museu Arqueológico Infante D. Henrique** der Geschichte Faros nachspüren. Das Museum ist im Kloster **Nossa Senhora da Assunçao (3)** untergebracht, dessen Renaissance-Kreuzgang alleine schon einen Besuch wert ist. Auffälligstes Exponat der römischen Abteilung ist ein 1976 in der Nähe des Bahnhofs gefundenes Mosaik, dass den Gott Oceanus, umgeben von den vier Winden, zeigt (Praça Alonso III, Di–Fr 10–18, Sa/So

Sommer in der Innenstadt von Faro, der heimlichen Hauptstadt der Störche, die sich sogar auf den Laternenmasten „häuslich" einrichten

In den Gassen
der Altstadt –
Rua do Rasquinho

12–18 Uhr, Eintritt). Wer sich für zeitgenössische portugiesische Kunst interessiert, ist in den beiden Galerien **Trem (4)** und **Arco (5)** genau richtig.

Durch die Rua do Repouso geht's nach Osten ins ehemaligen Maurenviertel Mouraria. Im maurischen Torbogen verbirgt sich die Einsiedelei **Nossa Senhora do Repouso (6),** dahinter öffnet sich der repräsentative *Largo de São Francisco* mit der dem Heiligen geweihten **Kirche (7)** des Terceira-Ordens. Blau-weiße Azulejos erzählen an den Wänden bedeutende Ereignisse aus dem Leben des São Francisco. Durch die Gassen des Maurenviertels erreicht man das **Museu Etnográfico Regional (8)** mit einer interessanten, wenn auch kaum kommentierten Ausstellung historischer Fotografien, traditioneller Arbeitsgeräte, Modellen typischer Algarve-Häuser und Darstellungen historischer Landwirtschafs- und Fischfangtechniken (Praça da Liberdade 2, Tel. 289-827 610, Mo–Fr 9–12.30 u. 14.30–17 Uhr, Eintritt).

Bairro Ribeirinho, das Viertel am Ufer, schließt nördlich an die Altstadt an. Hier sind zwei weitere Kirchen bemerkenswert: **São Pedro (9)** mit reichem Barockschmuck und Azulejos sowie die **Igreja do Carmo (10)** mit üppiger Talha dourada-Dekoration und einer Knochenkapelle hinter der Sakristei (Di–So, Mai–Sept. 10–13 u. 15–18 Uhr, Okt.–April bis 17 Uhr, Eintritt). Freunden der Seefahrerei sei zum Abschluss noch das **Museu da Marinha (11)** ans Herz gelegt. Es zeigt Schiffsmodelle, historische Seekarten, präparierte Fische und einen Nachbau der Karavelle São Gabriel.Mit ihr entdeckte Vasco da Gama den Seeweg nach Indien (Doca de Faro, Mo–Fr 14.30–16 Uhr, Eintritt).

Service Faro

Information   **Posto de Turismo**, Rua da Misericórdia, Tel. 289-803604, www.cm-faro.pt.

Verkehr   **Aeroporto:** sieben Kilometer westlich von Faro in der Lagune gelegen, Tel. 289-800801, www.ana-aeroportos.pt. Charter- und Linienflüge. EVA-Busse fahren ins Stadtzentrum.
Bahn: Largo da Estaçao, Tel. 289-822769, Bahnlinien von Vila Real nach Lagos und in Richtung Lissabon.

Bus: Av. da República, Tel. 289-899760. Busse der EVA in Richtung Lissabon sowie zu den Städten an der Algarve, zum Flughafen sowie zur Ilha de Faro und zu weiteren Stränden (www.eva-bus.pt). Busse von Rede Expressos nach Beja und Lissabon (www.rede-expressos.pt).

Fähre: Minicruzeiro Ria Formosa, Tel. 917-761251, www.minicruzeiro-riaformosa.com. Im Sommer häufige Abfahrten an der Porta Nova (westlich der Altstadt) in Richtung Ilha Deserta und Ilha de Farol.

Unterkunft

Faro (a), Praça D. Francisco Gomes 2, Tel. 289-330830, Fax 289-830 829, www.hotelfaro.pt. Modernes Design und gehobener Komfort in schöner Lage am Hafenbecken. Im Sommer kostenloser Fährdienst zur Ilha Deserta. DZ ab 80 €.

Estalagem Aeromar (b), Av. Nascente 1, Praia de Faro, Tel. 289-817189. Komfortables und familiäres Hotel an der Praia de Faro. Blick auf die Ria Formosa. DZ ab 80 €

Residencial S. Algarve (c), Rua Infante D. Henrique 52, Tel. 289-895700, Fax 289-895703, www.residencialalgarve.com. Zentral gelegen in einem historischen Stadthaus, angenehm eingerichtet. DZ ab 50 €.

Apartamentos Vitória (d), Rua Serpa Pinto 6C, Tel. 289-806533, www.apartamentosturisticosvitoria.com. Nett eingerichtete Apartments im Stadtzentrum. Studios für zwei Personen ab 40 €.

Essen und Trinken

Mesa dos Mouros (e), Largo da Sé 10, Tel. 289-878873. Vor allem abends sitzt man hier vor der Kulisse der Kathedrale sehr angenehm. Auf der Karte stehen schmackhafte Gerichte wie *cataplana* vom Schwein oder brasilianische *picanha,* die besten Rindfleischstücke. Teuer.

Suigeneris Restobar (f), Av. Nascente 6, Praia de Faro, Tel. 289-818996, www.suigeneris.pt. Die minimalistisch eingerichtete Restobar an der Praia de Faro ist angesagt, so wie auch die Speisekarte, auf der man z.B. Bacalhau-Carpaccio findet. Ab 24 Uhr verwandelt sich das Restaurant in eine Disco. Teuer.

Sol e Jardim (g), Praça Ferreira de Almeida 22, Tel. 289-820030. Ramsch und Antiquitäten bilden den Rahmen für gute portugiesische Küche mit Schwerpunkt Fisch. Mittel.

Jardim Manuel Bivar aus Richtung Praça Dr. Francisco Gomes

O Estaminé (h), Ilha Deserta, Praia de Barreta. Das Restaurant betreibt die Agentur Ilha Deserta, die Touren auf die Insel Ilha Deserta und durch die Ria Formosa anbietet. Es gibt die traditionelle Küche der Region und Drinks aus Brasilien. Mittel.

Art & Bar (i), Rua do Repouso 8, Tel. 289-801451. Tapas und andere kleine Leckereien in modernem Ambiente im Stadtzentrum. Mittel.

Nightlife   **Os Artistas (j),** Rua do Montepio 10, Tel. 289-822988. Entspannte Bar, Kulturzentrum, Veranstaltungsort: Hier trifft sich die gehobene Szene von Faro.

Aktivitäten   Geführte Ausflüge, Vogelbeobachtung, teils auch Kajaktouren in die Ria Formosa organisieren *Ilha Deserta,* Mobil-Tel. 917-811856, www.ilha-deserta.com, und *Lands,* Rua Bento de Jesus Caraça 22, Tel. 289-817466, www.lands.pt.

Golf   Gleich fünf Greens in unmittelbarer Nähe: *Vale do Lobo* mit den Plätzen Ocean und Royal, jeweils 18 Loch, sowie *Quinta do Lago* mit einem Süd- und einem Nord-Kurs, ebenfalls jeweils 18 Loch. Außerdem gibt es den angrenzenden 18-Loch-Green *São Lourenço*. Infos unter www.algarve-golf.com oder www.algarve-portal.com.

Naturpark Ria Formosa

Der *Parque Natural de Ria Formosa* beginnt etwas westlich von Faro und erstreckt sich mit 18.000 Hektar entlang der Küste bis nach Vila Real an der spanischen Grenze. Es ist ein Marschland, das von mäandernden Wasserkanälen, Sandbänken und Inseln geprägt ist und Zugvögeln als Raststation dient. Deshalb und wegen der ständig im Naturpark lebenden seltenen Vogelarten, wie etwa dem Purpurhuhn, gilt die Ria als exzellentes Vogelbeobachtungsgebiet. Die Sandbänke verändern im Spiel der Gezeiten und starker Winde beständig ihre Form. Ebbe und Flut prägen nachhaltig das Landschaftsbild: Mal läuft man über ausgetrocknete Kanäle, in denen man mit jedem Schritt Krebse aufscheucht, dann wieder heißt es, große Wasserflächen mit dem Boot zu überqueren. Funde, die teilweise aus einer Zeit noch vor der Besiedelung durch die Römer stammen, belegen, dass die Ria schon sehr lange bewohnt wird. Heute ist die wirtschaftliche Nutzung, besonders aber der Fischfang, stark eingeschränkt. Einige der Inseln, wie die *Ilha de Faro,* sind beliebte und im Sommer sehr belebte Strände mit Restaurants und Hotels; andere, wie die *Ilha Deserta* mit dem Barreta-Strand, sind eher etwas für jene, die die Ruhe schätzen. Mehrere Agenturen und Veranstalter haben Touren durch das Naturschutzgebiet im Angebot (s. Aktivitäten).

„Park im Naturpark": Gezeitenmühle, Lehrpfad, Vogelbeobachtung und Infozentrum im Reservat **Quinta de Marim**, zwei Kilometer östlich von Olhão.

Faro Umgebung

Vale do Lobo und Quinta do Lago

Die beiden exklusiven Hotel- und Apartmentanlagen von gigantischem Ausmaß und absolut künstlichem Flair liegen westlich von Faro und sind umgeben von den oben beschriebenen Golfplätzen. Als Enklaven von Promis und Reichen säumen sie wunderschöne Strandabschnitte, an denen sich die Bewohner der Ressorts aber nur selten blicken lassen – es sei denn, sie möchten abgelichtet werden.

Tipp: Palácio de Estói

Der Rokoko-Palast und sein am Versailler Vorbild orientierter Park befanden sich seit vielen Jahren in einem bedauerlichen Zustand des Verfalls. Die Wasserbecken und Springbrunnen vermoosten, der Park verwilderte, und die Rokoko-Fassade des Schlösschens ließ die ursprüngliche Schönheit kaum noch erkennen. Seit 2005 gab es Pläne, den Palast in eine Pousada umzuwandeln. Im Frühjahr 2009 war es endlich so weit. Diese Pousada ist sicherlich eine der bezauberndsten und faszinierendsten von Portugal, denn die Gästezimmer sind in einem postmodernen Komplex untergebracht, der erstaun-

lich gut mit dem verspielten Palast korrespondiert. Palast und Park sind wiederhergestellt und können nun von Besuchern ohne Gefahr, von abbrechendem Gemäuer getroffen zu werden, besichtigt werden. Pousada Palácio de Estoi, Rua São José, Estoi, Tel. 289 990 150, Fax 289 994 026, www.pousadas.pt, DZ ab 230 €.

Eingangsportal des Palácio de Estói

Azulejo-Orgie

St. Lourenço südlich des Städtchens Almancil in Richtung Faro auf einem Hügel gelegen, wurde im 15. Jahrhundert gegründet, lag Anfang des 18. Jahrhunderts aber mehr oder weniger in Ruinen, als angeblich ein Wunder die Bewohner der Region bewog, das Gotteshaus neu zu errichten. Zwei Meister wurden mit der Ausstattung beauftragt, die alles bisher Dagewesene in den Schatten stellte: Kaum ein Quadratdezimeter des Gotteshauses ist nicht von blau-weißen Azulejos bedeckt, die in großen Bildern vom Leben und Martyrium des St. Lourenço erzählen. Einziger Kontrast: Kostbarste Talha dourada am Altar und an einem Sims, der Wände und Tonnen-wölbung verbindet. Schwindelig wird einem, wenn man in die eben-falls mit Azulejos ausgekleidete Kuppel über dem Chor blickt (Mai–Sept. 10–13 u. 15–18 Uhr, Winter bis 17 Uhr, Eintritt).

Tipp Oberhalb des Bahnhofs von Almancil verbirgt sich der Gourmet-Tipp **A Quinta.** Der alte, sorgfältig restaurierte Bauernhof ist der richtige Rahmen für die ländlichen Rezepte. Lamm und Kalbsleber sind hier fast immer per-fekt zubereitet. Lassen Sie Platz für die Deserts! Rua Vale Formosa, Tel. 289-393357, teuer.

Loulé

Das Städtchen, rund 17 Kilometer landeinwärts von Faro gelegen, ist das Handwerkszentrum der Algarve. In den schmalen Gassen der Altstadt werkeln Schuster, Schmiede und Kunsthandwerker. Von der maurischen, später durch Portugiesen überbauten **Festung** stehen nur noch Ruinen. In einem Raum wurde eine **Cozinha Tradicional,** eine traditionelle Algarve-Küche nachgebaut (Mo–Fr 9–17.30 Uhr, Sa 10–14 Uhr, Eintritt).

Loulés Kirchen bergen keine herausragenden Schät-ze, weshalb man sich über die stark eingeschränkten Öffnungszeiten – die meisten sind nur von 7 bis 10.30 Uhr geöffnet – nicht ärgern muss. Besuchenswert ist aber der samstags stattfindende **Wochenmarkt,** zu dem Bauern, Ramschverkäufer und auch der eine oder andere Antiquitätenhändler aus der Umgebung an-reisen. Die neomaurische **Markthalle,** Mittelpunkt des Markttreibens, ist auch an allen anderen Tagen ein buntes, von Düften und Aromen durchzogenes Potpourri aus Obst, Gemüse, Fleisch, Würsten und

Fisch. Die frischen Produkte können Sie im Restaurant *A Muralha* unterhalb der Burg kosten (Rua Martim Moniz 41, Tel. 289-412629, mittel). Weitaus lebhafter und preiswerter geht es in der *Churrasqueira Angolana* zu. Hier sollte man das Kebab aus Meeresfrüchten probieren (Rua N. Senhora da Piedade 63, Tel. 289-463198, mittel). Die maurischen Wurzeln von Loulé passen in der orientalisch eingerichtete *Marroquia Bar* (Rua N. Senhora da Piedade 122, Tel. 289-463502) gut zu den Chill-Out-Compilations und Champagner-Cocktails. Bis vier Uhr morgens geöffnet.

Alte und Salir

Die beiden noch recht authentischen Städtchen nordwestlich von Loulé werden bei Ausflugstouren von den

Hotels der Algarve immer beliebter. Schmale Gassen zwischen weiß gekalkten Häusern, bunter Blumenschmuck und einige nette Restaurants laden zum Bummel und zur Spurensuche nach maurischen Wurzeln ein. Die sind allerdings nur in Salirs Castelo-Ruine zu orten. Ein Blick in die Igreja Matriz de Alte zeigt einen hübschen, in Gold und Himmelblau dekorierten Kirchenraum mit Azulejo-Schmuck in der Kreuzgratkuppel über

Das schmucke Bankgebäude von Alte

dem Chor. Die **Casa Memória d'Alte** ist zugleich Touristinfo, Museum und Souvenirshop (Estrada da Ponte 17, Tel. 289-418666). Zur Entspannung können Sie im wunderbar altmodischen *Água Mel* einen Kräutertee schlürfen und danach den köstlichen Honig kaufen (Largo José Cavaco Vieira, Tel. 289-478338, www.aguamel.net).

Straßencafé in Alte

Tavira und der Osten

Die flache, von vorgelagerten Inseln und Wasserkanälen gesäumte Küstenlandschaft setzt sich von
der Ria Formosa bis an die spanische Grenze nach
Osten fort. Hauptort dieser Region mit ihrem zeit-
los-stillen Reiz ist das Städtchen *Tavira* mit einem
zauberhaften Flusshafen, den typischen, pyrami-
denförmigen Dächern und einer der letzten Salzge-
winnungsstätten der Algarve.

Tavira

Würde man eine Schönheitskönigin unter den Algarve-
Städten wählen – Tavira gebührte die Krone! Die weiße
Stadt, malerisch drei Kilometer landeinwärts von der
Mündung des Rio Gilão am Fluss gelegen, ist zwar ein
immer beliebteres Touristenziel, doch kann das ihrem
Charme wenig anhaben. Die Region war wegen ihrer
ertragreichen Kupferminen bereits in der Jungsteinzeit
besiedelt. Die Stadt wurde unter römischer Herrschaft
als Mittelmeerhafen ausgebaut und erlangte unter
den Mauren zwischen dem 8. und dem 13. Jahrhundert
ihre Blüte. Nach der Reconquista 1242 wieder unter
christlicher Herrschaft, diente Tavira als Nachschub-
basis für die ab dem 15. Jahrhundert an der nordafrikanischen Küste stationierten portugiesischen
Truppen. Mitte des 17. Jahrhunderts sorgten eine
Pestepidemie und 1755 das Erdbeben für den Niedergang der einst größten Stadt der Algarve. Die Spuren
des bis Mitte des 20. Jahrhunderts betriebenen
Thunfischfangs und der damit verbundenen Konser-
venindustrie sind heute noch am Stadtrand zu sehen.

Brücke über
den Rio Gilão

Wie das westlichere Faro ist auch Tavira von einer schmalen Sandbank, der *Ilha de Tavira*, begrenzt. Hier befinden sich mehrere Strandhotels, zu denen regelmäßig Fährboote übersetzen.

Stadtrundgang

Almohaden:
Die mächtige arabo-berberische (maurische) Dynastie beherrschte Nordafrika und eroberte die Iberische Halbinsel im 12. und 13. Jh.

Wählen Sie die kürzlich geschmackvoll und modern umgestaltete **Praça de República (1)** zum Ausgangspunkt des Stadtbummels. Sie öffnet sich zum Rio Gilão und zur siebenbogigen Fußgängerbrücke über den Fluss, die auf römischen Fundamenten steht und deshalb **Ponte Romana (2)** genannt wird. Tatsächlich stammt sie in ihrer heutigen Form aus dem 17. Jahrhundert. Auf dem Platz wurde ein Stück der Almohaden-Stadtmauer ausgegraben. Hier soll in naher Zukunft ein islamisches Museum entstehen.

❶ Stadtrundgang
1 Praça de República
2 Ponte Romana
3 Igreja de Misericórdia
4 Palácio de Galeria
5 St. Maria
6 Festung
7 São José do Hospital
8 São Francisco
9 Nossa Senhora da Consolaçao
10 Biblioteka municipal Alvaro de Campos
11 Mercado da Ribeira
12 Igreja do Carmo

ⓐ Unterkunft
a Vila Galé Albacora
b Pousada do Convento da Graça
c Residencial Marès
d Residencial Lagôas

ⓐ Essen und Trinken
d Restaurant Bica
e Ver Tavira
f Alquimia
g Bistrot o Porto
h A Barquinha
i Aquasul
j Beira Rio
k Rive Gauche
l Kudissanga
m Vela 2

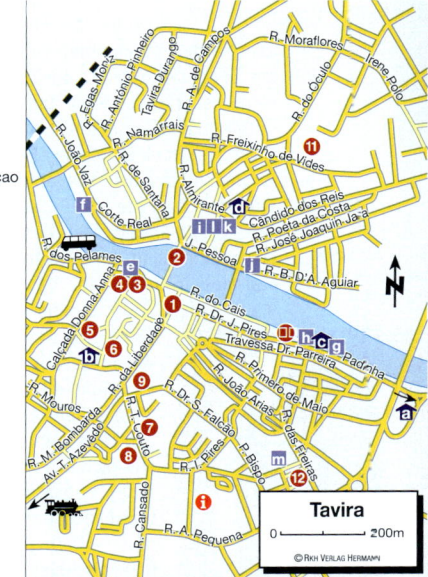

Tavira

0 _____ 200m

© RKH VERLAG HERMANN

Hinweis Tavira besitzt über 20 Gotteshäuser, doch die wenigsten sind geöffnet. Auch die im Weiteren beschriebenen Kirchen haben keine festen Öffnungszeiten. Am besten informieren Sie sich bei der Touristeninformation.

Tipp Es lohnt sich, die Stadt mit offenen Augen zu erkunden. An vielen Stellen sind Details zu entdecken: Die noch von der maurischen Kultur beeinflussten, fein geschnitzten Gittertüren und Türklopfer mit der „Hand der Fatima" (z.B. entlang Rua dos Mouros), an Spanien erinnernde schmiedeeiserne Balkone oder barocker Steinmetzschmuck. Nordafrikanisch mutet das maurische Viertel mit seinen schmalen Gassen südlich der Burg an, und der Wohlstand der Barockstadt spiegelt sich in schönen Fassaden entlang der Rua dos Pelames im Fluss.

An der schmalen, über Treppen bergauf führenden Rua Galeria erhebt sich die elegante Renaissance-Fassade der **Igreja de Misericórdia (3)** – eine Seltenheit an der Algarve und in Portugal, wo nach dem Erdbeben von 1755 alles im Stil des Barock wiedererrichtet wurde. Im Innern ist sie u.a. mit blauweißen Azulejos aus dem 18. Jahrhundert barockisiert worden. Gleich neben der Kirche findet sich die Touristeninformation, und ein Stück weiter die Rua Galeria bergauf beherbergt der **Palácio de Galeria (4)** das *Museu Municipal* von Tavira. Hier gibt es in erster Linie zeitgenössische Kunst zu sehen Di–Sa, Winter 10–12.30 u. 14–17.30 Uhr, Sommer 10–12.30 u. 15–18.30 Uhr, Eintritt). Der aus dem 16. Jahrhundert stammende Palast gilt als die eigentliche Sehenswürdigkeit. Im 18. Jahrhundert erhielt er seine barocken Fenster- und Portaleinfassungen.

Der quadratische, mit Pyramidendach geschmückte Turm der Kirche **St. Maria (5)** am Largo Abu Othmane ist weithin sichtbar. Hier stand früher wahrscheinlich eine Moschee; die im 13. Jahrhundert darauf errichtete Kirche erhielt nach dem Erdbeben ihr barockes

Eines der vielen verzierten Portale in Tavira

Erscheinungsbild. Im Inneren befinden sich die Gräber von sieben Rittern, die bei den Kämpfen gegen die Mauren fielen. Die umkämpfte maurische **Festung**

(6) wurde unter König Dinis zwar wieder aufgebaut, ist heute aber nur noch als Ruine erhalten. Von den Mauern der ehemaligen Festung und dem achteckigen Turm sieht Tavira besonders hübsch aus (tgl. 10–19 Uhr). Unter der maurischen Bebauung wurden kürzlich phönizische Mauerreste entdeckt, die in einem Phönizischen Museum der Öffentlichkeit gezeigt werden sollen. Einen eigenwilligen Blick auf Tavira verspricht die Camera Obscura im **Torre de Tavira** neben der Burg: Im Wasserturm projizieren Spiegel und Linsen ein 360-

Grad-Panorama des Städtchens an die Wand (Juli–
Sept. 9.30–17.30 Uhr, sonst nur bis 17 Uhr, Eintritt).

Es gibt eine Reihe weiterer Kirchen in Tavira, die
bei besonderem Interesse einen Besuch lohnen: **São
José do Hospital (7)** steht auf achteckigem Grundriss und ist innen mit wertvollen Trompe-l'œil-Ge-
mälden geschmückt, die auf das beginnende Rokoko
verweisen. **São Francisco (8)** ist eine Klosterkirche
gotischen Ursprungs, die im 19. Jahrhundert umgewandelt wurde. Gotische Details und Skulpturen sind
noch erhalten. **Nossa Senhora da Consolação (9)**
besitzt barocken, mehrfarbigen Azulejoschmuck aus
dem 17. Jahrhundert.

Tavira modern

Wer sich für zeitgenössische portugiesische Architektur interessiert,
sollte einen Abstecher zur **Biblioteka municipal Álvaro de Campos**
in der Rua da Comunidade Lusíada 21 **(12)**) machen. Das ehemalige Gefängnis und moderne Anbauten des Architekten João Luis
Carrilho da Graça harmonieren perfekt (www.jlcg.pt). Der Internetzugang in der Bibliothek
ist kostenlos. Gleich nebenan lockt das **Vela 2 (m)** mit
dem angeblich frischesten
und zugleich preiswertesten
Fisch von Tavira zum Mittagessen (Campo Mártires da
República 1, Tel. 281-323
661, preiswert).

Zurück an der Praça República (1) geht's nun am Fluss
nach rechts durch die kleine Parkanlage zu den ehemaligen **Markthallen Mercado da Ribeira (10),** die
heute als Verkaufs- und Café-Fläche dienen. Östlich
davon reiht sich entlang der Rua José Pires Padinha
bis zur modernen Flussbrücke ein Restaurant ans andere; hier legt auch das Boot zur *Ilha de Tavira* ab.
Der Stadtteil jenseits des Flusses entstand größten-
teils nach dem Erdbeben und besitzt ebenfalls eine
Vielzahl von Kirchen, unter denen die **Igreja do Carmo
(11)** mit prunkvollem Golddekor hervorsticht. Zugleich sind die Gassen in Flussnähe Taviras Ausgeh-
viertel mit zahlreichen Restaurants und Kneipen.

Mercado da Ribeira

Service Tavira

Information **Posto de Turismo,** Rua da Galeria, Tel. 281-322511, www.cm-tavira.pt.

Verkehr **Bahn:** Largo de Santo Amaro, Tel. 281-322354. Häufig Züge in Richtung Olhão und Vila Real.

Bus: Rua dos Pelames, Tel. 281-322546. Busse nach Lissabon, Faro und nach Spanien. Dichtes Busnetz in die Umgebung, z.B. nach Cabanas oder Luz.

Fähren: siehe Strände.

Unterkunft **Pousada do Convento da Graça (b)**, Rua D. Paio Peres Correia, Tel. 281-329040, Fax 281-381741,www.pousadas.pt. Auch diese historische Pousada verbindet alte Bausubstanz perfekt mit modernem Komfort. Es ist ein wunderschönes Hotel mit herrlicher Aussicht für romantische Tage. DZ ab 100 €.

Residencial Marès (c), Rua José Pires Padinha, Tel. 281-325815, Fax 281-325819,www.residencialmares.com. Schön am Fluss in einem historischen Haus gelegen, mit Restaurant und etwas überladenen Zimmern. DZ um 50 €.

Residencial Lagôas (d), Rua Almirante Cândido Reis 24, Tel. 281-322252. Die Pension gehört zum Restaurant Bica und bietet Unterkunft in Zimmern wahlweise mit oder ohne Bad. Fantastisch sind die beiden Dachterrassen. DZ ab 40 €.

Tipp **Vila Galé Albacora (a),** Quatro-Águas, Tel. 281-380800, Fax 281-380850, www.vilagale.pt. Das angenehme Ferienhotel liegt im Südosten der Stadt in einer ehemaligen Thunfischfabrik am Fährhafen zur *Ilha de Tavira*. An die harte Arbeit erinnert ein kleines Museum, ansonsten haben sich die Fabrikhallen in hübsche Hotelzimmer verwandelt, mit eigenem Fähranleger zur Ilha de Tavira. Ein Riesenpool im Innenhof und ein Spielplatz erfreuen vor allem Familien. Das Pensions-Restaurant serviert sehr gutes Essen. Dieses Haus der Galé-Kette bietet eine ideale Mischung aus Rückzugsmöglichkeiten und Aktivurlaub. DZ ab 80 €.

Übernachtungsmöglichkeiten im Hinterland:

Villa Monte, Sítio dos Caliços, Moncarapacho, Tel. 289-790790, Fax 289-790799, www.vilamonte.com. Umgeben von einem wunderschönen Park und Olivenhainen bietet die Vila Monte eine exklusive Unterkunft und Komfort zu entsprechenden Preisen. DZ ab 170 €.

Casa da Calma, Sítio do Pereiro, Moncarapacho, Tel. 289-791098, Fax 289-791599, www.casadacalma.ccm. Ein altes Bauernhaus mit Anbauten bildet eine individuelle, sehr angenehme (und deutsch geführte) Unterkunft mit großem Pool. Herrlich ist die schattige Terrasse der Suite! DZ ab 80 €.

Casa Grande, Alcaria Cova, Alcoutim, Tel. 289-842369, Fax 289-843837, www.alcariacova.com. Ländliches Wohnen mit viel Geschmack und aufmerksamem Service. Sehr hübsch eingerichtete Zimmer, viele Freizeitmöglichkeiten wie Wandern und Radfahren. DZ um 60 €.

Tartufo, Moncarapacho, Giao 41, Tel. 289-791218, www.tartufo-alternativreisen.de. Eine wunderbare, alternative Farm im Hinterland; Palmen, Kakteen und Dekoration rufen ein Afrika-Feeling hervor. Einfache, sympathisch eingerichtete Zimmer und freundliche Gemeinschaftsräume schaffen eine familiäre Atmosphäre. Gelegentlich gibt's Trommel-Workshops, ansonsten viel Natur. Bis zum Meer sind es nur drei Kilometer. Eine Unterkunft wie aus einer anderen Zeit. DZ ab 30 €.

Essen und Trinken

Tipp **Bistrot o Porto (g),** Rua José Pires Padinha 180, Mobil-Tel. 968-991401. Es ist leicht zu übersehen zwischen den vielen den Fluss säumenden Lokalen an der Uferstraße: Catherines kleines Multikulti-Bistro, das sehr geschmackvoll eingerichtet ist und in dem ebenso gut wie bewusst gekocht wird. Da gibt es Hühnchen in Goa-Curry oder Seezunge auf Zucchini-Polenta, scharfe Samosas (gefüllte Teigtaschen) und zuckersüßen Mascarpone-Käsekuchen, dazu feine portugiesische Weine. Garniert wird alles mit dem charmanten, französisch akzentuierten Portugiesisch der Gastgeberin. Wenn Ihnen das Bistro gefällt, sollten Sie sich das große und geschmackvoll-modern eingerichtete Zimmer zeigen lassen, das Catherine recht preiswert vermietet (DZ um 60 €). Auch die Preise fürs Essen sind in Ordnung.

Ver Tavira (e), Lugar da Calçada Galeria 13, Tel. 281-381363. Hier besticht schon die Lage, denn – wie der Name sagt – liegt einem die Stadt hier zu Füßen. Degustationsmenü um 40 €, aber es gibt auch preiswerte Tapas. Mittel bis teuer.

Alquimia (f), Rua João Vaz Corte Real 80, Tel. 281-323298. Hier stimmt die Mischung zwischen portugiesisch-Alltäglichem und mediterraner Leichtigkeit. Der Schwerpunkt der Küche liegt im Alentejo. Mittel bis teuer.

A Barquinha (h), Rua José Pires Padinha 142, Tel. 281-322843. In dem netten Restaurant an der Schiffsanlegestelle sollten Sie das in Zwiebeln marinierte Thunfischfilet probieren. Mittel.

Aquasul (i), Rua Dr. Augusto Silva Carvalho 3, Tel. 281-325166. In dem nur abends geöffneten, sympathischen Restaurant werden Pizza und Pasta serviert. Mittel.

Beira Rio (j), Rua Borda D'Água da Asseca 46, Tel. 281-323165. Mal etwas anderes? Wie wäre es dann mit Truthahnbraten? Außerdem gibt es hier auch eine gute Auswahl an vegetarischen Gerichten und dazu die schöne Lage am Fluss. Mittel.

Rive Gauche (k), Rua Dr. Augusto da Silva Carvalho 22, Mobil-Tel. 917-043274. Internationales Küchenparkett: Es gibt Gerichte aus Marokko, aus der Karibik, aus Frankreich – und natürlich auch aus Portugal. Mittel.

Bica (d), Rua Almirante Cândido Reis 24, Tel. 281-323843. Bica ist eine Institution in Tavira. Hier kommen die klassischen Fisch- und Meeresfrüchtegerichte von der Algarve auf den Tisch. Preiswert.

Kudissanga (l), Rua Dr Augusto Silva Carvalho 6/8, Tel. 281-321670. Afrika in Tavira mit Spezialitäten aus Angola und Moçambique sowie Brasilien. Nur abends geöffnet. Preiswert.

Shopping

Casa das Malhas, Rua Dr José Pires Padinha 60, Tel. 281-322514. Feinstes Leinen, verarbeitet zu hochwertigen Tischdecken.

Casa do Artesanato, Calçada da Galeria 11. Gut sortierter Kunsthandwerksladen neben der Touristeninformation.

Markthalle, Rua do Cais. An den Vormittagen ein Fisch- und Gemüseparadies.

Feigen, Mandeln, Eier ... Händler an seinem Stand in der Markthalle

Strände um Tavira

Ilha de Tavira: Kilometerlanger Sandstrand; wenn's zum offenen Meer hin zu stürmisch ist, kann man auf der anderen Seite an der Lagune baden. Die Boote legen bei 4 Águas oder an der Rua José Pires Padinha ab.

Praia de Cabanas: Vier Kilometer östlich von Tavira vor dem Dorf Cabanas, vom Festland durch einen Kanal der Ria Formosa getrennt und bei Ebbe zu Fuß zu erreichen.

Praia do Barril: am westlichen Ende der Ilha de Tavira, zugänglich vom Ort/Feriensiedlung Pedras d'El Rei über eine Brücke, von dort geht's dann per Touristenbähnchen zum Strand.

Tavira Umgebung

Olhão

32 Kilometer südwestlich von Tavira entführt die Fischerstadt Olhão ihre Besucher nach Nordafrika: Die fast kubischen Häuschen, viele davon mit Flachdach, auf dem gelegentlich noch Netze zum Trocknen ausgelegt werden, die schmalen, verwinkelten Gassen, Schwibbögen, die Hausmauern abstützen und alles in strahlend gekalktem Weiß – das alles erinnert an Städte in Marokko. Sardinen- und Thunfischfang spielen in Olhão noch immer eine große Rolle. Um die Wende vom 19. zum 20. Jahrhundert machte er viele reich, wie man an den Jugendstilfassaden an der Praça de Restauração noch heute unschwer ablesen kann. Einen Besuch wert ist auch die 1915 errichtete, lebhafte Markthalle am Kai, ganz besonders, wenn in den Vormittagsstunden frischer Fisch gebracht wird. Echte Sehenswürdigkeiten gibt es nicht, aber man kann einfach die Atmosphäre auf sich wirken lassen und den Fischern bei Flicken ihrer Netze zusehen.

Infos und Stadtplan bekommen Sie beim **Posto de Turismo** *de Olhão,* Largo Sebastião Martins Mestre 6A, Tel. 289-713936, www.cm-olhao.pt.

Nicht weit von Olhão werden im *Canil da Ria Formosa* (Quinta de Marim, Mobil-Tel. 966-827149, www.caodaguapt.org) die portugiesischen Wasserhunde, *Cão d'Água Português,* gezüchtet. Diese Hunde – die älteste Darstellung eines Cão d'Água stammt von Rembrandt auf einem Gemälde von 1632 – hatten früher die Aufgabe, Fischschwärme in die Netze zu treiben. Heute werden sie von Fischern kaum mehr genutzt, sind dafür aber beliebte Zuchthunde mit großer Familientauglichkeit; ein Cão d'Água fand sogar bei der amerikanischen Präsidentenfamilie Obama Aufnahme. Besichtigungen des *Canil* sollte man vorab telefonisch vereinbaren.

Salinen an der Ostalgarve

Salzabbau wird an der Algarve schon seit der Römerzeit, also seit 2000 Jahren betrieben; wahrscheinlich haben auch die Phönizier hier Salz durch Verdunstung gewonnen. Die Salzgärten bestehen aus einer Vielzahl von Becken, in die ab April das Meereswasser geleitet wird, wo es bis zu einem bestimmten Konzentrationsgrad verdunstet. Dann wird es in kleine Kristallisationsbecken umgeleitet, in denen sich nach weiterer Verdunstung die Salzkristalle bilden. Die ersten Kristalle, die Salzblüte, werden von Hand abgeschöpft und vorsichtig getrocknet. Sie ergeben das wertvolle und mineralienreiche Flor de Sal, als *Fleur de Sel* weltweit unter Feinschmeckern als Würzsalz beliebt. Die Ernte des eigentlichen Meersalzes erfolgt etwa alle zehn Tage mit Rechen, mit deren Hilfe die Salzkristalle zusammengeschoben werden. Als blendend weiße Salzpyramiden trocknen sie dann in der Sommersonne. Danach werden die Kristallisationsbecken neu geflutet und der Prozess beginnt von vorn. Im Winter werden die Becken geleert, ausgebessert und für eine neue Saison vorbereitet. Meersalz und auch Flor de Sal aus den Salinen von Tavira und Castro Marin kann man preiswert in Supermärkten kaufen. Ein hübsches Mitbringsel ist in geschmackvolle Steingutflaschen verpacktes *Flor de Sal*.

Cacela Velha

Am Fuße der Burg aus dem 18. Jahrhundert gruppieren sich ein paar weiße Häuschen. Dort erstrecken sich die östlichen Ausläufer der *Ria Formosa*. Ein idyllischer Ort östlich von Tavira, bei Ebbe können Sie übers Haff zu Fuß zu den schönen Stränden gelangen und schrecken dabei sicher ein paar Krebschen auf. Auf einen Tee, Kaffee oder kühlen Drink kehrt man schließlich bei Isabel Cormann in der zauberhaften

Casa Azul ein (Tel. 281-952477). Wenn der Magen richtig knurrt, gibt's einen Ort weiter in Fàbrica das beliebte Ausflugsrestaurant *Costa* (Tel. 281-951467, mittel). Zu den Spezialitäten zählt Aal-Eintopf.

Vila Real

Was kann man über den Grenzort zu Spanien sagen? Dass er eigentlich ganz hübsch wäre mit seiner Parkanlage und den eleganten Bürgerhäusern vom 15. bis zum 18. Jahrhundert? Dass er zugleich ein Billigpreisparadies ist für Touristen aus Spanien und man deshalb von der schönen Stadt vor lauter Ramsch nichts sieht?

Alcoutim

Die meisten Gruppenreisenden buchen eine Schifffahrt auf dem Grenzfluss *Rio Guadiana*. Mit dem eigenen Fahrzeug kann man den Abstecher nach Alcoutim an einer besonders schönen Flusspassage auch selbst unternehmen (von Vila Real, ca. 38 Kilometer nach Norden). Die Tour führt durch eine Gebirgslandschaft mit Oliven- und Kiefernaufforstungen und Obstplantagen, vorbei an Stauseen bis ins Grenzstädtchen. Auf dem gegenüberliegenden Flussufer liegt Spanien. Alcoutim selbst hat außer der malerischen Lage über dem Rio Guadiana eine überschaubare Zahl an Sehenswürdigkeiten: eine schlichte Brockkirche, ein Stück Stadtmauer und den Fluss. Bei einer Pause in der sympathischen *Riverside Tavern* können Sie die Aussicht genießen (Av. Duarte Pacheco, Tel. 281-547314, mittel).

Barockkirche in Alcoutim

Alentejo

Das Alentejo, geografisch unterteilt in einen südlichen (Baixo) und einen nördlichen (Alto) Teil, ist
eine unspektakuläre Agrarlandschaft. Gerade in dieser Gleichförmigkeit liegt aber auch ihr Reiz: Meist
sanft gewellt, von Getreidefeldern überzogen, die
sich im Sommer golden färben, hier und da akzen-
tuiert von kleinen Baumgruppen aus Korkeichen – das
Alentejo wirkt ein bisschen wie ein Zen-Garten der
Natur. *Évora* und *Beja* sind die kulturellen Highlights
im Bauernland, die *Costa Dourada* ist vor allem im
südlichen, an die Algarve grenzenden Teil noch ein
Paradies für alle, die die Abgeschiedenheit lieben
und für Surfer. Historische Städtchen tragen deutlich
die Spuren der maurischen Herrschaft.

Portalegre und
Serra de São Mamede

Zahllose Men-
hire, Dolmen
und Felsmale-
reien belegen,
dass die Region
schon in prä-
historischer
Zeit besiedelt
war.

Grenzenloses
Ackerland:
das Alentejo

Die **Serra de São Mamede** im Nordosten ist in der
eher flachen Landschaft des Alentejo mit Gipfeln um
1000 Meter eine landschaftliche Besonderheit. Bizarr
erodierte Felsspitzen und ein üppiger Bewuchs mit
Ginster und Zistrosen, Kastanien und Korkeichen stehen im Kontrast zum südlicheren, arideren Teil des
Alentejo. Portallegre ist mit 16.000 Einwohnern eine
Kleinstadt, besitzt aber dank der florierenden Kork-
und Holzindustrie einen Gewerbezone, die die Anfahrt
eher unattraktiv macht. Früher war der Ort berühmt
für seine Gobelinmanufakturen. Er erlebte im 17.
Jahrhundert, im Zeitalter des Barock, seine größte
Blüte. Aus dieser Zeit stammen auch zahlreiche
Paläste in der heute noch von Mauern umschlosse-
nen Altstadt. Am höchsten Punkt erhebt sich die
Ruine des im 13. Jahrhundert erbauten *Castelo*.

Portalegre

Die kopfsteingepflasterte **Praça de Município** beherrscht die Barockfassade der **Kathedrale Sé:** Im 16. Jahrhundert erbaut, wurde sie im 18. Jahrhundert barockisiert, das Innere jedoch weitgehend im Stil der Renaissance belassen. Den Platz säumen außerdem das **Antigo Seminário** (16./18. Jahrhundert, heute Museu Municipal) und **Paços do Conselho** (17. Jahrhundert).

Vom **Miradouro** hinter der Kathedrale Sé öffnet sich ein schöner Rundblick über die Serra.

Die Rua 19 de Junho führt nach Osten zum Largo Serpa Pinto mit mehreren Adelspalästen, darunter der **Casa Nobre de Nuno de Sousa** von 1538 mit manuelinischen Fenstern. Hier befindet sich auch das Jugendstilcafé **Cafe Alentejano,** ein nostalgischer Traum in Rot, in dem Sie unbedingt einkehren und *queiadas de requeijão,* köstliche Quarktörtchen, bestellen sollten.

Portalegre besitzt mehrere Museen, von denen allerdings nur das **Museu da Tapeçaria de Portalegre Guy Fino** von überregionalem Interesse ist. Es widmet sich dem historischen Handwerk, zeigt aber auch Arbeiten moderner Künstler wie Eduardo Nery, Jorge Martins und ein Werk von Le Corbusier, *Les Deux Musiciens* (Rua da Figueira 9, Do–Di 9.30–13 u. 14.30–18 Uhr, Eintritt).

Einen Besuch wert ist auch das nordöstlich am Rande von Portalegre gelegene **Mosteiro de São Bernardo**. Der im 16. Jahrhundert erbaute Konvent besitzt einen sehr schönen gotischen Kreuzgang, eine Kirche mit wunderbaren blau-weißen Azulejos sowie ein Renaissance-Grabmal für Bischof Jorge de Melo. Leider dient das Kloster derzeit als Kaserne. Besichtigungen sind nur möglich, wenn das Wachpersonal Besucher wohlwollend ist und herumführt.

Sevice Portalegre

Information

Posto de Turismo Municipal, Palácio Póvoas, Rossio, Tel. 245-331359, www.cm-portalegre.pt.
Região de Turismo de São Mamede, Estrada de Sant'Ana 25, Tel. 245-300770, www.rtsm.pt. Infos über die Region. Hier gibt's eine Karte, in der alle prähistorischen Fundstätten detailliert eingezeichnet sind.

Unterkunft

Quinta do Barrieiro, s. Kasten S. 154
Mansão Alto Alentejo, Rua 19 de Junho 59, Tel. 245-202290, www.mansaoaltoalentejo.com. Die Zimmer in diesem alten Stadthaus sind folkloristisch bunt im Stil des Alentejo eingerichtet. DZ ab 40 €.
Pensão Nova, Rua 31 de Janeiro 30, Tel. 245-331212, pensaonova@mail.telepac.pt. Einfache, nette Pension in der Altstadt, Zimmer um 35 €, mit Bad.

Essen und Trinken

Tapada do Poejo, Alvarrões (i. Ri. Marvão), Tel. 245-993958. Das einfache Gasthaus ist eine kulinarische Entdeckung. Ländliche Alentejo-Rezepte, zubereitet von der temperamentvollen Dame des Hauses, Maria da Conceição, so z.B. *migas de batata com carne frita,* Kartoffeln mit Schweinefleisch oder eine delikate Kastaniensuppe. Di Ruhetag. Preiswert.

Restaurante Santos, Largo Serpa Pinto 4, Tel. 245-203066.
Einfache, schmackhafte Kost aus dem Alentejo, viele
Grillgerichte. Preiswert.

Quinta da Saude, Estrada da Serra, Tel. 245-202324. Das
Restaurant liegt drei Kilometer außerhalb an der Straße in
die Serra in 500 Meter Höhe mit herrlichem Blick über Stadt
und Berglandschaft und serviert Alentejo-Küche. Mittel.

Portallegre Umgebung

Marvão

Ein Städtchen wie aus dem Bilderbuch: 16 Kilometer
nordöstlich von Portalegre und in 826 Meter Höhe
beherrscht die im 16. Jahrhundert erbaute Burg den
Ort mit seinen weiß gekalkten, blumengeschmückten
Häuschen. Bereits die Römer unterhielten hier eine
Siedlung, in der damals 1500 Menschen lebten. Heute
sind es, je nach Saison, zwischen 200 und 500.
Marvão macht sich Hoffnungen auf den Titel eines
Weltkulturerbes. Als Touristenattraktion, vor allem für
Besucher aus dem nahen Spanien, hat es längst
Furore gemacht. Sehenswert sind neben der Stadt-
mauer und der mächtigen Burg der Schandpfahl
Pelourinho (16. Jahrhundert) und architektonische
Details an den Altstadthäusern, die teils noch aus
dem Mittelalter stammen.

3

Burg von Marvão
mit Garten

Wohnen und Kunst

Quinta do Barrieiro, eine der schönsten Quintas Portugals, dazu auch eine der interessantesten, verbirgt sich in den Bergen der Serra, auf halber Strecke zwischen Portalegre und Marvão. Den alten Herrensitz haben die Bildhauerin Maria Leal da Costa und ihr Mann, der Architekt José Manuel Coelho, mit unendlich viel Geschmack und Liebe zum Detail zu einem Landhotel mit individuell eingerichteten Studios ausgebaut. Interessante Akzente setzen die an verschiedenen Stellen des Anwesens platzierten Skulpturen, zu denen ein Kunst-Wanderweg führt. Auch das Atelier und eine kleine Ausstellung können besichtigt werden. Das Frühstück bringt der Hausherr persönlich vorbei, ein Pool sorgt für Erfrischung, und der Vogelreichtum der Serra treibt selbst Morgenmuffel früh aus den Federn und zur Vogelbeobachtung. Kurzum: eine wunderschöne, vielseitige Unterkunft mit überaus herzlichen Gastgebern. Quinta do Barrieiro, Reveladas cx 10, 7330-336 Marvão, Tel. 245-964308, Fax 245-964262, www.quintadobarrieiro.com. Studio ab 80 €

Castelo de Vide

Rund 20 Kilometer von Portalegre nach Norden und etwa acht Kilometer westlich von Marvão liegt dieses Bergstädtchen mit Burg und rund 5000 Einwohnern. Die ursprünglich maurische, durch eine Explosion im 18. Jahrhundert beschädigte **Festung** (tgl. 9–17 Uhr) birgt in ihren Mauern eine wunderschön mit Azulejos geschmückte Kirche. Die Altstadtgassen um die auf dem höchsten Punkt thronende Festung laden mit ihren von Blütenkaskaden geschmückten Häuschen zum Bummel ein. Der Stadtteil östlich des Burgeingangs war früher den Juden vorbehalten; an vielen Häusern sind manuelinische Architekturelemente erhalten. Hier, in der **Rua Judiaria,** steht auch die älteste erhaltene **Synagoge** Portugals aus dem 15. Jahrhundert.

Das Castelo de Vide

Zwischen Portalegre und Estremoz

Eine Fahrt durch das eher dünn besiedelte Dreieck Portalegre, Estremoz und Elvas führt durch die sanfte Berglandschaft zu gut gesicherten Städten. Hier, direkt an der spanischen Grenze, wurden viele Kriege und Scharmützel ausgetragen, die massiven Befestigungen erzählen noch heute davon.

Elvas

Mit 15. 000 Einwohnern ist das 70 Kilometer südöstlich von **Portalegre** gelegene Elvas eine der größeren Städte des Alto Alentejo. Die Spanier, deren Angriffe man in früheren Jahrhunderten mittels wuchtiger Mauern abwehrte, kommen heute in Massen zum Shoppingbummel. Die Altstadt ist komplett von einem Verteidigungswall umgeben, dessen Bastionen wie Zacken hervorspringen. Mehrere Forts sichern sie zusätzlich. Die älteste Burg liegt innerhalb der Altstadtmauern im Norden: Das **Castelo** (13.–15. Jahrhundert) hat römische Wurzeln und ruht auf maurischen Fundamenten. Ein auffälliges Bodenmosaik schmückt die zentrale **Praça da República** mit der im 16. Jahrhundert im manuelinischen Stil erbauten **Igreja de Nossa Senhora da Assunção.** In Inneren sind schöne Azulejos zu sehen. Hier verführt die *Pastelaria Cantarinha* mit der Spezialität von Elvas, den zuckersüßen *cericaias,* zu einer kalorienreichen Rast.

Auf achteckigem Grundriss und von einer Kuppel gekrönt präsentiert sich die **Igreja Antica dos Aflitos** am Largo de Santa Clara als ungewöhnliches Architekturensemble aus dem 16. Jahrhundert. Wenn sie zugänglich ist, sollten Sie unbedingt einer Blick in die vollständig mit Azulejos ausgekleidete Kuppel werfen. Auf dem Platz ist ein *Pelourinho* (Schandpfahl) aus dem 16. Jahrhundert erhalten.

Tipp: Forte de Santa Luzia

Wer sich fürs Militärwesen interessiert, wird sowohl an der Festung (17. Jahrhundert) südlich der Altstadt als auch am darin untergebrachten **Museu Militar** seine Freude haben (Di–So, April–Sept. 10–13 u. 15–19 Uhr, Winter 10–12.30 u. 14–17.30 Uhr).

Das **Aqueduto da Amoreira** im Südwesten der Altstadt wurde zwischen 1500 und 1622 erbaut. In zwei Etagen und in bis zu 31 Meter Höhe wird damit das Wasser über eine Entfernung von acht Kilometern in die Altstadt geführt. Errichtet wurde das Aquädukt auf dem Fundament einer früheren römischen Wasserleitung.

Service Elvas

Information
Unterkunft

Posto de Turismo, Praça da República, Tel. 268-622236.

Hotel São João de Deus, Largo S. João Deus, Tel. 268-639220, Fax 268-62880, www.hotelsaojoaodedeus.com. Geschmackvoll-elegant eingerichtetes Haus in der Altstadt, direkt an der Stadtmauer in einem ehemaligen Kloster. Auch das Restaurant ist empfehlenswert. DZ ab 100 €.

Essen und
Trinken

O Lagar, Rua Nova da Vedoria 7, Tel. 969-282574. Spezialitäten dieser beliebten Altstadttaverne sind u.a. *Bacalhau* und *Arroz de Marisco*. Mittel.

Tea & Wine, Rua de Olivença 25, Tel. 268-626057. Weinverkostung in urigen Gewölben. Dazu gibt's köstliche Häppchen und häufig Live-Musik. Mittel.

Canal 7, Rua dos Sapateiros 16, Tel. 268-623593. Einfach ist die Küche in diesem winzigen Restaurant; es gibt ein Tagesgericht und meist Fleisch vom Grill. Preiswert.

Elvas Umgebung

Campo Maior

Knapp 20 Kilometer nach Nordosten durch Olivenhaine und vorbei an seltsamen Granitbuckeln sind es in das ebenfalls von Mauern umgebene Städtchen, das neben der im 14. Jahrhundert errichteten Burg (tgl. 9.30–12.30 Uhr, wenn geschlossen, ans Tor klopfen) eine makabre Sehenswürdigkeit aufweist: ein Beinhaus, in dem die Schädel und Knochen in Wände und Decke gemauert sind. In den Kasematten des **Castelo** haben sich einige Roma-Familien eher notdürftig, aber offensichtlich auf Dauer niedergelassen.

Estremoz

Estremoz (10.000 Einwohner) besteht aus einer mittelalterlichen, von Mauern eingeschlossenen Oberstadt und der ab dem 16. Jahrhundert errichteten Unterstadt. An den meisten Häusern fallen marmorne Tür- und Fenstereinrahmungen, teils sogar marmorne Treppen ins Auge. In der Gegend um Estremoz gibt es große Marmorvorkommen, die bereits im Mittelalter abgebaut wurden.

Am Rossio (Unterstadt) findet samstagvormittags ein großer **Regionalmarkt** statt.

Das **Castelo** krönt auch hier den höchsten Punkt der Stadt, besteht aber nur noch aus einem 27 Meter hohen, zinnengekrönten Turm, dem *Torre das Três Coroas* (13. Jahrhundert) und dem im 14. Jahrhundert daran angebauten Königspalast für König Dinis und seine Gattin Isabel. Sie wurde später als Heilige verehrt. Eine Explosion des Arsenals zerstörte die mittelalterliche Struktur 1668 fast vollständig. Im 18. Jahrhundert kamen neue Anbauten dazu, die heute als Pousada-Hotel Gästen zur Verfügung stehen. Bereits im 17. Jahrhundert wurde die **Capela da Rainha Santa Isabel** angeblich an jener Stelle errichtet, an der die Königin 1336 in ihrem Gemach gestorben war. Die Kapelle ist über und über mit Azulejos dekoriert, die vom Leben der Heiligen erzählen.

Sehenswert ist auch das **Museu Municipal,** das sich vor allem dem Kunsthandwerk der Region, der Töpferei widmet. Unter anderem sind hier auch die charakteristischen Tonfiguren aus Estremoz ausgestellt (Largo d. Dinis, Di–So 9–12.30 u. 14–17.30 Uhr, Eintritt).

Service Estremoz

Information   **Posto de Turismo,** Largo de República 26, Tel. 268-333541, www.cm-estremoz.pt.

Unterkunft   **Pousada Rainha Santa Isabel,** Largo D. Dinis, Tel. 268-332075, www.pousadas.pt. Historisches Ambiente, wertvolle Möbel, ein schöner Pool und weite Fernsicht verwöhnen den Gast. DZ ab 120 €.

Pensão Alentejano, Rossio 13, Tel. 268-337300. Hübsch eingerichtete Zimmer über dem gleichnamigen Café, allerdings durch den lebhaften Platz ziemlich laut. DZ ab 45 €.

Essen und Trinken

Adega do Isaias, Rua do Almeida 21, Tel. 268-322318. In diesem ebenso bekannten wie beliebten Restaurant sitzt man unter Zwiebel- und Knoblauchgebinden und eingerahmt von mannshohen Weinkrügen aus Ton, an langen rustikalen Tischen. Deftige gegrillte Fleischgerichte sind das Markenzeichen des Hauses. Etwas für Wagemutige ist die Vorspeise *língua de porco em fricasé.* Mittel.

Café Alentejano, s. Pensão. Holzgetäfelte Wände, schmiedeeisernes Mobiliar, stets gute Stimmung und schmackhafte Hausmannskost. Preiswert.

Shopping

Salsicharia Cortes, Rua António Aleixo 2, São Lourenço, Tel. 268-919182. An der Straße von **Estremoz** nach **Portalegre**: Hier gibt's Würste und Spezialitäten aus dem Alentejo.

Estremoz Umgebung

Vila Viçosa

Weißer Marmor ist auch das Charakteristikum von Vila Viçosa. Blendend helle Fassaden sorgen für High-Noon-Stimmung. Im **Marmormuseum** im ehemaligen Bahnhof werden Abbautechniken erläutert und historisches Gerät kann besichtigt werden (Sommer Di–So 9–12.30 u. 15–18.30 Uhr, Winter 9–12.30, 14–17.30 Uhr, Eintritt). Am großen Paradeplatz **Terreiro do Paço** erhebt sich der im 16./17. Jahrhundert erbaute **Paço Ducal** der Könige aus dem Hause *Bragança,* der zunächst als Hauptpalast, nach dem Umzug nach Lissabon dann als Sommerpalast diente.

> **Tipp: Alt und Neu**
>
> Im historischen Ambiente von **Vila Viçosa** setzt das moderne Hotel **Solar dos Mascarenhas** interessante Akzente mit minimalistischer Einrichtung und kühlen Farben. Rua Florbela Espanca 125, Tel. 268-886000, Fax 268-886001, www.solardesmascarenhas.com. DZ ab 80 €.

Évora

Weltkulturerbe seit 1987

Unesco-Weltkulturerbe, Metropole des Alto Alentejo, einstmals von Caesar persönlich benannt, zwei Jahrhunderte lang Königssitz – Évora ist kulturell und historisch hoch interessant (42.000 Einwohner). Dabei sollte das Attribut „Museumsstadt", mit dem sich Évora gerne schmückt, nicht abschreckend wirken.

Bei der Touristeninformation gibt's gratis einen übersichtlichen Stadtplan.

Museal ist hier nichts, denn Évora ist der Handelsplatz für die Agrargüter aus dem Alentejo und deshalb sehr lebhaft und geschäftig. Zwei, drei Tage Zeit sollte man sich hier gönnen, um auch die reizvollen Ziele in der Umgebung zu besuchen.

Geschichte

Parken

Kostenlose Parkmöglichkeiten außerhalb der Stadtmauer an der **Porta do Raimundo** (von Lissabon kommend) und an der **Av. de Universidade** im Norden.

Die Hügel um Évora waren bereits in prähistorischer Zeit bewohnt. Das bezeugen die vielen neolithischen Funde. Julius Cäsar nannte die bedeutende römische Siedlung *Ebora Liberalitas Julia*. Nach dem Zerfall des römischen Reiches sorgten die Mauren für die nächste Blütephase. Ab 717 n.Chr. regierten sie Yeborah, wie der arabische Geograph al-Idrisi die Stadt bezeichnete, fast fünf Jahrhunderte lang. Anfang des 12. Jahrhunderts eroberte ein gewisser Giraldo die Stadt fürs Christentum. Als verwegener Reiter *sem pavor,* ohne Furcht, schmückt er seither das Stadtwappen mit den abgeschlagenen Köpfen des Sultans und dessen Tochter. Zwischen dem 14. und 16. Jahrhundert wählten die portugiesischen Könige Évora immer wieder als Residenz. Évoras große kulturelle Blüte brachte die Renaissance mit Literaten wie Gil Vicente und der Malerschule um Fraí Carlos. In dieser Zeit wurde auch prunkvoll und viel gebaut. Ab Mitte des 16. Jahrhunderts war Évora Universitätsstadt, 1759 schloss Marques de Pombal die Hochschule und der Niedergang begann. Erst 1979 wurde die alte Universität wieder eröffnet. Évora ist bis heute lückenlos von seiner Stadtmauer umgeben, die teils auf römischen Fundamenten steht.

Klostergang

Stadtrundgang

Als Ausgangspunkt wählt man die **Praça de Giraldo** mit der Touristeninformation. Die Rua 6 de Outoubro führt bergan zum *Largo Conde Vila Flor,* wo sich eine ganze Reihe Highlights konzentrieren, hervorzuheben ist vor allem die **Kathedrale Sé.**

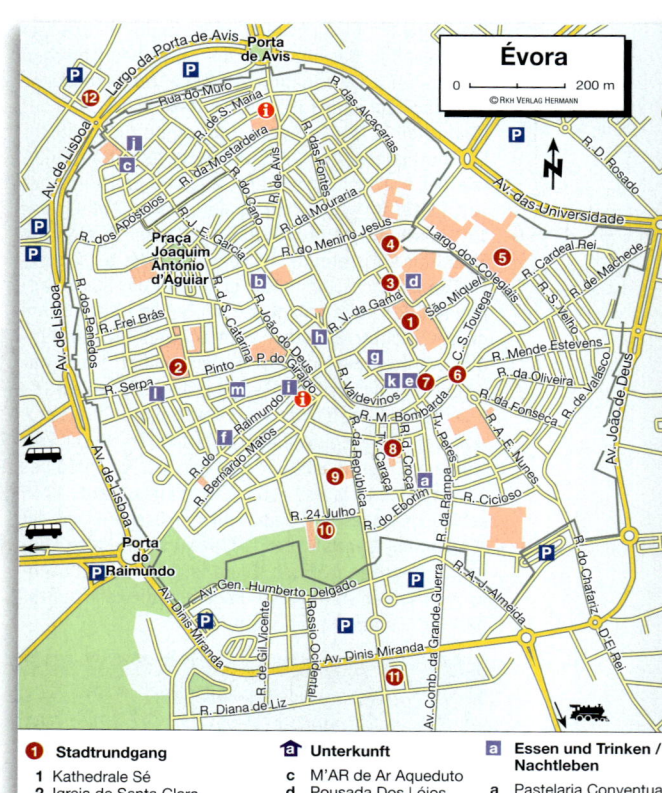

❶ **Stadtrundgang**

1 Kathedrale Sé
2 Igreja de Santa Clara
3 Diana-Tempel
4 Palácio dos Duques de Cadaval
5 Universidade Velha
6 Largo das Portas de Moura
7 Misericórdia-Kirche
8 Igreja do Convento da Graça
9 Igreja de São Francisco
10 Galeria das Damas
11 Ermida de São Bras
12 Aquädukt

🏠 **Unterkunft**

c M'AR de Ar Aqueduto
d Pousada Dos Lóios
e Solar de Monfalim
f Residencial Os Manueis
g Residencial Diana

🅰 **Essen und Trinken / Nachtleben**

a Pastelaria Conventual Pão de Rala
b Cervejaria / Restaurant Taco
h O Grémio
i Café Arcada
j Tasquinha d'Oliveira
k Pane & Vino
l Sopas d'Avo Xica
m Oficina Bar

Kathedrale Sé (1)   Sie ist ein wehrhafter, mit Zinnen geschmückter Bau mit eigenwilligen Kegeldächern auf den Türmen, eines ist mit Azulejos verkleidet, die anderen beiden schmucklos. 1204 wurde das im Übergangsstil von Romanik zu Gotik erbaute Gotteshaus geweiht. Am Portal empfangen die zwölf Apostel als gotische Skulpturen die Kirchgänger. Im Inneren überrascht der Kontrast zwischen dem fast schmucklosen, enorm hochgezogenen Kirchenschiff und den mit rotem, grauem und weißem Marmor verkleideten Chor – ein Werk des Barockbaumeisters Johann Friedrich Ludwig (tgl. 9–12.30 u. 14–17 Uhr, Eintritt). Vom Seitenschiff führt eine Treppe hinauf zur Galerie mit dem **Museu de Arte Sacra,** dessen Besuch sich wegen eines ganz besonderen Ausstellungsstücks lohnt: Die aus Elfenbein geschnitzte und aus dem 13. Jahrhundert stammende *Virgem do Paraíso* lässt sich aufklappen! Im Inneren zeigen neun winzige und überaus fein geschnitzte Reliefs Szenen aus dem Leben Marias. Beachtung verdient auch das mit 1426 Edelsteinen besetzte *Reliquiar des Santo Lenho,* in dem sich angeblich auch ein Stück vom Kreuze Christi verbirgt und der silberne Bischofsstab des späteren portugiesischen Königs Henrique I., der seine Karriere Mitte des 16. Jahrhunderts als geistliches Oberhaupt von Évora begann (Di–So 9–12 u. 14–16.30 Uhr, Eintritt).

Neben der Sé residiert im ehemaligen Erzbischöflichen Palais (16./17. Jahrhundert) das **Museu de Évora.** Es zeigt archäologische Funde (hier befand sich das römische Forum), eine Sammlung von Renaissance-Skulpturen des Bildhauers Nicolas Chanterène sowie eine Gemäldeabteilung mit Werken portugiesischer und flämischer Meister, darunter auch von Frei Carlos. Seine Malschule setzte in Évora während der Renaissance neue künstlerische Akzente. Das Museum war während unserer Recherche 2009 wegen Umbau- und Modernisierungsarbeiten auf unbestimmte Zeit geschlossen.

3

> ### Tipp – schöne Aussicht:
> Einen herrlichen Blick über die Dächer von Évora, vor allem aber auch einen interessanten Einblick in die Bautechnik der Kathedrale, hat man von der Terrasse des Kreuzgangs, die man über eine schmale Wendeltreppe aus dem Seitenschiff erreicht.

Igreja de Santa Clara (2)

Als Ersatz diente ein Ausstellungsraum in der **Igreja de Santa Clara** (Rua de Serpa Pinto, Di–So 9.30–12.30 u. 14–18 Uhr, Eintritt. Infos http://museudeevora.imc.ip.pt).

Ein weiteres auffälliges Gebäude an der Praça ist das Kloster **Convento dos Lóios**, heute eine luxuriöse Pousada (s. Unterkunft). Ein Blick ins Restaurant der Pousada ist gestattet: Dort ist ein wunderbares manuelinisches Portal erhalten, das von Francisco de Arruda, dem großen Meister des manuelinischen Baustils, gearbeitet wurde.

Diana-Tempel (3)

Der Pousada gegenüber erheben sich die Säulen des **Diana-Tempels** (1. Jahrhundert), der im Mittelalter umgemauert als Teil einer Festung und später als Schlachthaus diente und deshalb gut erhalten blieb.

Palácio dos Duques de Cadaval (4)

Den **Palácio dos Duques de Cadaval** erkennt man an seinem fünfeckigen Turm, der Teil der Stadtmauer ist. Hier befand sich der erste Königspalast, der im 14. Jahrhundert abbrannte. 1384 ließen dann die Duques de Cadaval ihren Palast im maurischen Stil erbauen. Die Nachkommen haben im Palast ein Museum eingerichtet, das Möbel und Kunst aus Familienbesitz zeigt, den hohen Eintritt aber eigentlich nicht wert ist (Rua Augusto Filipe Simes 1, Di–So 10–12.30 u. 14–17 Uhr, Eintritt).

Universidade Velha (5)

Weiter nördlich hält die **Universidade Velha** nach einer 200-jährigen Auszeit wieder die Fahne von Wissenschaft und Forschung hoch. Nach jener von Coimbra ist sie die zweitälteste des Landes: 1559

Ruine des römischen Diana-Tempels

wurde sie von Jesuiten gegründet und knapp 200 Jahre später geschlossen, weil Marquês de Pombal die Orden aus Portugal verbannte, um den Schrecken der Inquisition zu beenden und die Machtposition der Jesuiten im Lande zu brechen.

Beim Streifzug durch die ehrwürdigen Mauern sollte man den Kreuzgang besuchen, dessen Säle mit Barock-Azulejos geschmückt sind (Zugang Mo–Sa).

Largo das Portas de Moura (6)

Die **Rua Conde Serra da Tourega** führt südwärts zum **Largo das Portas de Moura,** den ein Renaissance-Brunnen mit einer steinernen Weltkugel schmückt. Beachtenswert ist die **Casa Cordovil** von 1515 mit einer eleganten Loggia auf der Terrasse, einem überdachten *miradouro,* an dem die Elemente der maurischen und der gotischen Kunst perfekt harmonieren.

Misericórdia-Kirche (7)

Die Rua de Misericórdia entlang schlendernd erreicht man die **Misericórdia-Kirche** aus dem 16. Jahrhundert, innen vollständig mit blauen Azulejos und goldenem Schnitzwerk geschmückt. Eine Renaissancekirche im klaren Stil des italienischen Baumeisters Palladios erwartet den Besucher ein wenig weiter.

Igreja do Convento da Graça (8)

Die **Igreja do Convento da Graça** wurde von Miguel de Arruda und Nicolas Chanterène konzipiert. Ersterem ist der schlichte Kreuzgang zu danken, letzterem das Portal und die vier wie beiläufig platzierten Riesen auf dem Dach.

> **Tipp:** Eine Pause bei zuckersüßem *Pão de Rala* mit Marzipan können Sie in der **Pastelaria Conventual Pão de Rala (a)** machen (Rua do Cicioso 47, Tel. 266-707778).

Igreja de São Francisco (9)

Noch ein paar Kirchen sind zu bewältigen: Von außen unscheinbar, im Inneren aber durch harmonisches manuelinisches Dekor beeindruckend, ist die **Igreja de São Francisco.** Was sie jedoch einzigartig macht, ist die **Casa dos Ossos,** vollgestopft mit Gebeinen von mehr als 5000 Toten. Die mahnen den Besucher am Eingang mit dem Satz: *Nos ossos que aqui estamos – Pelos vossos esperamos* (Hier warten unsere Gebeine auf eure!) (Praça 1 de Maio, tgl. 9–13 u. 14.30–18 Uhr, im Winter bis 17.30 Uhr, Eintritt).

Südlich anschließend an den Platz mit der makabren Kapelle locken frisches Grün und bunte Blüten in

den *Jardim Público,* in dem die Relikte des Königs-
palastes als Zeugen vergangener Epochen streunen-
den Katzen und Pfauen eine Heimat bieten.

Galeria das Damas (10)

Vom **Paço Real de São Francisco** ist nur noch die **Galeria das Damas** erhalten, in der gelegentlich Ausstellungen stattfinden. Wunderbar sind die manue-
linischen Fenster und die gezackten Bögen! Angeblich gab Manuel I. Vasco da Gama hier den Auftrag,
den Seeweg nach Indien zu finden.

Ermida de São Bras (11)

Verlassen Sie hier den Innenstadtbereich und schlen-
dern Sie die **Av. de Barahona** entlang nach Süden
zur **Ermida de São Bras.** Von weitem würden West-
afrika-Kenner sich hier vielleicht plötzlich in Mali
wähnen – so sehr ähnelt die Kirche mit ihren den
Wandpfeilern aufgesetzten Türmchen und den Zinnen
den berühmten dortigen Lehmmoscheen. Offensichtlich sollte das 1483 außerhalb der Mauern gegründete Gotteshaus auch als Festung dienen. Im Inneren
schmücken grüne und blaue Azulejos die Wände.

Aquädukt (12)

Die letzte große Attraktion von Évora liegt an der
gegenüberliegenden nördlichen Seite, ebenfalls außerhalb der Mauern. Wer den Weg quer durch die Stadt
nicht scheut, kann dort ein bewundern, das Francisco
de Arruda 1531 auf römischen Fundamenten zur Wasserversorgung erbaut hat. Es funktioniert bis heute.

> **Tipp:** Auf dem Weg liegt die nette **Cervejaria/Restau-
> rante Taco (b),** ein frisches, luftiges Lokal mit schmack-
> haftem Mittagstisch (Largo Luis de Camões 19–20, Tel.
> 266-703301. Mittel).

Service Évora

Information

Posto de Turismo, Praça do Giraldo 70, Tel. 266-730030,
www.cm-evora.pt. Hier gibt's auch die praktischen Audio-
Guides (Englisch, Französisch, Spanisch).
Região de Turismo de Évora, Rua de Avis 90, Tel. 266-
730440. Informationen über die Region.

Verkehr

Bahn: Die Bahnverbindungen sind nicht optimal, nach
Lissabon nur mit umsteigen.
Bus: Terminal Rodivario, Av. Túlio Espanca, Tel. 266-769410.
Gute und schnelle Verbindungen in alle größeren Städte Portugals.

Unterkunft

M'AR de Ar Aqueduto (c), Rua Candido dos Reis 72, Tel.
266-739300, Fax 266-739305, www.mardearhotels.com.
Luxus und modernes Design innerhalb der Mauern und gleich

beim Aquädukt. Das 2008 eröffnete Hotel mit Pool lässt keine Wünsche offen. Preise auf Anfrage.

Pousada dos Lóios (d), Largo Conde ila Flor, Tel. 266-730070, Fax 266-707248, www.pousadas.ɔt. Wie alle Pousadas ist auch diese untergebracht in eirem ehemaligen Kloster, äußerst komfortabel und stimmungsvoll. Sie verfügt sogar über einen Pool. DZ ab 160 €.

Solar de Monfalim (e), Largo da Misericórdia 1, Tel. 266-750000, Fax 266-742367, www.monfalimtur.pt. Das sympathische Hotel in einem Herrenhaus aɪs dem 16. Jahrhundert liegt sehr ruhig und zentral an einem Platz, auf dem sich Jacaranda-Bäume befinden. Blumen scɔmücken das Innere des Hotels, dazu Spitzendeckchen und antike Polstermöbel. Bequeme hübsche Zimmer und eine sehr freundliche Dame des Hauses machen den Aufɜnthalt zum Vergnügen. Parkmöglichkeit. DZ ab 70 €.

Residencial Os Manueis (f), Rua do Raimundo 35, Tel. 266-769160, Fax 266-769161, www.residencialosmanuesis.com. Das schmucke Altstadthotel besticht durch Schmiedeeisen und Azulejos. DZ ab 50 €.

Residencial Diana (g), Rua Diogo Cão 2, Tel. 256-702008, www.residencialdiana.com. Zentral gelegen und freundlich geführt, allerdings sind nicht alle Zimmer gleich geräumig. DZ ab 50 €.

Essen und Trinken

O Grémio (h), Alcárcova de Cima 10, Tel. 266-742931. Rustikale Eleganz in einer Seitenstraße der Praça de Giraldo. Spezialität ist *Bacalhau* auf Alentejo-Art. Mitte. bis teuer.

Café Arcada (i), Praça do Giraldo 7, Tel. 266-741777. Aus der alten *Cerverarija Lusitana* wurde ein schickes Café-Restaurant, dort gibt es aus portugiesischen Traditionsrezepten weiterentwickelte Gerichte wie *Camarãc estaladiço com arroz de feijão*. Angeboten werden auch delɪkate *petiscos,* Leckereien. Mittel.

3

Tasquinha d'Oliveira (j), Rua Cândido dos Reis 45, Tel. 266-744841, Sonntag Ruhetag. Ein winziges, sehr persönlich geführtes Restaurant mit guter Alentejo-Küche und großer Weinauswahl. Mittel.

Pane & Vino (k), Páteo de Satema, Tel. 266-746960. Ideal für die Mittagspause. Es gibt italienische Köstlichkeiten zu portugiesischem Bier. Mittel.

Sopas d'Avo Xica (l), Rua Serpa Pinto. Ebenfalls eine gute Adresse für den kleinen Hunger auf Suppe oder Omelett. Preiswert.

Nightlife

Oficina Bar (m), Rua Moeda 27, Tel. 266-707312, ab 20 Uhr. Treffpunkt der Studenten und der etwas alternativen Künstlerszene, Internetzugang und Jazzmusik.

Einkaufen in Evora

Kunst und Kunsthandwerk ohne folkloristischen Schnickschnack präsentiert ein junges Künstlerpaar in seinem Laden **Oficina da Tera** (Rua de Raimundo 51 A, Tel. 266-746049). Geschmackvolle Azulejos nach traditionellen und modernen Motiven gibt es bei **Teoartis** in der Rua 5 de Outubro 72, Tel. 266-702736.

Évora Umgebung

Megalithische Stätten

Westlich von Évora befindet sich die größte Ansammlung megalithischer Monumente der gesamten Iberischen Halbinsel. Bedingt durch die besondere geografische Lage, in der sich die Flusssysteme von Tejo, Sado und Guadiana begegnen, bot die Region wahrscheinlich ideale Bedingungen für den Übergang vom nomadischen Jäger- und Sammlertum zu einer sesshaften Agrargesellschaft. Im gesamten Alto Alentejo sind zahlreiche Zeugnisse der Jungsteinzeit zu finden, so gehäuft wie bei Évora aber sind sie nirgends. Fährt man auf der N114 nach Westen und biegt dann ab in Richtung **Guadalupe**, gelangt man von dort auf einem Fußweg zu der rund 7000 Jahre alten **megalithischen Stätte von Almendres.** Etwa hundert, teils mannshohe Menhire, viele mit Ritzzeichnungen ver-

Menhire

sehen, stehen hier am Hang in zwei Ovalen. Ein Stück weiter befindet sich ein schmaler, sechs Meter hoher und isoliert stehender Monolith bzw. **Menhir,** der wahrscheinlich in einer Beziehung zu den Kultstätten von Almendres steht und von dort aus gesehen jenen Ort markiert, an dem die Sonne zur sommerlichen Tag- und Nachtgleiche aufgeht.

Fährt man von **Guadalupe** direkt südwärts bis **Valverde,** kann man die kurze Wanderung zum **Hünengrab von Zambujeiro** unternehmen. Es ist etwa 6000 Jahre alt und einer der größten Dolmen (Steintische), die weltweit gefunden wurden. Die Felsplatten türmen sich bis zu sechs Meter hoch über die Grabstätte.

Évoramonte

Etwa 35 Kilometer nördlich von Évora bezaubert das Städtchen Évoramonte bzw. dessen mauerbewehrter, historischer Kern auf einem Hügel über der Alentejo-Landschaft mit weiß gekalkten Häuschen und stillen

Gassen. Im Mittelpunkt des Ortes steht die von den Mauren begründete und im 14. und 16. Jahrhundert umgebaute Burg. Die jüngste Renovierung hat dem Bau nicht unbedingt gut getan, er wirkt recht steril. Auffällig sind die steinernen manuelinischen Knoten an jeder der vier Seiten, schön ist der Blick über Olivenhaine und Getreidefelder von der Terrasse (Di–So 10–13 u. 14–17 Uhr, Eintritt).

Monsaraz

Rund 50 Kilometer südöstlich liegt dieser abgelegene Ort auf einer Hügelkuppe über der hier schon recht flachen Landschaft des Alto Alentejo. Die Ebene ist durchsetzt mit Menhiren, die wie Objekte aus einer anderen Welt wirken. Nicht weit entfernt glitzert das zu einem See aufgestaute Wasser des Rio Guadiana. Das **Castelo** ließ König Dinis 1310 errichten. Es wurde kurze Zeit später zerstört, im 17. Jahrhundert neu aufgebaut und beherbergt heute eine Stierkampfarena. Wertvoller Besitz der ab dem 13. Jahrhundert errichteten **Igreja Matriz** ist ein Marmor-Sarkophag aus dem 14. Jahrhundert. Der Kirche gegenüber steht der Schandpfahl. Wie Évora ist auch Monsaraz reich an **megalithischen Fundstätten:** Entlang der Straße von Monsaraz nach **São Pedro de Corval** folgt eine Steinsetzung auf die andere.

Die Mauern von Monsaraz im Abendlicht

Tipp: Traditionelle Wolldecken, wie sie früher die Schäfer des Alentejo benutzten, lässt eine Dänin in althergebrachter Technik herstellen. Diese *mantas de Reguengos* und anderes schönes Kunsthandwerk verkauft sie in der Rua do Celeiro, gleich am Ortseingang von Monsaraz.

Beja und das südliche Alentejo

Die Region, deren „einzigen Schatten der Himmel bildet", wie ein Sprichwort sagt, ist der heißeste Landstrich Portugals und zugleich seine Kornkammer. Getreidefelder, so weit das Auge reicht, haben die Tourismusstrategen zum Marketing-Namen *Planície dourada,* Goldenen Ebene, inspiriert. Mittendrin in dieser Ebene ist **Beja** eine moderne Handelsstadt mit hübschem historischem Kern. Auch die anderen Orte, Serpa, Moura und Castro Verde, sind einen Besuch wert.

Beja

In der Römerzeit war Beja eine wichtige Niederlassung der Vorsilbe „Pax", Frieden.Von der damaligen Siedlung sind allerdings nur ein Stück Stadtmauer und zwei Torbögen im Westen und Norden erhalten.

Stadtrundgang

Als Ausgangspunkt der Besichtigung wählt man am besten den **Largo de São João (1)** unweit der Touristeninformation. Am daran anschließenden **Largo de Conceição** spielte sich hinter den Mauern des **Convento de N.S. de Conceição (2)** eine tragische Liebesgeschichte ab: In dem Mitte des 15. Jahrhunderts gegründeten Konvent lebte die Nonne Maria Alcoforado (1640–1723), die als angebliche Autorin der *Lettres Portugaises* literarischen Ruhm erlangte. Rainer Maria Rilke übertrug das Werk unter dem Titel *Portugiesische Briefe* ins Deutsche:

Portugiesische Briefe

Die Legende erzählt, dass Maria 1665 aus dem Fenster ihrer Zelle den Chavalier de Chamilly erblickte und sich hoffnungslos in ihn verliebte. Es gelang ihr, den französischen Ritter kennenzulernen und ihn sogar für eine kurze Zeit zu erobern. Dann kehrte der Chevalier nach Frankreich zurück, und Maria schrieb ihm verzweifelt jene fünf Briefe, die bereits 1669 veröffentlicht wurden. Ob diese Briefe tatsächlich von der Nonne stammten oder vielmehr wie vermutet von Gabriel-Joseph Guillerague geschrieben wurden, ist eines der großen Rätsel der Literaturgeschichte. Auf jeden Fall wurden sie weltweit ein Erfolg.

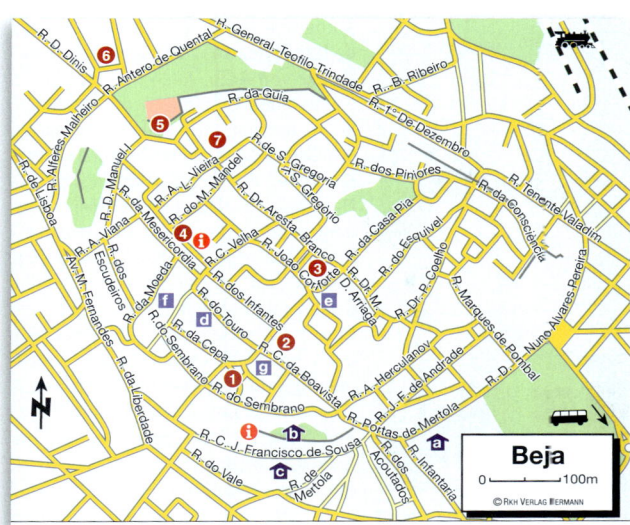

1   **Stadtrundgang**

1   Largo de São João
2   Convento de N. S. de Conceição
3   Kirche Santa Maria
4   Praça de República
5   Castelo
6   Santo Amaro
7   Kathedrale Sé

a   **Unterkunft**

a   Pousada de São Francisco
b   Residencial Bejense
c   Residencial Santa Barbara

a   **Essen und Trinken / Nachtleben**

d   Teotonius
e   Alentejano
f   Adega Tipica
g   Karas

3

Im Kloster ist das **Museu Regional Rainha D. Leonor** untergebracht. Es zeigt eine sehenswerte Ausstellung portugiesischer und flämischer Maler des 15. bis 18. Jahrhunderts. Ein Höhepunkt ist die üppig mit Barock-Azulejos und vergoldetem Schnitzwerk, *Talha dourada,* ausgestattete Kapelle, in die ein manuelinischer Torbogen führt. Herrliche Azulejos aus dem 17. und 18. Jahrhundert schmücken auch die Wände der aufeinander folgenden Klosterräume, in denen neben den Gemälden auch Grab- und Wappensteine ausgestellt sind (Di–So 9.30–12.30 u. 14–17.15 Uhr, Eintritt).

Ein Stück weiter passiert man die im 13. Jahrhundert errichtete gotische **Kirche Santa Maria (3)** mit ihren vier runden Türmen. Quer durch die Altstact nach

Der Torre de
Menagem

Norden gehend erreicht man die **Praça de República (4),** den lebhaften Mittelpunkt von **Beja.** Auch hier ist, wie in vielen anderen Städten des Alentejo, noch der manuelinische Schandpfahl erhalten. Vorbei an der **Igreja de Misericórdia**, die 1550 ursprünglich als Markthalle errichtet und später umgebaut wurde, geht's nun zum nordwestlichen Stadttor mit dem **Castelo (5).** Der im Tor eingemauerte römische Bogen ist deutlich zu erkennen. Die Burg ist wie viele hier eine von König Dinis um 1300 auf römischem Fundament gegründete Festung. Ihr teils aus Marmor erbauter, 40 Meter hoher Turm, der **Torre de Menagem,** gilt als der höchste Portugals. In der Burg zeigt ein kleines Militärmuseum Waffen und Kriegsgerät (Di–So 10–13 u. 14–18 Uhr, im Winter 9–12 u. 13–16 Uhr, Eintritt).

Tipp: Es sind zwar 200 Stufen, aber die Anstrengung lohnt sich. Von oben hat man einen schönen Blick auf **Beja** und die Ebene des Alentejo.

Hinter der Festung hält die Kirche **Santo Amaro (6)** eine ganz besondere Ausstellung bereit: Sie zeigt Werkzeug und Kultgegenstände der Westgoten, die vor den Mauren die Iberische Halbinsel beherrschten. Sehenswert ist auch die Kirche selbst. Einige der Säulen stammen von einem Vorgängerbau aus dem 6. Jahrhundert, sie wurden im 15. Jahrhundert in das neue Gotteshaus integriert (Di–So 9.30–12.15 u. 14–17.15 Uhr, Eintritt). Auf dem Rückweg zum Ausgangspunkt kommen Sie noch an der im Renaissancestil erbauten **Kathedrale Sé (7)** vorbei.

Service Beja

Information

Posto de Turismo, Rua Capitão João Francisco de Sousa 25, Tel. 284-311913, www.cm-beja.pt. Hier auch Fahrradvermietung.

Região de Turismo Planície Dourada, Praça da República 12, Tel. 284-310150, www.rt-planiciedourada.pt. Karten und Info-Material für die Region.

Unterkunft	**Pousada de São Francisco (a),** Largo Dom Nuno Alvares Pereira, Tel. 284-313580, Fax 284-329143, www.pousadas.pt. Viele sagen, sie sei die schönste Pousada Portugals. Auf jeden Fall wohnt man hier beispiellos romantisch. DZ ab 100 €.

Residencial Bejense (b), Rua Capitão João Francisco de Sousa 57, Tel. 284-311570. Freundlich eingerichtete Zimmer, alte Fotos an den Wänden und viele Blumen – eine charmante Altstadtpension. DZ ab 45 €.

Residencial Santa Barbara (c), Rua de Mértola 56, Tel. 284-31280, Fax 284-312289, www.residencialsantabarbara.pt. Zwar fehlt der Charme der Konkurrenz, aber das Personal ist freundlich. Die Zimmer sind nüchtern eingerichtet. DZ ab 45 €.

Essen und Trinken

Teotonius (d), Rua do Touro 8, Tel. 284-328010. Alentejo-Küche in eleganterem Rahmen und mit etwas bemüht trendiger Küche, aber sehr lecker! Probieren Sie das Wildkaninchen mit Apfelpüree.

Alentejano (e), Largo Duques de Beja 6-7, Tel. 248-323849. Spezialitäten aus dem Alentejo im ältesten Restaurant der Stadt. Mittel.

Adega Tipica (f), Rua da Moeda 23, Tel. 284-325960. Eine typische Weinkneipe mit rustikaler Einrichtung und deftigen Spezialitäten wie *Secretos de porco preto*. Mittel.

Nightlife

Karas (g), Largo de São João 17, Tel. 284-320088. Auf zwei Ebenen geht vor allem an den Wochenenden ab 23 bis 6 Uhr die Post ab. In einem Saal wird House gespielt, im anderen Salsa und Samba.

Beja Umgebung

Vidigueira

Von Beja 23 Kilometer in Richtung Évora findet man sich mitten im Weinland wieder. Vidigueira ist stolz darauf, als südlichstes Weinbaugebiet des Alentejo hervorragende Tropfen hervorzubringen. Man zählt einen berühmten Seefahrer zu den Seinen: Vasco da Gama erhielt 1519 die Grafschaft Vidigueira zum Dank für seine Leistungen. Von der Burg, die der Graf damals bewohnte, steht allerdings nur noch der **Torre de Menagem.** Beschaulich ist die von Pfarrkirche und Rathaus gesäumte **Praça da República.** Sehenswert ist die teils restaurierte römische **Villa São Cucufate** westlich der Stadt. Das Anwesen bestand aus Herrenhaus, Thermen, Tempel, Lagerhäusern und großen Agrarflächen und war vom ersten bis zum fünften Jahrhundert bewirtschaftet. Im 13. Jahrhundert übernahmen Mönche die Ländereien und errichteten ein Kloster, das im 18. Jahrhundert aufgegeben wurde. An den wieder aufgerichteten Mauern erkennt man, dass die Villa zwei Etagen hatte. Deutlich ist die Anlage der Thermen und des Getreidespeichers zu sehen. Anrührend wirken die mittelalterlichen Fresken im Kloster *São Cucufate* (Sommer 9.30–12.30 u. 14.30–17.30 Uhr, Winter 9–12.30 u. 14–17 Uhr, Eintritt). Wenn Sie hier übernachten möchten: *Herdade das Sesmarias* ist ein stattliches, elegant eingerichtetes Landgut mit Pool und großen Korkeichen- und Olivenpflanzungen unweit der römischen Stätte. Es gibt Tennisplätze, Fahrräder zu leihen und am nahen Stausee kann man angeln gehen (Vila de Frades, Tel. 284-441208, Fax 284-441007, www.herdade-sesmarias.com. DZ ab 70 €).

Serpa

Das Städtchen 30 Kilometer südöstlich strahlt richtiggehend, so weiß sind seine niedrigen und zumeist einstöckigen Häuser. Für Farbakzente sorgen Ocker und Blau um Türen und Fenster und das Rot von Geranien hinter den schmiedeeisernen Gittern. König Dinis ließ nach dem endgültigem Sieg über die Mauren Mitte des 13. Jahrhunderts auch hier eine Burg errichten und eine Stadtmauer anlegen, die in die Bauteile des noch bestehenden römischen Aquäduktes integriert wurden. Warum nun ausgerechnet hier ein **Uhrenmuseum** eröffnet wurde, kann man sich fragen – immerhin besitzt es eine stolze Sammlung von historischen bis zu modernen Zeitmessern (Museu do Relógio, Sa/So 10–17 Uhr, Di–Fr 14–17 Uhr, Eintritt). Das **Museu Etnográfico** in der alten Markthalle zeigt Handwerk und Traditionen des Alentejo (Largo do Corro, Di–So 9–12.30 u. 14–17.30 Uhr). Ansonsten ist

Käse aus Portugal: kulinarisch bietet auch die Region Alentejo Leckerbissen wie den berühmten Käse von Serpa

es einfach schön, durch den Ort zu bummeln und das fantastische (und immer wieder aufgefrischte) Weiß zu bewundern. Einkehren kann man bei *Molha o Bico,* das derzeit als die beste Adega in Serpa gilt und fast ausschließlich mit lokalen Produkten kocht (Rua Quente 1, Tel. 284-549264. Mittel). Zum Übernachten lädt die *Casa de Serpa* mit stilvoll eingerichteten Zimmern ein (Largo do Salvador 28, Tel./Fax 284-549238,

José Bule, Rua de Nossa Senhora 4, verkauft köstlichen Serpa-Käse.

www. casadeserpa.com, DZ ab 55 €). Auch die *Casa da Muralha* in reizvoller Lage, direkt an die Stadtmauer und das Aquädukt gelehnt, ist empfehlenswert (Rua das Portas de Beja 39, Tel. 284-543150, www.casa damuralha.com, DZ ab 65 €).

Moura

Was der Käse für Serpa, ist das Olivenöl für Moura: *Azeite de Moura* gilt als eines der besten Öle in Portugal. Das mauerbewehrte Städtchen hat die gleiche Geschichte wie Serpa: 1332 erfolgte die endgültige Vertreibung der Mauren, danach wurde das **Castelo** am höchsten Punkt des Ortes erbaut. Hübsch ist die zentrale **Praça de Sacadura Cabral** mit der manuelinischen Pfarrkirche, einem Rathaus mit Stadtmuseum und dem Brunnen **Três Bicas,** der auf die Bedeutung Mouras als Kurort verweist. **Mouraria** heißt der Stadtteil, in dem früher angeblich die verbliebenen Mauren lebten. Niedrige Häuser säumer die Gassen, auch hier strahlend weiß getüncht. Aus über 35 Olivenölsorten können Sie bei *CEPAAL* wählen, kosten und kaufen (Praça Gago Coutinho 3, Tel. 285-250990, Mo–Fr 9–12.30 u. 14–17.30 Uhr). Im Landgut *Herdade dos Coteis* gibt's neben Öl auch Serpa-Käse und Wein (Rua S. Lourenço, Tel. 285-253363).

> ### Tipp: Horta de Torrejais
>
> Das Landgut in der Nähe von Moura am Guadiana gelegen ist eine gelungene Verbindung traditioneller Architektur und einer modernen Einrichtung bar jeglicher Folklore. Im Sommer erfrischt ein Pool, im Winter sitzt man im Salon an einem offenen Kamin. Zum Anwesen gehören ein üppig blühender Garten, Olivenhaine und Hunderte von Vögeln. Estrada da Barca, Tel. 285-253658, www.torrejais.com, DZ ab 80 €.

Mértola und der Parque Natural do Vale do Guadiana

Dort, wo Oeiras und Guadiana zusammenfließen, wurde schon in der Römerzeit Handel getrieben. Von seiner Mündung in den Atlantik bis hier war der Guadiana schiffbar, ein idealer Transportweg also. Auf die maurische Besetzung folgte im 13. Jahrhundert wie in den anderen Alentejo-Orten der Ausbau der maurischen Burg zur Festung. Heute sind davon überwiegend Ruinen übrig. Auch die Moschee wurde umfunktioniert, zur manuelinischen **Igreja Matriz** mit runden, zinnenartigen Türmchen. Im Inneren ist aber noch die Gebetsnische *Mihrab* aus der islamischen Zeit erhalten, und ein Hufeisenbogen passte offensichtlich auch zum manuelinischen Geschmack. Hübsch ist der Blick von der **Praça Luis de Camões** über den Guadiana.

Museumsstadt Mertóla

Gleich fünf Museen widmen sich in Mertóla den verschiedenen historischen und ethnographischen Aspekten. Wenn Sie sich dafür interessieren, lohnt sich der Kauf eines Sammeltickets. Das **Museu Islámico** zeigt das maurische Erbe, das **Museu Arte Sacra** christliche sakrale Kunst. Im **Museu Paleocristão** geht's um die vorchristlichen Relikte wie Grabbeilagen, im **Museu Romano** um die römische Epoche (tgl. 9–12.30 u. 14–17.30 Uhr, Eintritt, Sammelticket gilt auch fürs Castelo). Und last but not least: Die **Oficina de Tecelagem** ist eine Art Museum der Weberei, in der nach alten Vorbildern und Methoden gewebt wird. Die schönen Decken und Teppiche können Sie kaufen (Largo Vasco da Gama, tgl. 9–12.30, 14–17.30 Uhr).

Geführte Wandertouren organisiert Ecoland, Corte Gafo de Cima, Mertóla, Tel. 286-611111, www.ecoland.pt

Mertóla liegt mitten im **Parque Natural do Vale do Guadiana,** dessen Vogelreichtum und stille landschaftliche Schönheit etwas für Genießer sind. Mehrere Wanderwege führen durch das Naturschutzgebiet, in dem es auch zahlreiche prähistorische Steinsetzungen zu entdecken gibt. Eine Karte ist beim **Posto de Turismo** in Mértola erhältlich (Rua da Igreja, Tel. 286-610100).

Die Festung von Mertóla

Gewundene
Gasse durch
Mertóla hinauf
zur Festung

Castro Verde

Das Städtchen 60 Kilometer südwestlich von Beja hat zwei Attraktionen: Ein Gotteshaus mit wertvollem Kirchenschatz und über 1100 Großtrappen, die schwerste flugfähige Vogelart in Europa und der Welt. Die **Basílica Real de Nossa Senhora da Conceição** hat Wurzeln in der Zeit der Reconquista, als nach dem Sieg über die Mauren eine gotische Kirche errichtet wurde. Im frühen 18. Jahrhundert wurde sie dann mit über 30.000 blau-weißen Azulejos und einer bemalten Holzdecke barock ausgestattet. In der Sakristei wird der Kirchenschatz gezeigt, darunter befindet sich auch ein goldenes Kopfreliquiar des São Fabião aus dem 13. Jahrhundert und ein in Portugesisch-Indien geschnitztes Elfenbeinkruzifix aus dem 17. Jahrhundert.

Mit einer Population von über 1100 **Großtrappen** *(Otis tarda)* ist die Region um Castro Verde ein Lieblingsziel für Freunde dieser großen Vögel. Man sieht sie häufig schon bei der Anfahrt vom Auto aus. Im *Centro de Educação Ambiental* an der Straße in Richtung Beja gibt's Tipps für Wanderungen zur Vogelbeobachtung. Ausgewiesen sind fünf Wanderwege zwischen neun und 26 Kilometer Länge.

3

Bitte schreiben oder mailen Sie (rkhhermann@aol.com), wenn sich in Portugal Dinge verändert haben oder Sie Neues wissen. Wir beantworten jede Zuschrift. Danke!

An der Costa Dourada

Bis auf wenige Ausnahmen ist die Küstenlinie des Alentejo, wie das Innere auch, etwas für Individualisten. Hotels gibt es nur wenige. Man parkt sein Wohnmobil auf dem Stellplatz am Meer, wohnt in Privatpensionen oder mietet, wie es die Portugiesen tun, eine Ferienwohnung. Dass die Küstenlinie noch so unverbaut ist, verdankt sie ihrem recht rauen Klima. Winde und Strömungen lassen kein echtes Badevergnügen aufkommen, eher finden Surfer hier gute Gelegenheiten. Zusammen mit der zur Algarve gehörenden **Costa Vicentina** steht das Küstengebiet als *Parque Natural do Sudoeste Alentejano e Costa Vicentina* unter Naturschutz.

Santiago do Cacém

Auch dieses ein Stückchen landeinwärts liegende Städtchen duckt sich in den Schatten einer mächtigen **Burg,** in der sich die Tempelritter nach der Vertreibung der Mauren niederließen. Neun der zehn Wehrtürme sind noch erhalten, im Inneren liegt ein romantischer Friedhof und der Blick reicht weit über die tiefgrün bewaldete Ebene bis an den Atlantik. Reizvoll ist die barocke Ausstattung der im 13. Jahrhundert erbauten **Igreja Matriz** mit blau-gelben Azulejos aus dem 17. Jahrhundert. Eine feine Arbeit manuelinischer Künstler ist die **Porta do Sol,** der südliche Kircheneingang (Mi–So 10–12.30 u. 14–17 Uhr). In der **Rua dos Combatentes da Grande Guerra** ist das „Grüne Haus", *Casa Verde,* mit Jugendstil-Azulejos geschmückt – eine Rarität! Und wie jeder ordentliche Ort hat auch Santiago seinen **Pelourinho,**

der allerdings erst 1845 hier aufgestellt wurde. Am östlichen Ortsrand drehen sich bei gutem Wind die Mahlsteine der historischen **Windmühle,** die von der Stadtverwaltung restauriert wurde. Dann kann man zusehen, wie Korn gemahlen wird (Di–Sa 9–12.30 u. 14–16.30 Uhr).

Service Santiago do Cacém

Information   **Posto de Turismo,** Largo do Mercado, Tel. 269-826696, www.cm-santiago-do-cacem.

Unterkunft   s.a. „In der Umgebung"

Essen und Trinken   **Solar do Canu(**, Largo 5 de Outubro 4, Tel. 269-826403. Neben der Spezialität *bacalhau com natas* gibt's hier auch gute Pizza und Pastagerichte. Mittel.

O Grelhador, Rua Camilo Castelo Branco 22, Tel. 269-823513. Ein rustikaler Familienbetrieb mit frischem Fisch und Meeresfrüchten nach traditionellen Rezepten. Mittel.

Santiago do Cacém Umgebung

Lagoa de Sto. André

Rund 15 Kilometer nordwestlich rahmen die Sanddünen mehrere Lagunen ein, die von Süßwasserquellen gespeist werden und deren größte die *Lagoa Sto. André* ist. Früher stand sie im Austausch mit dem Meer, heute ist die Verbindung unterbrochen und wird nur einmal im Jahr im Frühjahr geöffnet, damit ein Wasseraustausch stattfinden kann. Die Lagunen sind Lebensraum einer Vielzahl von Wasservögeln und Rastplatz auf den Migrationsrouten der Zugvögel. Geschützt vor Strömungen und Brandung kann man hier auch sehr gut baden.

Surfbretter und Kurse gibt's bei Filipa Espada und André Teixeira, Tel. 269-087145, www.costazulsurf.com.

3

Unterkunft / Essen und Trinken   **Monte da Lezíria,** Monte da Lezíria, Estrada Municipal 1087, Vila Nova de Santo André, Tel. 269-084935, Fax 269-084877, www.montedaleziria.com. Das geschmackvoll eingerichtete Ferienhotel liegt an der Lagune Sto. André und bietet viele Freizeitmöglichkeiten. DZ ab 60 €.

Fragateira Café, Lagoa de Santo Andre, Tel. 269-749260. Einfache, aber schön gelegene Unterkunft und Restaurant, hauptsächlich von Surfern frequentiert. Zimmer mit Etagendusche/-WC. DZ ab 25 €.

Sines

Vasco da Gamas Geburtsstadt hat sich – sicherlich im Sinne ihres berühmten Sohnes – den Anforderungen und Chancen der Neuzeit nicht verschlossen und voll

Tipp: Als Bindeglied zwischen altem und modernem Sines versteht sich das **Centro de Artes de Sines** in der Rua Cândido dos Reis. 2005 wurde es vom Architektenbüro Aires Mateus mit deutlichen Anklängen ans Castelo erbaut. Im Inneren sind die städtischen Archive, eine Bibliothek, Veranstaltungssäle, eine Kunstgalerie mit wechselnden Ausstellungen zeitgenössischer Werke und ein Museumsladen untergebracht.

auf den Ausbau eines modernen Industriehafens gesetzt. Für Touristen hat das den Nachteil, dass man etwas Mühe hat, den hübschen historischen Ortskern zu finden, in dessen Mittelpunkt wie immer das **Castelo** thront. Dort verbrachte der berühmte Seefahrer angeblich seine Kindheit. Sein Vater Estêvão war Verwalter, *caid,* von Sines. 1469 wurde der Entdecker des Seewegs nach Indien hier geboren. Das neu eingerichtete **Burgmuseum** zeigt u.a. den wertvollen Kirchenschatz der Kapelle *Senhora das Salas,* in erster Linie Votivgaben an die Jungfrau sowie archäologische Funde aus der Region (Mi–So 10–12.30 u. 14.30–18 Uhr, Eintritt). Neben der Festung erinnert ein **Denkmal** vor der **Igreja Matriz** an den berühmten Seefahrer. Im Gassengewirr um die Burg kann man die teils schön renovierten niedrigen Häuschen bewundern.

Das **Festival Músicas do Mundo** bringt jedes Jahr Ende Juli prominente Weltmusiker nach **Sines.** Infos unter www. fmm.com.pt.

Ein Abstecher nach Westen führt zur **Capela Nossa Senhora das Salas** über dem alten Hafen, die Vasco da Gama in Erinnerung an seine Entdeckungsfahrt 1497/98 nach Indien im manuelinischen Geschmack aufwendig umbauen und ausstatten ließ. Die Kapelle ist ein bedeutender Wallfahrtsort der Fischer.

Wenn Sie in Sines übernachten möchten, empfiehlt sich die schön über dem Hafen gelegene Altstadtpension *Residencial Veleiro* (Rua Sacadura

Vasco da Gama blickt auf seine Heimatstadt

Cabral 19, Tel. 269-634751, www.residencialveleiro
.com, DZ ab 60 €). Ein empfehlenswertes Restaurant
ist das *O Migas* (Rua Pero de Alenquer 17, Tel. 269-
636767, So. geschl., mittel bis teuer).

Sines Umgebung

Porto Covo

Der Hauptplatz des Badeortes knapp zwölf Kilometer
südlich von Sines ist nach dem Marquês de Pombal
benannt, der Lissabons Baixa-Viertel im Schachbrettraster errichten ließ, auch Porto Covo ist so angelegt. Das schmucke Dorf mit seinen niedrigen, in
Weiß und Blau gehaltenen Häuschen ist ein sehr be-
schaulicher Ort, obwohl natürlich auch hier neue
Apartmentsiedlungen entstehen. Bei ruhiger See
kann man an den beiden Buchten **Praia Grande** und
Praia da Ilha geschützt baden. Eine im traditionellen Stil gehaltene Anlage ist das *Porto Covo* mit nett
eingerichteten Apartments (Rua Vitalina da Silva 1,
Tel. 269-959140, Fax 269-959145, www.bestwestern
hotelportocovo.com, DZ ab 55 €). Einsam und ruhig wohnen Sie im *Refúgio da Praia* an der südlich
gelegenen Praia do Queimado (Tel. 269-959063,
www.refugiodapraia.com, DZ ab 50 €). Ansonsten
empfiehlt sich **Porto Covo** mit guter gastronomischer
Auswahl, z.B. der *Cerverarija Marquês* am Hauptplatz
(Tel. 269-905036, mittel) oder im etwas elegante-
ren *Falésia* (Rua da Praia Pequena, Tel. 269-905085,
mittel bis teuer), wo es stets fangfrischen Fisch gibt.

Über der **Praia Grande** stehen immer ein paar Wohnmobile. Der Parkplatz mit Blick auf's Meer ist zwar nicht offiziell als Stellplatz anerkannt, wird aber toleriert.

Vila Nova de Milfontes

Der Ort an der Mündung des Flusses Mira in den
Atlantik wurde 1486 gegründet. Landschaftlich
außerordentlich schön gelegen, hat sich Vila Nova
trotz des sommerlichen Ansturms von zumeist portugiesischen Feriengästen einen fast dörflichen
Charakter mit weißen Häuschen und blau-gelbem
Dekor bewahrt. Außer der Festung, die heute ein
Hotel ist, gibt's im Ort nicht allzu viel zu sehen; dafür lässt sich's hier an der Mündung des Mira ins Meer
und am südlich daran angrenzenden Strand **Praia de
Furnas** gut und geschützt baden.

	Service Vila Nova de Milfontes
Information	**Posto de Turismo,** Rua António Mantas, Tel. 283-996599.
Unterkunft	**Castelo de Milfontes,** Avenida Marginal, Tel. 283-998231, Fax 283-997122. Romantische Burgatmosphäre am Atlantik. Wenn schon, denn schon: Buchen Sie ein Burgzimmer. DZ ab 160 €.
	Casa Amarela, Rua D. Luís Castro e Almeida, Tel. 283-996632, www.casaamarelamilfontes.com. Ein vielgereister, liebenswerter Hausherr, freundliche Zimmer, eine Sonnenterrasse, zwei Küchen zur Verfügung der Gäste, kurzum, ein Haus mit weltoffener, bunter und manchmal auch chaotischer Atmosphäre und viel Charme. DZ ab 40 €.
	Casa dos Arcos, Rua do Cais, Tel. 283-996264, Fax 283-997156. Moderne Pension mit zweckmäßig eingerichteten Zimmern mit Klimaanlage und TV. DZ ab 40 €.

> **Tipp:** **Tres Marias,** Ribeira da Azenha, Tel. 269-905950, www.hotel-ami.pt. Eine Entdeckung auf halber Strecke zwischen **Vila Nova** und **Porto Covo** in reizvoller, unberührter Natur. Angefangen haben Cláudia und Balz mit einem Restaurant; nun ist ein Turismo Rural mit wunderbar geschmackvoll eingerichteten Zimmern, üppigem Frühstück und Abendessen mit bester Alentejo-Küche daraus geworden. DZ ab 50 €.

Essen und Trinken	**Tasca do Celso,** Rua dos Aviadores 34, Tel. 283-996753. Alentejo-Küche mit schickem Touch. Man probiere die *Choquinhos fritos,* krosse Baby-Tintenfische. Unbedingt reservieren! Mittel bis teuer.
	O Chaparrinho, Rua da Casa do Povo 8, Tel. 283-998083. Als Alternative zum frischen und köstlich zubereiteten Fisch können Sie in diesem rustikalen Familienrestaurant *Lebre com feijão branco,* Hase mit weißen Bohnen, probieren. Mittel.
	Sandwicheira Paparoca, Largo Brito Pais 1, Tel. 283-996286. Gute Sandwiches, Omeletts und Suppen für den mittelgroßen Hunger. Preiswert.
Nightlife	Dass Vila Nova ein jüngeres Publikum anzieht, sieht man an den vielen Bars und Lounges, so der *Buddha Bar Lounge,* die allerdings mit dem Original in Paris nicht konkurrieren kann. Andere wie das *Trifásico* (Avenida da Praia 1, Longueira/Almograve) öffnen nur in den Sommermonaten ihre Pforten. Das ganze Jahr über abtanzen kann man im *Quebramar* an der Praia da Franquia, in erster Linie zu Latin.

Vila Nova de Milfontes Umgebung

Zambujeira do Mar

Zwischen Vila Nova und dem 30 Kilometer südlicher gelegenen Zambujeira passiert die Straße zahlreiche Strände und Buchten. Die Landschaft ist karg, mit niedriger Macchia bewachsen. Von der Straße hat man einen grenzenlosen Blick in die Weite. Auf Zambujeira zu werden die Klippen zum Meer hin höher und auf einer dieser Klippen thront der kleine Fischerort, der sich im Sommer in ein lebhaftes, manche würden sagen überlaufenes Badeziel verwandelt. Dann findet man am von schützenden Felsen eingerahmten Strand unterhalb des Ortes kaum noch ein Plätzchen. Meiden sollte man Zambujeira während des Open-Air-Rock-Spektakels *Festival de Sudoeste* – es sei denn, man ist Fan und genießt den Auftritt weltbekannter Bands in diesem abgelegenen Ort.

Unterkunft / Essen und Trinken

Monte do Papa-Légbuas, einen Kilometer nördlich von Zambujeira, Tel. 283-961470, www.montedopapalegbua. com. DZ ab 70 €. Charmantes, ländliches Anwesen mit freundlich und geschmackvoll eingerichteten Zimmern und Suiten. Es gibt einen Pool, kostenlose Fahrräder und die Möglichkeit zu reiten.

Pensão Rita, Lote 6 e 7, Tel. 283-961330. Restaurant und Pension in schöner Lage über dem Strand. DZ ab 30 €.

Nightlife

Spera-m' Entrando, Rua das Flores 9, Tel. 253-618234. Knallbunte Farben, Longdrinks und Gast-DJs machen die Bar zu einem beliebten Treffpunkt an der Südwestküste.

Odeceixe

Das malerisch gelegene Dorf mit Windmühle gehört eigentlich bereits zur Provinz Algarve, ist aber als Ausflugsziel von Vila Nova de Milfontes noch gut zu

Historische Windmühle

erreichen. Weit vorragende Felsklippen schützen den kleinen Strand. Ein Grund, den Ort zu besuchen, könnte die köstliche *Feijoada rica de peixe,* Bohneneintopf mit Fisch, sein, die man in der *Taverna do Gabão* bekommt (Rua do Gabão 9, Tel. 282-947549, mittel). Und wenn das Essen zu üppig oder der Wein zu schwer war, hält die *Casa des Hóspedes Margarida* (Rua das Amoreiras 16, Tel. 282-947445, www.quartosdeodeceixe.com, DZ um 40 €) ein freundliches Zimmer für die Nacht bereit.

Centro - Zentralportugal

Die fruchtbaren Hügelketten der Estremadura, die schroffen Hänge der Serra da Estrela und die Dünen und Lagunen bei Aveiro an der Atlantikküste prägen

das Landschaftsbild Zentralportugals. Architektonisch und kulturell sind die Universitätsstadt Coimbra, die manuelinischen Klöster von Batalha und Alcobaça sowie die Tempelritterburg von Tomar die absoluten Highlights im südwestlichen Teil des Centro. Von Lissabon aus lohnen diese Ziele auf jeden Fall einen Besuch. Spiritueller Anziehungspunkt ist die Marienwallfahrtsstätte Fatima.

Alcobaça

Coimbra

Die Universitätsstadt 200 Kilometer nördlich von Lissabon zählt zweifelsohne zu den am schönsten gelegenen Städten Portugals. Vom Rio Mondego zieht sich die historische Altstadt mit ihren ehrwürdigen Kirchen und Palästen, schmalen Handwerkergässchen und repräsentativen Einkaufssträßchen einen steilen Hügel empor. Oben befindet sich die bereits im 14. Jahrhundert von König Dinis gegründete Universität. Seine Gattin, Königin Isabel hat sich mit dem Kloster Santa Clara a Velha auf der gegenüberliegenden Mondego-Seite ein Denkmal gesetzt und wird als Stadtpatronin und Heilige alle zwei Jahre mit einem Fest gefeiert. Am Mondego-Ufer kann der Besucher zeitgenössische portugiesische Architektur im neu gestalteten Parque Verde do Mondego bewundern.

Wissenschaft, Kunst und Fado

Wahrscheinlich gab es vor dem römischen Aeminium (so hieß Coimbra zur Zeit der Römer) bereits eine vorgeschichtliche Siedlung am Mondego, der Name kommt aber von einer anderen römischen Stadt, den 15 Kilometer südwestlich liegenden Conímbriga. Es wurde im 5. Jahrhundert zerstört und lebt nun sozusagen in der Stadt Coimbra weiter. Anfang des 9. Jahrhunderts übernahmen die Mauren die Herrschaft, wurden aber im 11. Jahrhundert endgültig vertrieben. Ab dem 12. Jahrhundert war Coimbra rund hundert Jahre die Hauptstadt des portugiesischen Königreiches. 1256 wurde es zugunsten von Lissabon aufgegeben und erhielt zum Ausgleich 1307 von König Dinis die Lissaboner Universität, die im 16. Jahrhundert an ihren jetzigen Standort im ehemaligen Königspalast umzog und dann ihre Blüte erlebte. Zur gleichen Zeit wurde in Coimbra eine Bildhauerschule gegründet, der zahlreiche Künstler aus anderen europäischen Ländern angehörten und die die portugiesische Bildhauerei nachhaltig beeinflusste. Bis heute ist Coimbra von der Universität und den rund 20.000 Studenten geprägt, die während des Semesters für ein sehr lebhaftes Flair auf den Straßen und Plätzen sowie in den zahllosen Kneipen der Stadt sorgen. Die Studenten waren es auch, die die Fado-Tradition in Coimbra begründeten. Sie unterscheidet sich deutlich vom Lissaboner Fado. Die Studenten etablierten nicht zuletzt eines der wichtigsten Ereignisse in Coimbra: die Queima das Fitas, bei der feierlich die *fita,* ein farbiges Band, das die Zugehörigkeit zur jeweiligen Fakultät symbolisiert, von den Studienabgängern verbrannt wird.

4

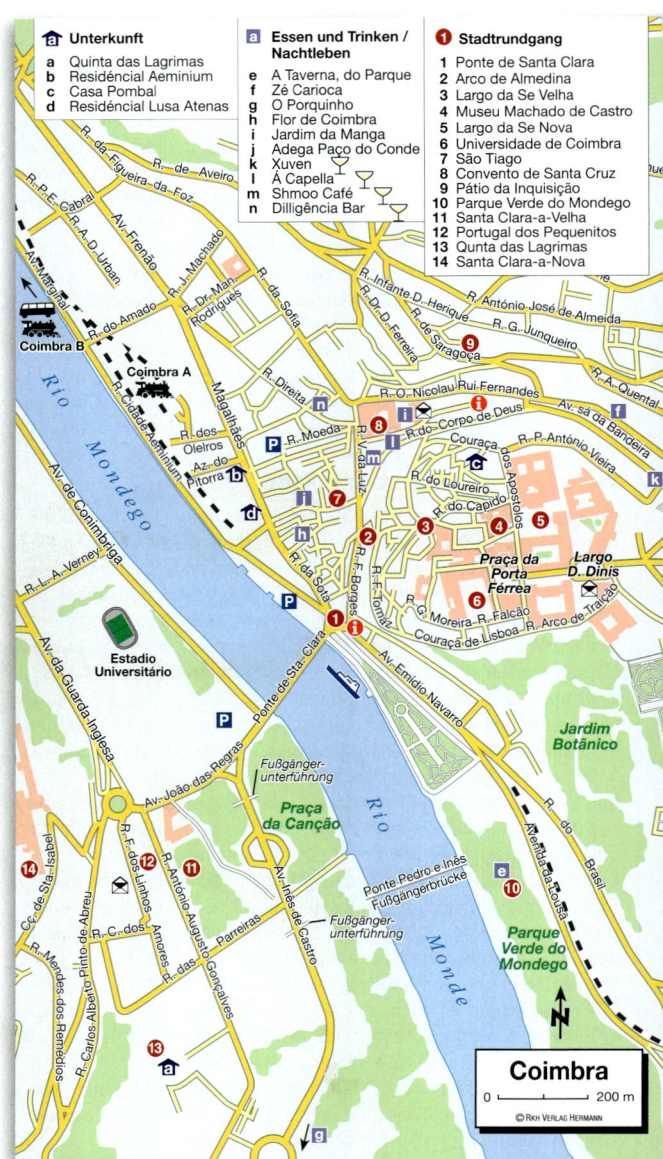

🏠 Unterkunft

a Quinta das Lagrimas
b Residéncial Aeminium
c Casa Pombal
d Residéncial Lusa Atenas

🅰 Essen und Trinken / Nachtleben

e A Taverna, do Parque
f Zé Carioca
g O Porquinho
h Flor de Coimbra
i Jardim da Manga
j Adega Paço do Conde
k Xuven
l Á Capella
m Shmoo Café
n Dilligência Bar

① Stadtrundgang

1 Ponte de Santa Clara
2 Arco de Almedina
3 Largo da Se Velha
4 Museu Machado de Castro
5 Largo da Se Nova
6 Universidade de Coimbra
7 São Tiago
8 Convento de Santa Cruz
9 Pátio da Inquisição
10 Parque Verde do Mondego
11 Santa Clara-a-Velha
12 Portugal dos Pequenitos
13 Qunta das Lagrimas
14 Santa Clara-a-Nova

Coimbra

0   200 m

© RKH VERLAG HERMANN

Stadtrundgang

Ein guter Ausgangspunkt ist die Kreuzung Avenida Emídio Navarro und **Ponte de Santa Clara (1),** wo sich die Touristenformation befindet. Am angrenzenden **Largo da Portagem** beginnt die bergauf führende Rua Ferreira Borges, an der das **Edifício Chiado** näheres Hinsehen verdient: Die Jugendstilfassade mit üppigem Schmiedeeisen-Dekor wird gelegentlich Gustave Eiffel zugesprochen, der im Norden Portugals an verschiedenen Bauprojekten beteiligt war. Im Inneren zeigt ein privater Mäzen seine Sammlung von Keramik bis Kunst (Okt.–März, Di–Fr 10–18, Sa 10–13, 14–18 Uhr; April–Sept. Di–Fr 10–19, Sa 10–13, 14–19 Uhr, Eintritt). Durch das Stadttor **Arco de Almedina (2)** geht's nun treppauf durch eine der malerischsten Gassen der Altstadt, die Rua de Quebra-Costas. Gleich zu Beginn wird sie von mehrere Läden und Cafés wie der *Medina Bar* und *Almedina CD's* gesäumt. Die Namen verraten es: Hier befinden Sie sich im Bereich der ehemaligen maurischen Medina. Die Gasse endet am **Largo da Se Velha (3)** an der alten Kathedrale, die im 12. Jahrhundert auf den Fundamenten einer Kirche aus dem 6./7. Jahrhundert erbaut wurde. Sie ist ein wuchtiger, kompakter Festungsbau mit Zinnenkranz und romanischen Portal- und Fensterbögen an der Westfassade. Im Inneren schmücken sie Renaissance-Grabmäler sowie ein wunderbar gearbeiteter, gotischer Hochaltar. Löwen und Ungeheuer stemmen das Taufbecken aus dem 16. Jahrhundert. Wesentlich älter ist der stille Kreuzgang an der Südseite der Kathedrale: Er stammt aus dem 13. Jahrhundert.

Altstadt Coimbra

Folgt man der Rua Borges Cameiro weiter bergauf, kommt man zu einem ungewöhnliches Museum: Das **Museu Machado de Castro (4)** residiert im ehemaligen bischöflichen Palais, das über einer römischen Krypta erbaut wurde. Diese und die angrenzende romanische Kirche **São João de Almedina** sind nun Teil des Museums. Gezeigt werden archäologische Funde aus den römischen Siedlungen sowie Kunstwerke und Schmuck aus Renaissance und Barock. Das Museum war jahrelang wegen Renovierung geschlossen (Öffnungszeiten können bei der Touristeninformation erfragt werden).

Repúblicas

In der Umgebung des Museu Machado können sie nach Schildern mit der Aufschrift „República" Ausschau halten, z.B. an der Rua de Matemática. Repúblicas sind politisch zumeist links gerichtete Studentenwohngemeinschaften, eine Besonderheit, die es nur in Coimbra gibt.

Treppen führen vom Largo Dr. José Rodrigues zum **Largo da Se Nova (5),** wo sich die neue Kathedrale im Gewand des Barock präsentiert. Hier befinden Sie sich bereits im Universitätsviertel, das aus den einzelnen Fakultäten besteht. Der historische Universitätsbau ist zu Fuß allerdings ein gutes Stück entfernt (über Rua Larga und Praça da Porta Férrea).

Die **Universidade de Coimbra (6)** ist schon von außen ein ungemein imposanter Bau und ihre Lage über der Stadt ist einfach herrlich. Man betritt sie durch die barocke **Porta Férrea** und findet sich auf einem großen Platz mit der Statue Königs João III. (1502–1557) wieder. Nach Süden öffnet sich der Universitätsplatz zu einem fantastischen **Miradouro,** von dem man einen Blick weit über die Stadt und den Fluss hat. An der Nordseite stehen das älteste Universitätsgebäude mit dem Arkadengang **Via Latina,** in dem früher nur Lateinisch gesprochen werden durfte, der **Sala dos Capelos,** wo die Studenten bis heute ihre Abschlussurkunden und die charakteristischen Kappen, *capelos,* erhalten, und die barocke **Sala do Exame Privado,** wo früher die Prüfungen stattfanden. Die Westseite beherrschen der Turm **Torre da Universidade** und die dazugehörige barocke **Capela de São Miguel,** die mit schönen Azulejos ausge-

Reservierung für
die Bibliothek:
Tel. 239-859818,
Fax 239-825841,
reservas@ci.uc.pt

stattet ist. Der Hauptanziehungspunkt ist die grandiose **Biblioteca Joanina,** ein barockes Meisterwerk mit überaus wertvollem Buchbestand, kostbaren, mit Intarsien geschmückten Möbeln und wunderbaren Deckenfresken. In der Hochsaison sollte man die Führung durch die Bibliothek vorab reservieren, sonst ist mit langen Wartezeiten zu rechnen.

Übrigens: Diese Kostbarkeit ist nicht durch eine Alarmanlage gesichert! In der Bibliothek lebt eine Zwergfledermausart, die nachts auf Jagd nach Schädlingen wie Motten oder Holzwürmern geht. Bewegungsmelder würden folglich ununterbrochen anschlagen (Nov.–Feb. Mo–Fr 9.30–17.30, Sa/So 10.30–16.30 Uhr, im Sommer tgl. 9–19.30 Uhr. Tickets gibt's jeweils schon eine halbe Stunde früher. Die Kassen schließen eine halbe Stunde vor Ende der Besichtigungszeit, Eintritt).

Über eine Treppe an der Südwestecke des Platzes verlässt man die Universität und folgt der Rua da Ilha zurück zum Largo da Se Velha (3). Dann geht es eine Gasse hinunter zum Arco de Almedina (2). Auf der Rua Visconde da Luz wenden Sie sich nach Norden: Die Kirche **São Tiago (7)** stammt aus dem 11. Jahrhundert und ist gut erhalten (Di–Sa 12.30–19.30 Uhr). Sie steht etwas unterhalb an der langgestreckten Praça do Comércio, dem ehemaligen Marktplatz von Coimbra. Ein weiteres architektonisches wie kulturelles Highlight erwartet Sie an der Praça 8 de Maio: der **Convento de Santa Cruz (8)**. 1131 gegründet und

Universidade
de Coimbra

Studentenszene

Coimbras Studenviertel sind die Gassen rund um die Praça da República, wo man zahlreiche „Cantinas" findet, in denen es nach Vorlage des Studentenausweises sehr preiswertes Essen gibt. Unverzichtbare Utensilien des Studentenlebens, die *capa* (Cape) und die *batina* (Gehrock), kauft man z.B. im „Toga" in der Aveida Sá da Bandeira.

im 15./16. Jahrhundert von den berühmten Baumeistern Diogo de Boitaca und Nicolas de Chanterène umgebaut, ist heute in seinem Nordflügel das Rathaus untergebracht. Den Südflügel nimmt die **Igreja de Santa Clara** ein. Durch das manuelinische Portal gelangt man in einen von Netzgewölben überspannten Kirchenraum, in dem die Renaissance-Grabmäler der beiden ersten portugiesischen Könige, Afonso Henriques und Sancho I., die Aufmerksamkeit auf sich ziehen. Prunkvoll ist die auch im 16. Jahrhundert angefertigte Kanzel. Durch eine Seitentüre gelangt man in den manuelinischen Kreuzgang **Claustro do Silêncio,** in dem es einen schönen Brunnen gibt. Auch der „Ärmelgarten" **Jardim da Manga** gehört zur ehemals weitläufigen Klosteranlage. In der Mitte des ehemaligen Kreuzgangs steht ein überkuppelter Bau, der von Wassergräben geschützt wird. Die Anlage zählt zu den ältesten Zeugnissen der Renaissance in Portugal (Mo–Sa 9–12, u. 14–17, So 16–18 Uhr, Eintritt).

Schräg gegenüber residierte von 1566 bis 1821 die Inquisition im **Pátio da Inquisição (9).** Ein Flügel des Gerichtshofes dient heute als Ausstellungsraum des **Centro de Artes Visuais,** das regelmäßig spannende Fotoausstellungen internationaler und nationaler Fotografen zeigt (Pátio da Inquisição 10, Tel. 239-826178, Di–So 14–19 Uhr, Eintritt).

Abstecher zum Parque Verde do Mondego (10)

Café im Kloster:
Im Café *Santa Cruz* ist die Zeit im Jahr 1923 stehen geblieben. Es zählt sicherlich zu den schönsten historischen Kaffeehäusern Portugals.

Vom Largo da Portagem den Mondego entlang nach Süden passiert man zunächst die Parkanlage Dr. Manuel Braça mit dem sehenswerten **Museu da Agua** (Di–So 10–13, 14–18 Uhr, Eintritt). Das dazu gehörende, hübsche Café lädt zur Rast am Mondego-Ufer ein. Im Wassermuseum geht's vor allem um das Verhältnis von Stadt und Fluss und um dessen gleichermaßen zerstörerische wie lebensstiftende Kraft. Der Park leitet über zum neu gestalteten Mondego-Ufer, wo moderne Architektur einen spannenden Gegenpol zu den historischen Bauten Coimbras bildet.

Architekt Camilo Cortesão war für dieses Projekt an den beiden Montego-Ufern verantwortlich. Zahlreiche angesagte Cafés und Restaurants säumen die Grünanlage, deren kultureller Mittelpunkt der **Pavilhão Centro de Portugal** ist. Die Architekten Souto Moura und Siza Vieira entwarfen ihn für die Expo 2000 in Hannover, heute dient er als Kulturzentrum und Veranstaltungsort. Zu den klaren Linien dieses Baus passt auch die 275 Meter lange Fußgängerbrücke **Ponte Pedro e Inês** von Cecil Balmond und Adão da Fonseca. Auf ihr kann man gemächlich ans andere Mondego-Ufer spazieren, wo weitere Sehenswürdigkeiten warten.

Links des Mondego

Die linke Montego-Seite ist mit zwei legendären Frauengestalten der portugiesischen Geschichte verbunden. Zum einen bezog Königin Isabel (1271-1336) nach dem Tod ihres Gatten Dinis hier das 1286 gegründete Kloster Santa Clara-a-Velha, wo sie nach zehn Jahren als fromme Ordensschwester starb und beigesetzt wurde. Zum anderen spielte sich in und um dieses Kloster die Tragödie um das Liebespaar Pedro und Inês ab (s. S. 190), die mit der Ermordung von Inês und deren Beisetzung im Konvent endete.

Von **Santa Clara-a-Velha (11)** stehen heute nur noch Ruinen, denn der Standort so nahe am Fluss war ungünstig gewählt und das Kloster erlebte immer wieder Überschwemmungen und versackte dabei im weichen Grund des Flussufers. Die sterblichen Überreste der beiden Frauen wurden an andere Stätten überführt: Königin Isabel fand ihre letzte

Ausblick von der Fußgängerbrücke Ponte Pedro e Inês

4

Ruhestätte im nahen Kloster Santa Clara-a-Nova, Inês in der Klosterkirche von Alcobaça (s.S. 203). Die tief im Sand versunkenen gotischen Ruinen von Santa Clara-a-Velha werden derzeit ausgegraben und können von einer Terrasse aus betrachtet werden. Gelegentlich gibt es auch Führungen, ein Museum ist in Planung (Auskunft bei der Touristeninformation). Auch hier ist der Kontrast zwischen Historie und der in klaren, kühlen Linien modern konzipierten Grünanlage zwischen Kloster und Fluss sehr gelungen.

Pedro und Inês

Die verhängnisvolle Begegnung fand im Jahre 1340 in Lissabon statt. Thronfolger Dom Pedro heiratete pflichtgemäß die von seinem Vater ausgewählte Constanza, verliebte sich dann aber in eine ihrer Hofdamen. Die angebetete Inês stammte aus Kastillien, aus dem Feindesland also, dessen politische Dominanz Portugal fürchtete. So hatte die heimliche Liebe zwischen den beiden nicht nur persönliche, sondern auch noch politische Brisanz. Alle Versuche des Vaters Afonso IV., seinen Sohn zur Aufgabe der schönen Inês zu bewegen, blieben fruchtlos. Und als Constanza im Kindbett starb, erhob Pedro Inês offiziell zu seiner Partnerin, es heißt, er hätte sie sogar heimlich geheiratet. Afonso IV. fürchtete den unheilvollen kastillischen Einfluss auf seinen Sohn und ließ die Geliebte im Jahr 1355 ermorden – in dem Landgut, auf dem sich Pedro und Inês niedergelassen hatten, der heutigen Quinta das Lagrimas. Pedro führte einen Rachefeldzug gegen den Vater, war ihm aber militärisch unterlegen. Schließlich schien er sich zu beruhigen und in sein Schicksal zu fügen. Er heiratete sogar ein weiteres Mal. Nach dem Tod des Vaters 1357 aber erhob er Inês zu seiner offiziellen Gattin und ließ sie in einem prunkvollen Sarkophag in Alcobaça beisetzen. Er selbst fand in einer Grabstätte gegenüber seiner Angebeteten die letzte Ruhe.

Santa Clara-a-Velha

Auf der gegenüberliegenden Straßenseite werden besonders Kinder ihre Freude haben: Im Themenpark **Portugal dos Pequenitos (12)** erleben sie Portugal samt Windmühlen, Palästen, dem Turm von Belem und dem Jeronimo-Kloster im Miniaturformat (Largo do Rossio, tgl. März–Mai 10–19 Uhr, Juni–Sept. 10–20 Uhr, Winter 10–17 Uhr, Eintritt).

Das nächste Ziel ist der Ort, an dem sich die größte Liebestragödie der portugiesischen Geschichte ereignet hat und wo sich heute eines der elegantesten und schönsten Hotels des Landes befindet: In der **Quinta das Lagrimas (13)** spielte sich angeblich jenes Drama um Inês und Pedro ab, das die Menschen bis heute bewegt. Die Fonte das Lagrimas und die Fonte dos Amores, die Brunnen der Tränen und der Liebenden, erinnern an die große Liebe und die tragische Ermordung von Inês. Die heutige Quinta stammt aus dem 18. Jahrhundert und wird als Hotel genutzt. Der Park mit den beiden Brunnen ist öffentlich zugänglich.

Zuletzt ein Blick auf die Grabstätte der 1625 heilig gesprochenen Isabel: Das barocke Kloster **Santa Clara-a-Nova (14)** löste im 17. Jahrhundert den im Sand versinkenden alten Konvent ab. Seine Renaissancekirche birgt den silbernen Schrein mit den Gebeinen der Heiligen und Schutzpatronin über dem Hauptaltar. Ihr aus Stein gehauener gotischer Sarkophag zeigt Isabel in Klarissinenkutte und Königskrone. Der Klarissenorden wurde von der heiligen Klara von Assisi (1193-1253) gegründet.

> **Tipp:** Am späten Nachmittag präsentiert sich Coimbra vom Aussichtspunkt vor dem Kloster aus betrachtet in wunderschönem Licht.

Service Coimbra

Information
Posto Municipal de Turismo S. Jeromino, Largo D. Dinis, Tel. 239-832591, www.turismodecoimbra.pt. Dort bekommen Sie einen guten Stadtplan.

Regiao de Turismo do Centro, Largo da Portagem, Tel. 239-488120, Fax 239-488129, www.turismo-centro.pt. Büro der Region Centro. Hier gibt es Informationsbroschüren und einen Stadtplan zu Coimbra.

Verkehr
Bahn: Es gibt zwei Bahnhöfe: Estação Nova (Coimbra A) und Estação Velha (Coimbra B). Der Hauptbahnhof Coimbra A liegt an der Rua Cidade Aeminium, etwas westlich des Largo Portagem in Zentrumsnähe. Coimbra B befindet sich an der Ausfallstraße in Richtung Figuera da Foz. Zwischen den beiden Bahnhöfen verkehren Zubringerbusse bzw. Regionalzüge. Es gibt regionale Verbindungen nach Porto, Lissabon, Figuera da Foz; und internationale Züge: z.B. nach Madrid

und Paris. Auskunft über Abfahrtszeiten und Tickets unter Tel. 808-208208 oder www.cp.pt

Bus: Verbindungen in alle größeren Städte Portugals: Rodoviária Beira Litoral, Av. Fernão de Magalhães, Tel. 239-855270, www.rede-expressos.pt

Stadtverkehr: Coimbra ist eine Stadt für Fußgänger, nur die teils heftigen Steigungen können das Vergnügen trüben. Wem es zu anstrengend wird, dem stehen zwei Annehmlichkeiten zur Vefügung: Ein Lift, der von der Markthalle an der Av. Sá da Bandeira auf den Universitätshügel führt, sowie die *pantufinhas*, wendige Elektrobusse, deren Fahrtstrecke mit blauen Linien auf den Straßen eingezeichnet ist und die man durch Klatschen anhält.

Schiff: Mondego-Kreuzfahrten starten schräg gegenüber des Tourismusbüros Região de Turismo do Centro: Basófias, Tel. 239-912444, www.basofias.com

Feste und Veranstaltungen

Queima das Fitas, erste Maiwoche. Mit der öffentlichen Verbrennung der *fitas*, der farbigen Bordüren, die die Zugehörigkeit der Studenten zur jeweiligen Fakultät anzeigen, endet traditionell das Studienjahr für die Absolventen. Im Rahmenprogramm gibt's Paraden, Fado und zum Abschluss eine kollektive Fahrt nach Figuera da Foz, die mit einem Bad im Meer endet.

Festa da Rainha Santa Isabel, erstes Juliwochenende in geraden Jahren: In nächtlichen Prozessionen feiert Coimbra seine Stadtpatronin.

Unterkunft

Quinta das Lagrimas (a), Rua António Augusto Gonçalves, Tel. 239-802380, Fax 239-441695, www.quintadalagrimas.pt. Das altehrwürdige Herrenhaus mit wunderschönem Park besitzt einen postmodernen Anbau, in dem der Spa-Bereich untergebracht ist. Einrichtung und Service sind perfekt, das Restaurant ist exzellent und die Atmosphäre wundervoll romantisch. DZ ab 150 €.

Residéncial Aeminium (b), Av. Fernão de Magalhães 17, Tel. 239-829426, Fax 239-820614, www.residencia-aeminium-coimbra.com.pt. 2008 wurde diese zentral gelegene Pension komplett renoviert und präsentiert sich nun als moderne Unterkunft mit kostenlosem WLAN. Auch eine Parkgarage ist vorhanden. DZ ab 60 €.

Casa Pombal (c), Rua das Flores 18, Tel. 239-835175, Fax 239-821548, www.casapombal.com. Sympathisches B&B in Uni-Nähe. Helle Farben, einfache, aber liebevoll gestaltete Zimmer und aufmerksame, holländische Gastgeber. DZ ab 55 €.

Residéncial Lusa Atenas (d), Av. Fernão de Magalhães 68, Tel. 239-826412, Fax 239-820133, www.residencialusatenas.com. Ebenfalls im Zentrum, in der ersten und zweiten Etage eines schönen Hauses aus dem Jahr 1930, DZ ab 35 €.

Essen und Trinken

A Taverna, do Parque (e), Parque Verde do Mondego, Av. da Lousã, Tel. 239-842140. Am neu gestalteten Mondego-Ufer, sehr elegant und mondän. Die Küche ist vom Feinsten und setzt vor allem auf Fisch: Peixe grelhado, Peixe ao sal, Peixe no pão. Teuer.

Zé Carioca (f), Avenida Sá da Bandeira 89, Tel. 239-835450. Brasilianische Spezialitäten und Drinks in einem freundlichen, nicht folkloristisch überladenen Restaurant. Gelegentlich Lifemusik. Mittel.

O Porquinho (g), Quinta da Ribeira, 1, Tel. 239-494036, www.oporquinho.com. Das Restaurant am Südrand von Coimbra wird aus einem einzigen Grund aufgesucht: Wegen seiner delikaten Schweinefleischgerichte, die in modernem Ambiente serviert werden. Mittel.

Flor de Coimbra (h), Rua do Poço 5, Tel. 239-823865. Traditionelle portugiesische Küche von gleichbleibend guter Qualität; dazu steht häufig auch Vegetarisches auf der Karte. Mittel.

Jardim da Manga (i), Rua Olimpo Nicolau Ru Fernandes, Tel. 239-829156. Ein beliebtes Studentenrestaurant beim Garten gleichen Namens. Üppige Portionen, kleine Preise. Preiswert.

Adega Paço do Conde (j), Rua Paço do Conde 1, Tel. 293-825605. Ein schlichtes Speiselokal, versteckt hinter einem langgestreckten Innenhof, mit sensationell guten *sardinhas* und sehr preisgünstigen Fisch- und Fleischgerichten. Preiswert.

Nightlife Gleich vorweg: In den Musikklubs – ausgenommen die Fado-Lokale – ist eigentlich erst gegen zwei Uhr morgens etwas los.

Xuven (k), Avenida Sá da Bandeira, 114, Tel. 293-838188. Coimbras Electric Lounge mit Musik bis vier Uhr Früh. Zur Stärkung gibt es Tapas.

Á Capella (l), Rua Corpo de Deus, Tel. 239-833985. Coimbras originellste Lounge residiert in einer Kapelle; hier treten oft gute Fado-Sänger auf.

Shmoo Café (m), Rua Corpo de Deus 68, Mobil-Tel. 965-214575, www.shmoo.blogspot.com. Hier trifft sich die schicke Szene zu entspannten DJ-Abenden bei den jüngsten Rock-Hits. Dazu gibt's Salate und *montaditos* (Kanapees).

Dilligência Bar (n), Rua Nova 30, Tel. 239-827667. Ebenfalls eine beliebte Fado-Bar mit guten Live-Auftritten.

Coimbra Umgebung

Conímbriga

14 Kilometer nach Südwesten bei Condeixa finden sich die archäologische Stätte und das Museum der römischen Siedlung, die bereits vor der Ankunft der Römer ab dem 8. Jahrhundert v.Chr. bewohnt war. Um das 1. Jahrhundert erlebte Conímbriga seine Blüte, im 5. Jahrhundert wurde es im Zuge der Völkerwanderung zerstört. Erhalten sind mehrere herrschaftliche Häuser mit wunderbaren Mosaiken, so das „Haus der Springbrunnen" mit einer Perseus-Darstellung,

das „Haus der Svastikas" mit dem immer wiederkeh-
renden Symbol, das später als Hakenkreuz miss-
braucht wurde. Außerdem sind die im 3. Jahrhundert
gegen die Barbareneinfälle erbaute Stadtmauer sowie Reste der Thermenanlage erhalten. Im Museum
können Besucher die historische Entwicklung der
Stadt nachvollziehen und wertvolle Grabungsfunde
bewundern (Tel. 239-949110, www.conimbriga.pt,
Okt.–Mai tgl. 10–18 Uhr, Museum montags geschlossen; Sommer tgl. 9–20 Uhr, Museum montags
geschlossen, Eintritt).

Figuera da Foz

Der große Badeort an der Mündung des Rio Mondego
in den Atlantik ist Coimbras Lieblingsstrand aber nicht
unbedingt ein Ziel für Leute, die historische Architektur schätzen. Figuera da Foz ist modern, die Hotels
entlang der Strandesplanade Av. do Brasil wurden zu
einem Großteil in den 1970er Jahren erbaut. In letzter Zeit wurde heftig modernisiert und renoviert.
Figueras altes Ortszentrum liegt im Südosten an der
Mondego-Mündung um den Jardim Municipal. Hier ist
noch etwas vom Flair des 19. Jahrhunderts lebendig
und auch das Art Nouveau, der portugiesische Jugend-
stil, prägt die Architektur. Die Attraktion von Figuera
da Foz, das übrigens Portugals größte Kabeljau-Fang-
flotte besitzt, ist der drei Kilometer lange und sehr
breite Sandstrand. Das Tourismusbüro tut mit auf-
wändigen Broschüren und Themenwegen einiges dafür, um den Feriengästen Natur, Wirtschaft und Kultur nahe zu bringen – zum Beispiel die *Rota das
Salinas*. Der Rundwanderweg führt zu den Salzgewin-
nungsstätten, der *Rota do Megalitismo* zu prähistorischen Findlingen. Diese und viele andere Informationen bekommen Sie im **Posto de Turismo** (Av. 25
de Abril, Tel. 233-422610, www.figueraturismo.com).
Als bestes Fischlokal wird das *Plataforma* an der Praia
de Buarcos im nördlichen Strandabschnitt immer wieder lobend erwähnt (Tel. 233-413500, teuer). Auch das
Carossel (Largo Beira-Mar, Cova, Tel. 233-431457,
teuer) ist wegen der stets exzellenten Fischgerichte
sehr beliebt. Surfer werfen ihr Board an der **Praia do
Cabedelo** südlich der Mondego-Mündung in die
Brandung.

In die Serra da Lousã

Das Städtchen Lousã östlich von Coimbra ist der Ausgangspunkt für Touren in die eigenwillig-archaische Landschaft der Serra da Lousã mit ihren Terrassenfeldern und den in die Hänge geduckten Schieferdörfern. Die Besonderheit des Gebirges fällt sofort ins Auge: Es ist extrem steil, steigt wie von Riesenhänden aufgerichtet von 200 auf über 1000 Meter Höhe an. Das Gebirge besteht vor allem aus Schiefer, Wind und Wasser haben es zerfurcht und zu scharfzackigen Gipfeln modelliert.

Ursprünglich war das Gebirge von Laurisilva-Wäldern aus immergrünen Lorbeerarten bedeckt. Heute hat die Kultivierung den Lorbeer fast gänzlich ausgerottet und ihn durch Steineichen und Kastanien ersetzt. Die Geschichte der Besiedelung beginnt vielleicht mit den Römern, spätestens aber mit den Mauren, deren landwirtschaftliche Kenntnisse und ausgefeilte Bewässerungstechniken heute noch an den Terrassenfeldern abzulesen sind. Seit wann die steilen Berghänge besiedelt sind, ist unbekannt. Im 17. Jahrhundert werden erste Bergdörfer erwähnt. Später dann scheint es eine klare Zweiteilung zwischen Bergbewohnern und Bewohnern der fruchtbaren Ebenen gegeben zu haben. Geographischer und religiöser Schnittpunkt der beiden Welten war die Wallfahrtskapelle Senhora da Piedade an der Burg von Lousã.

Im 19./20. Jahrhundert wurden die meisten Schieferdörfer in der Serra aufgegeben. Viele ihrer Bewohner wanderten nach Südafrika, Australien und in die USA aus. In den siebziger und achtziger Jahren zogen dann Aussteiger in einige Häuser ein, manche von ihnen leben noch heute dort. Insgesamt sind in der Serra 23 Schieferdörfer verzeichnet. Die Wege, die früher der Bearbeitung der Terrassenfelder dienten, werden heute als Wanderpfade genutzt. Von Dorf zu Dorf, von Hang zu Hang führen die Wandertouren, die man auf eigene Faust oder aber auch geführt erkunden kann, durch die stille, schroffe Landschaft: Vorbei an Feldern und Dörfern, aber auch zu den letzten Flecken des Laurisilva-Urwalds oder zu den Schneehäusern in **St. António de Neve**, in denen im 18./19. Jahrhundert Eis für die wohlhabenden Familien über den Sommer aufbewahrt wurde. Ein wahres Kulturzentrum ist das Dorf **Cerdeira**, in dem die deutsche Holzbildhauerin Kerstin Thomas mit ihrem portugiesischen Mann lebt.

Die Website www.aldeiasdoxisto.pt informiert über Neuigkeiten aus der Serra de Lousã. Die beiden haben eine Initiative zum Erhalt und zur Wiederbelebung der Schieferdörfer initiiert, kümmern sich engagiert um die historischen Dorfhäuser, die sie in Unterkünfte für ländlichen Tourismus umwandeln, und veranstalten regelmäßig Künstler-Workshops. In Cerdeira lebt auch Carlos, der mit *Planta do Xisto* traditionelle Heilpflanzen aus der Serra anpflanzt, trocknet und vermarktet. In **Talasnal,** unweit von Cerdeira sind ebenfalls bereits Projekte im Gange. So gibt es hier eine *Docaria,* in der Honig und die charakteristischen Mandelkuchen verkauft werden, sowie das nette Familienrestaurant *Ti Lena.* In **Agra Velha** an der Straße zum höchsten Serra-Gipfel Trevim ist nur noch eine Familie zuhause. Ihren Lebensunterhalt bilden ein paar Ziegen und der Verkauf von Honig und Käse. Touristische Projekte zum Erhalt der Kulturlandschaft gibt es auch in **Janeiro de Cima** hoch über dem Rio Zêzere und in **Barroca** ein paar Kilometer weiter.

Lousã, der Verwaltungsort der Serra, ist ein freundliches, wenn auch etwas vernachlässigtes Städtchen, in dessen Zentrum der barocke Palácio da Viscondessa do Espinhal heute als Luxushotel der Sól Melia-Gruppe dient. Sehenswert ist die ursprünglich wohl maurische **Burg** etwas außerhalb. Von ihr sind noch Teile der Festungsmauern und ein Wehrturm erhalten. Herrschaftlich thront sie über dem Flüsschen Rio Arouce, umgeben von gleich vier Kapellen, deren höchstgelegene **Senhora da Piedade** in den Beziehungen zwischen Tal- und Bergbewohnern früher eine bedeutende Rolle spielte: Am Festtag der Kirchenpatronin kamen die Städter aus Lousã zur Kapelle und trugen, beobachtet von den Bergbewohnern, die sich ebenfalls hier versammelt hatten, die Heiligenfigur hinunter ins Tal. Sobald die Zeremonien beendet waren, stiegen die Gebirgler hinunter, übernahmen die Heilige und brachten sie in die Kapelle zurück.

Service Serra de Lousã

Information   **Posto de Turismo,** Rua João Louso, Tel. 239-990040, Fax 239-990049, www.cm-lousa.pt

Unterkunft   **Mélia Palácio da Lousã,** Tel. 239-990800, Fax 239-990801, www.palaciodalousa.com. Es gibt einen historischen und einen modernen Bau. In beiden sind die Zimmer sehr geschmackvoll eingerichtet. Das Hotel mit Pool, elegantem Restaurant und allen technischen Raffinessen wie TV und Internet ist überaus komfortabel. In dem eher verschlafenen Städtchen wirkt es allerdings wie ein Fremdkörper. DZ ab 90 €.

Pousada da Juventude, Rua da Feira 3200, Tel. 239-994354, Fax 239-995565, www.posadasjuventude.pt. Eine supermoderne Jugendherberge mit schön eingerichteten Zimmern. Schlafsaal ab 11 € DZ mit Bad ab 32 €.

Unterkunft in den Schieferdörfern:

Casa do Vale Linteiro, Terra da Gaga, Serpins. Tel. 239-404377, www.valeinteiro.com. Hübsche, nostalgisch eingerichtete Zimmer in den alten Schieferhäusern. Man kann das ganze Haus oder auch nur ein Zimmer mieten. DZ ab 85 €.

Casa de Janeiro, Rua do Espírito Santo 1, Janeiro de Cima, Mobil-Tel. 969-339830, www.casadejaneiro.com. Die aufwendig und geschmackvoll renovierten Schieferhäuser werden komplett vermietet. Man bekommt aber auch nur ein Zimmer. Auffällige Akzente setzt die farbenfrohe Einrichtung. Ein gutes Restaurant sorgt fürs leibliche Wohl. DZ ab 50 €.

Häuser und Zimmer vermittelt auch Kerstin Thomas, Tel. 239-994621, atelierdacerdeira@yahoo.com.br

Princesa Peralta, Talasnal, Tel. 239-441787, http://princesaperalta.com. Hübsche, farbenfrohe Zimmer und Appartements in einem Schieferhaus. Preise auf Anfrage.

Essen und Trinken

O Burgo, Nossa Senhora da Piedade, Lousã, Tel. 239-991162. Das Burgo unterhalb des Kastells vor Lousã ist eine exzellente Adresse für feine regionale Kost. Mittel bis teuer.

Casa Velha, Praça Sá Carneiro, Lousã, Tel. 239-991555. Von außen wenig anziehend, doch das Essen ist gut und der Service aufmerksam. Konkurrenzlos im Zentrum von Lousã. Mittel.

Ti Lena, Talasnal, Mobil-Tel. 933-832624. Ti Lena öffnet nur am Wochenende; dann gibt's je nach Saison z.B. Hammel mit Kastanien oder ein zartes *cabrito*, Zicklein. Mittel.

Casa de Janeiro, s. **Unterkunft.**

Shopping

Talasinicos, Talasnal. Der regionale Spezialitätenladen ist nicht immer geöffnet. Wenn aber jemand da ist, lohnt sich der Einkauf von Honig, Kastanien- oder Mandelkuchen und selbst hergestellten Likören unbedingt.

Kerstin Thomas, Cerdeira, Apt. 23, Tel. 239-994621. Die deutsche Künstlerin stellt wunderbare Holzarbeiten und Schnitzereien her.

Tipp

Serrano ist eine Reiseagentur, die Wanderungen, verschiedene andere Aktivitäten wie Canyoning und Jeep-Touren durch die Serra organisiert. Es sind junge, engagierte Leute mit großem Detailwissen (Englisch, Französisch) und viel Enthusiasmus. Mobil-Tel. 966-217787, www.transserrano.com.

Peniche und Umgebung

Die Küste nördlich der Sintra-Halbinsel zieht sich, nur unterbrochen von der ins Meer ragenden Halbinsel Peniche, nahezu geradlinig nach Norden. Weite Sandbuchten reihen sich aneinander, jede für sich beliebt bei einheimischen Surfern und der Fangemeinde aus aller Welt.

Peniche

Ursprünglich auf einer Insel gegründet, wurde das Städtchen durch Sandanschwemmungen des Atlantiks im Laufe der Zeit mit dem Festland verbunden. Das Stadtzentrum befindet sich im Osten der Halbinsel, unweit des Hafens. Den äußersten westlichen Punkt bildet das schroffe Felskap **Cabo Carvoeiro.** Wirklich Sehenswertes hat das Städtchen mit seinem unter Salazar als politisches Gefängnis missbrauchten **Castelo** (16. Jahrhundert) und einigen zumeist geschlossenen Kirchen und Kapellen nicht zu bieten. Dafür nennt man sich stolz *Capital da Onda,* Hauptstadt der Welle, was die zahlreichen Surfspots in der Umgebung belegen (s. Kasten S. 199). Die Strandzone erstreckt sich nördlich und südlich der Halbinsel. Besonders hübsch ist es um den kleinen Felsvorsprung der **Ilha da Baleal,** wo Restaurants und Cafés die beiden Buchten säumen und zahlreiche Pensionen und Surfcamps vor allem jungen Leuten Unterkunft bieten.

Surfclubs und Spots um Peniche

Spots südlich der Halbinsel:

Molhe leste: beach point break, Schwierigkeitsgrad 5

Supertubos: beach break, Schwierigkeitsgrad je nach Wellengang zwischen zwei und fünf. Die beste Welle um Peniche und einer der besten Orte für Surfer weltweit.

Spots nördlich der Halbinsel:

Cerro/Cova da Alfarroba: beach break, Schwierigkeitsgrad eins, auch bei schwachem Wellengang.

Cantinho da Baía: beach break, Schwierigkeitsgrad eins, ideal für Einsteiger.

Baleal norte: beach break, Schwierigkeitsgrad zwei.

Lagide: reef break, Schwierigkeitsgrad vier. Seien Sie bei Ebbe auf der Hut vor Seeigeln.

Surfcamps:

Baleal Surf Camp, Rua Amigos do Baleal, Mobil-Tel. 969-050546, www.balealsurfcamp.com

Bocaxica, Praia da Cova de Alfarroba, Mobil-Tel. 965-654568, www.bocaxicasurf.com

Peniche Surf Camp, Rua do Gualdino 4, Casais do Baleal, Tel. 262-082517, www.penichesurfcamp.com

Peniche ist Ausgangspunkt für Ausflugsfahrten zur einzigen der portugiesischen Westküste vorgelagerten Inselgruppe, den **Ilhas Berlengas.** Seit den achtziger Jahren stehen sie unter Naturschutz und sind besonders als Schnorchel- und Tauchrevier beliebt. Historisches Zeugnis ist die Forte de São Jão Baptista (17. Jahrhundert). Im Sommer ist die Hauptinsel ein beliebtes und dann leider auch überlaufenes Ausflugsziel. Schiffsverbindungen gibt es in der Hochsaison stündlich, ansonsten drei- bis viermal täglich ab Peniche Porto. Fahrtzeit etwa eine Stunde.

Service Peniche

Information	**Posto de Turismo,** Rua Alexandre Herculano, Tel. 262-789571, www.cm-peniche.pt
Unterkunft	**Casa das Marés II,** Praia do Baleal, Peniche, Tel. 262-769255. Eine Pension in herrlicher Lage auf einem Felsen über dem Meer, freundlich und sehr persönlich geführt. DZ ab 80 €.
	Hospedaria Pequena Baleia, Ilha do Baleal, Peniche, Tel. 262-769370. Sympathische, sehr saubere Pension mit fünf hübsch eingerichteten Zimmern, teilweise mit Terrasse, am Strand von Baleal. DZ 75 €.
Essen und Trinken	**Estelas,** Rua Arquitecto Paulino Montez 21, Tel. 262-782435. Hervorragendes Fischrestaurant, die Wände schmücke historische Fotos vom Fischfang. Mittel.

Páteo da Lagoinha, Largo Bispo Mariana 24, Tel. 262-789050. Die beliebte Snack-Bar serviert diverse Kleinigkeiten und Longdrinks. Sie ist bei den Jüngeren besonders beliebt. Preiswert.

Nightlife **Voilà,** Rua Bartolomeu Dias, Baleal Sol Vilage, Praia do Baleal, Tel. 262-769 014, www.voila.pt.vu. Club in einer Ferienanlage am Baleal-Strand. Zum Komplex gehören auch Pools und ein Restaurant.

Peniche Umgebung

Óbidos

Rund 20 Kilometer Richtung Nordosten, direkt oberhalb der Autobahn von Lissabon nach Leira, liegt Óbidos am Hang. Weiße kubische Häuschen, blaue Umrandungen an Mauern und Fenstern, steile Gassen, ganz oben eine zinnenbewehrte Burg – zweifellos sehr malerisch. Die Idylle führt allerdings dazu, dass sich der Ort täglich mit Busladungen von Besuchern füllt, die sich den ganzen Tag durch die Gassen schieben und abends mit Tüten voller Souvenirs den Rückweg zum Bus antreten. Lassen Sie sich davon nicht abschrecken! Denn erstens kommen die meisten Reisegruppen über die ersten Gassen nicht hinaus – sie sind vielen zu steil – und zweitens: der Besuch lohnt sich trotz des ganzen Rummels. Óbidos nennt sich übrigens „Stadt der Königin", denn König Dinis schenkte den Ort seiner Gattin Isabel anlässlich ihrer Hochzeit 1282.

Ein wehrhaftes, im abgeknickten Durchgang mit

Azulejos geschmücktes **Tor** führt in die Altstadt und auf die Hauptstraße **Rua Direita.** Den Berg hinauf erreicht man die **Praça Santa Maria** und das **Solar** (Herrenhaus) aus dem 18. Jahrhundert, in dem das **Museu Municipal** untergebracht ist. Es zeigt sakrale Kunst und Gemälde (Di–So 10–13, 14–18 Uhr, Eintritt). Ebenfalls an der Praça erhebt sich die **Igreja Santa Maria,** erbaut an Stelle einer Moschee, die wiederum eine noch ältere Kirche verdrängte. Im Inneren des Renaissancebaus sind schöne Azulejos aus dem 18. Jahrhundert zu sehen. Die Mitte des

Burg von
Óbidos

Platzes nimmt der Schandpfahl **Pelhourinho** ein.
Weiter bergauf erreicht man die Burg, von der man einen schönen Blick über den Ort und das umliegende
Agrarland hat. Wenn Sie schwindelfrei sind, können Sie
auf dem Mauerkranz herumspazieren, wer sich lieber
bei frisch gepressten Obstsäften, Salaten und Snacks
erholt, bleibt auf der *Esplanada Miradouro*. einem hübschen Café und genießt Lounge-Musik und Aussicht.
An den Wochenenden geht hier bis zwei Jhr morgens
die Post ab. Auf dem Rückweg durch die Altstadt lohnen zwei Läden einen Besuch: In *Sotão d'Avo* verkauft
Maria Praktisches aus Kork, Wolldecken, Strickwaren
und religiösen Kitsch (Rua Direita 44). Die *Ayala Galeria*
(Rua Direita 14) hat Öl, Wein und andere schmackhafte
und schöne Dinge im Angebot.

Nazaré

Der 65 Kilometer nördlich von Peniche gelegene
Hafenort zählt zu den beliebtesten Ferienorten an
der portugiesischen Westküste. Das verdankt er einerseits seiner Lage, geduckt unter den Steilhang des
Monte Sítio, und dem hübschen Ortsbild mit den
Fischerbooten am langen Strand. Ein Fischerort ist Nazaré noch immer, in erster Linie ist er heute allerdings
ein Seebad mit zahllosen Hotels, Pensionen und
Restaurants. Den Tag verbringen die Gäste am Meer,

abends wird entlang der Strandpromenade Av. da República und auf den Praças Sousa Oliveira und Dr. Manuel Arriaga flaniert. Fantastisch ist der Blick vom 100 Meter höher auf dem Bergplateau gelegenen Ortsteil **Sítio**, zu dem neben Treppen und einer Straße auch eine Seilbahn führt (tgl. 7 Uhr–Mitternacht, alle 15 Min.).

Service Nazaré

Information	**Posto de Turismo,** Av. da República, Tel. 262-561194, www.cm-nazare.pt
Unterkunft	**Hotel Maré,** Rua Mouzinho de Albuquerque 8, Tel. 262-561122, www.marehotel.com. Modernes Haus im Stil der 1970er mit gutem Komfort. DZ um 60 €.
	Solar dos Carvalhos, Rua Mouzinho de Albuquerque 3, Tel. 262-551138. Die preiswertere und charmantere Option gleich gegenüber – allerdings braucht man im Umgang mit der betagten und sehr kontaktfreudigen Besitzerin etwas Geduld. DZ um 50 €.
Essen und Trinken	**Mar Bravo,** Praça Sousa Olivieira 71, Tel. 262-569160, www.marbravo.com. Das elegante Restaurant gilt als bestes Fischlokal im Ort. Der Fang des Tages wird hübsch dekoriert in der Vitrine präsentiert. Mittel bis teuer.
	Maria do Mar, Rua do Guilhim 13, Tel. 262-553976. Eingezwängt in eine enge Gasse, mit Fischerstube und luftigem hölzernem Vorbau ist dies mehr eine Kneipe als ein Restaurant – aber Fisch und Fleisch schmecken sehr lecker. Mittel.
	Casa o Santo, Travessa do Elevador. Die Cervejaria serviert Sardinen und Schnecken zum Bier. Preiswert.

Zwischen Alcobaça und Tomar

UNESCO-Weltkulturerbe: Klöster von Batalha und Alcobaça, Christusritterburg von Tomar.

Burgen, Klöster und Wunder könnte als Zusammenfassung über der Region östlich von Nazaré stehen, die tatsächlich etwas Magisches hat: Zwei geradezu beängstigend grandiose Klöster, eine Marienwallfahrtsstätte und die geheimnisvolle Burg und Kirche der Tempel- und Christusritter in Tomar alles auf ungefähr der gleichen geographischen Breite und ziemlich nahe beieinander. Es gibt tatsächlich Menschen, die das Nebeneinander von so viel Mystischem nicht für einen Zufall halten.

Alcobaça

Die Mauren waren besiegt, und die katholischen Könige feierten diesen Sieg mit einer Reihe von Klöster- und Kirchengründungen. Alcobaça am Zusammenfluss der Flüsschen Alcoa und Baça sollte den Geist der Zisterzienser nach Portugal bringen. 1153 ordnete Portugals erster König Afonso Henrique den Bau des Klosters an, das jedoch kurze Zeit später durch einen maurischen Angriff zerstört wurde. 1253 konnten die Kirche Santa Maria schließlich geweiht werden. Im Barock wurden der gotischen Fassade barocke Türme übergestülpt. Kloster und Kirche wurden später säkularisiert und lange Zeit als Lagerräume, Kaserne bzw. Stallungen zweckentfremdet. Dennoch ist die ursprüngliche Anlage hervorragend erhalten und gilt heute als bedeutendstes Zeugnis der Zisterzienserklöster und -kirchen Europas. Mit 220 Metern Länge begrenzen Abtei und Kirche die zentrale Praça 25 de Abril von Alcobaça. Hier befindet sich auch das Tourismusbüro.

Posto de Turismo, Praça 25 de Abril, Tel. 262-582377 mit Internet-Zugang.

Zisterzienser

Der Orden wurde 1098 in Frankreich gegründet und gewann unter Bernhard de Clairvaux (1091–1153) durch Klostergründungen in ganz Europa an Bedeutung. Dem Prunk der Kirche wurden Armut, Schlichtheit und Strenge entgegengestellt. Meist ließen sich die Mönche in unwirtlichen Regionen nieder, die sie besiedelten. Landwirtschaftliche Erschließung, Bewässerung und die Anlage von Obst- und Gemüsegärten waren charakteristisch für die Zisterzienserklöster, davon gibt es noch deutliche Spuren in der Umgebung von Alcobaça.

Die Raumwirkung der **Igreja Santa Maria** ist einfach
atemberaubend. 106 Meter lang, 21,5 Meter breit
und nahezu ebenso hoch, geprägt von einer Schlichtheit und Strenge, wie sie das theologische Konzept
der Zisterzienser verlangte. 24 schlanke, gen Himmel
und Licht strebende Säulen führen auf das Querschiff
vor dem Chor zu, den ein Kranz farbloser Fenster er-
hellt und dadurch die Sogwirkung verstärkt. Das Licht
ist das einzige dekorative Element, das die Zisterzienser sich erlaubten – jeder andere Schmuck war
verpönt. Zudem ist die Architektur von einer ausge-
prägten Zahlensymbolik beherrscht, in der den Zahlen
drei und vier eine wichtige Rolle zukommt. Sie spiegelt sich beispielsweise in den je zwölf Säulen an beiden Seiten des Kirchenschiffes – Symbole für die
zwölf Apostel. Im Querschiff stehen die beiden
Sarkophage von Pedro I. und von Inês de Castro,
Coimbras unglücklichem Liebespaar (s.S. 190). Sie
wurden wahrscheinlich Mitte des 14. Jahrhunderts
noch zu Lebzeiten Pedros angefertigt.

Der Chor öffnet sich mit maurisch anmutenden
Durchgängen zu neun Seitenkapellen. Das Querschiff
begrenzt die **Sala dos Túmulos** mit weiteren Grab-
mälern portugiesischer Herrscher. Vom nördlichen
Kirchenschiff führt ein Durchgang ins königliche
Kloster **Real Abadia** und hier zunächst in den „Königs-
saal" mit barocken Azulejos und Statuen portugiesischer Könige. Daran schließt der doppelstöckige

Kreuzgang **Claustro do Silêncio** an, den König Dinis Anfang des 14. Jahrhunderts mit eleganten Rosetten und einem Brunnenhaus anlegen ließ.

Die obere Etage wurde im 16. Jahrhundert in manuelinischer Gotik darauf gesetzt. Sehenswert sind außerdem das in seiner Schlichtheit und Strenge außerordentlich eindrucksvolle **Refektorium** und die in ihrer Monumentalität geradezu spektakuläre, mit Azulejos verkleidete **Küche,** 29 Meter lang, 18 Meter hoch und geeignet bis zu 999 Mönche zu verpflegen – auch hier geht's um Zahlenmystik: die Zahl tausend durfte nicht erreicht werden (Okt.–März 9–17 Uhr, Sommer 9–19 Uhr, Eintritt).

Trindade, Praça D. Afonso Henriques 22, Tel. 262-582397, Mittel.

An Cafés und Restaurants rund um die Fraça 25 de Abril herrscht kein Mangel. Im Stil des Art Nouveau empfiehlt sich an der Praça nebenan das *Trindade* mit Fisch- und Fleischgerichten ab 8 €.

Batalha

Telefonzelle im Hinterland der Algarve, Caldas de Monchique

Nur 20 Kilometer von Alcobaça entfernt steht ein weiteres Wunderwerk gotische Architektur, diesmal aber deutlich von der späteren, manuelinischen Epoche geprägt. Auch Batalha bzw. das **Mosteiro Santa Maria da Vitória** ist Unesco-Weltkulturerbe. Orts- wie Klostername verweisen auf eine Schlacht, *batalha,* und einen Sieg, *vitória:* 1385 kämpften in der Nähe die Truppen König Joãos I. eine scheinbar aussichtslose Schlacht gegen kastilische Angreifer als der König der Muttergottes den Bau eines Klosters gelobte, sollten die Portugiesen den Sieg davontragen.

Die Schlacht wurde gewonnen und das Kloster in Angriff genommen. Nahezu 200 Jahre dauerte es, bis der Konvent 1557 fertig war. Die Details dieses Dekorations-Feuerwerks zu beschreiben, würde den Rahmen dieses Buches sprengen. Alle Baustile von Gotik über Manuelinik bis zur Renaissance sind hier in Kalkstein gemeißelt. Allein der Figurenschmuck der Portale, die feinen Kapitelle der Säulen, die noch dramatischer als in Alcobaça zu schwindelnden Höhen emporstreben (32 Meter hoch bei einem Mittelschiff mit 79 Meter Länge und nur knapp sieben

Das Mosteiro
Santa Maria
da Vitória
in Batalha

Meter Breite), das Dekor der unvollendeten Kapellen **Capelas imperfeitas** und die Grabmonumente der Aviz-Dynastie in der **Gründerkapelle** versetzen den Betrachter in Staunen. Dann erwartet ihn im angrenzenden Kreuzgang **Claustro Real** manuelinische Pracht: fein wie Spitze ist der Stein durchbrochen und zu filigranen Mustern gehauen. Als architektonisches Wunder gilt die 361 Quadratmeter große, ohne Stützen über dem 19 Meter langen **Kapitelsaal** schwebende Kuppel (Okt.–März 9–17 Uhr, im Sommer 9–19 Uhr, Eintritt). Informationen zu Kloster und Kirche gibt es beim **Posto de Turismo.**

Posto de Turismo, Praça Mouzinho de Albuquerque, Tel. 244-765180, www.cm-batalha.pt

Fátima

Der 20 Kilometer von Batalha entfernte Marienwallfahrtsort Fátima ist ein ziemlich abschreckendes Beispiel für Industrialisierung von Glaube und Wallfahrt. Dies ist auch eine Folge des immensen Zustroms an Wallfahrern, der sich anders wohl kaum bewältigen ließe. Wo aber bleibt nur ein Funken jenes Wunders, das Lúcia de Jesús sowie die Geschwister Francisco und Jacinta Marcos am 13. Mai 1917 hier erlebt haben sollen? Ihnen erschien Maria als *Virgem*

Lúcia, Francisco und Jacinta

do Rosário und tat dies jeweils am 13. eines jeden Monats bis zum Oktober. Am Tag der letzten Erscheinung waren bereits 70.000 Menschen anwesend und bezeugten das Wunder. Die Kirche erkannte die Erscheinungen und die drei Offenbarungen, die Maria den Kindern gegenüber enthüllt haben soll, 1930 an. Die erste kündigte den frühen Tod der Geschwister an (gestorben 1920 und 1921, beide selig gesprochen) und erklärte Lúcia zur auserwählten Vermittlerin. Die zweite betraf das Ende des Ersten Weltkriegs und die Drohung eines noch schrecklicheren Krieges; die dritte wurde geheimgehalten und schließlich der Öffentlichkeit als Ankündigung des Papstattentates auf Johannes Paul II. im Jahr 2000 präsentiert. Lúcia starb am 13. Februar 2005; der Prozess zur Seligsprechung ist im Gange.

150.000 Quadratmeter misst das Gelände des **Santuário de Fatima**, der Versammlungsplatz für die Gläubigen ist von einer geradezu beängstigenden Monumentalität und führt auf die 1928–1953 erbaute Basilika zu. Vor der Basilika und schräg links befindet sich die Erscheinungskapelle **Capela des Aparicões,** errichtet an jener Stelle, an der Maria den Kindern in den Ästen einer Eiche erschienen sein soll. Die Eiche fiel dem Ansturm der Pilger zum Opfer. In den Arkaden dahinter können Wallfahrer Kerzen entzünden und ihre Bitten an die Jungfrau Maria richten. Unter den Kerzenständern lodern Flammen, so dass keine Kerze länger als nötig einen Platz besetzt, sondern flugs ins Feuer fällt und stinkend verdampft. Dies ist wohl die makaberste Stelle von Fátima. Man würde meinen, die Gläubigen hätten zumindest das Recht,

Kerzenständer in den Arkaden

ihre Kerze wenigstens ein paar Minuten brennen zu sehen, bevor sie vernichtet wird. Kluge Köpfe werfen ihre Kerze gleich ins Feuer.

Jüngstes Bauwerk des Santuário ist die **Igreja da Santíssima Trindade,** in dreijähriger Bauzeit am Südende des Versammlungsplatzes auf einem 130.000 Quadratmeter großen Areal errichtet und 2007 geweiht. Der kreisrunde Bau fasst bis zu 9000 Menschen und kann trotz der schlichten, transparenten Architektur den Hang zur Monumentalität, der über ganz Fátima schwebt, nicht verleugnen. Im Heiligtum finden beinahe ständig Messen in allen nur erdenklichen Sprachen statt. Das Programm ist angeschlagen oder kann im Internet unter www.santuario-fatima.pt abgefragt werden. Des Weiteren gibt es ein Wachsmuseum und ein Museum der Erscheinungen. Informationen bekommen Sie beim Empfangszentrum gleich neben der Erscheinungskapelle oder beim städtischen **Posto de Turismo**, Av. José Alves Correia da Silva, Tel. 249-531139, www.rt-leirafatima.pt

Tomar

Letzter spiritueller Ort ist Tomar, 30 Kilometer von Fátima nach Osten, 70 Kilometer von Alcobaça. Hier begegnet der Reisende der Mystik der Tempel- und Christusritter.

Im 12. Jahrhundert begründete Gualdim Pais, Meister des Tempelordens, die Burg des „Ordens der armen Ritterschaft Christi" in Tomar, das davor Ort eines islamischen Gemeinwesens gewesen war. Vier Mauerringe schützten das Castelo vor den Angriffen der Mauren; im Inneren entstand neben der Burg die für den Tempelritterorden charakteristische Rotunde als Gotteshaus. Als aus den Templern Christusritter wurden und ihr Großmeister erneut Tomar als Sitz der Bruderschaft wählte, erhielt die Anlage weitere Anbauten, darunter im 16. Jahrhundert eine im Stil der Manuelinik errichtete Kirche. Im 19. Jahrhundert gelangte die Burg im Zuge der Säkularisierung in Privatbesitz und wurde von der Grafenfamilie Costa Cabral zum Teil restauriert.

Burg und Kloster von Tomar wurden 1983 zum Weltkulturerbe der Unesco erklärt.

Tempelritter / Christusritter

Der Orden der Tempelritter, die auch „Templer"
genannt werden, wurde im Zuge der ersten
Kreuzzüge Anfang des 12. Jahrhunderts gegründet. Wahrscheinlich waren die muslimischen
murabetin, Mönchskrieger, die in klosterähn-
lichen Anlagen in Vorbereitung auf den Heiligen Krieg lebten,
Vorbild für die Ordensgründung. Bei ihren Kriegszügen im Heiligen
Land sammelten die Ordensbrüder ein immenses Vermögen an, das
den Orden schon bald zu einer mächtigen politischen Kraft im französischen und iberischen Raum werden ließ. Politische wie theologische Intrigen führten schließlich dazu, dass Papst Clemens V.
1307 die Auflösung des Ordens, die Beschlagnahme seines Besitzes
und die Verhaftung aller Mitglieder verfügte. Die Ordensbrüder wurden von der Inquisition der Ketzerei und Homosexualität beschul-
digt. Auf der Iberischen Halbinsel nahm die Entwicklung einen anderen Gang, denn König Dinis von Portugal und König Ferdinand
von Kastilien stellten die Unschuld des Ordens fest und erzwangen
in Verhandlungen mit dem Vatikan die Gründung einer neuen
Bruderschaft, der Christusritter. Das Eigentum der Templer wurde
in diese neue Institution überführt. Die Christusritter waren den
beiden Königen unterstellt, ihr geistliches Oberhaupt wurde der Abt
von Alcobaça. So retteten Ferdinand und Dinis eine schlagkräftige
Armee von Glaubenskriegern vor der Vernichtung und sicherten
sich zugleich deren Loyalität. Eine bedeutende Rolle kam dem
Orden bei der Erforschung neuer Seewege und Kontinente unter
Heinrich dem Seefahrer, selbst Großmeister des Ordens, zu.

Die hoch auf einem Hügel über Tomar gelegene Anlage
betritt man von Süden her über Treppen durch einen
Park. Der Blick fällt zunächst auf die wuchtig von
Stützpfeilern gehaltene **Templerrotunde,** die Charola
und den dahinter anschließenden, manuelinischen
Anbau der **Christusritterkirche.** An ihr fällt das kunst-
voll mit dekorativen Elementen ausgestattete Portal
aus dem 16. Jahrhundert auf. Durch den Eingang
(Tickets) rechts der Rotunde führt der Rundgang zunächst in den Kreuzgang **Claustro do Cemitério** (15.
Jahrhundert) und den aus der gleichen Zeit stammenden, östlich anschließenden **Claustro da Lava-
gem.** Dann betritt man durch einen schmalen Durchgang die **Charola.** Der rund erscheinende, zwölfeckige
Zentralbau wurde im 12. Jahrhundert nach dem Vorbild

der Jerusalemer Grabeskirche errichtet und überrascht den Besucher im Inneren mit einem achteckigen, von Säulen getragenen Mittelteil, der wie ein überdimensionales Tabernakel wirkt und als Chor in die neue Christusritterkirche einbezogen wurde. Mit ihrem üppigen Stuck, den Fresken und Gemälden scheint die Charola byzantinischem Geschmack näher zu stehen als dem der Westkirche. Die daran nach Westen angrenzende **Kirche der Christusritter** wurde angeblich nach persönlichen Entwürfen König Manuels I. ausgestattet. Die Baupläne des 1515 begonnenen Gotteshauses stammen von João do Castilho. Herausragendes Beispiel manuelinischer Dekorationsfreude und zugleich Wahrzeichen der gesamten Anlage ist das berühmte **manuelinische Fenster** an der Westfassade des Gotteshauses.

Das Kloster erhielt zahlreiche Anbauten und Kreuzgänge, die alle sehenswert sind. Der am Eingang erhältliche Führer (auch auf Deutsch) informiert ausführlich über die Baudetails (tgl. 9–17.30 Uhr, Juni–Sept. bis 18.30 Uhr, Eintritt).

Auch ein Bummel durch das ländliche Tomar lohnt sich. Hier können Sie zwei weitere manuelinische Kirchen besichtigen und zum Abschluss im *Café Paraiso* in der Fußgängerzone umgeben von schönstem Art Nouveau eine Tasse Kaffee trinken (Rua Serpa Pinto 127).

Wenn Sie die Terrasse des angrenzenden Claustro de Santa Bárbara (16. Jahrhundert) betreten, sehen Sie das Fenster in der ganzen Komplexität seines Dekors vor sich.

Aveiro und der Nordwesten

Die nördliche, küstennahe Region der Beira, wie die zentralportugiesische Region heißt, unterscheidet sich vom Landschaftsbild nicht wesentlich vom südlichen Teil, ist allerdings wesentlich dichter besiedelt. Eine Besonderheit bildet die Lagunen- und Salinenlandschaft um Aveiro, die der Rio Vouga geschaffen hat. Die Stadt selbst ist sehr reizvoll, auch wenn das Attribut portugiesisches Venedig etwas übertrieben scheint. Im Schatten der berühmteren Schwestern Porto und Coimbra hat Aveiro seinen charmanten und eigenwilligen Charakter bewahrt, und die Lagune lockt zu vielerlei Aktivitäten.

Aveiro

400 Quadratkilometer groß ist die Lagune, die Ria von Aveiro. Anschwemmungen des Rio Vouça blockierten im Laufe der Zeit den Durchfluss ins Meer und schufen dieses eigenwillige Feuchtgebiet, in dem sich Salz- und Süßwasser mit den Gezeiten begegnen. Die Verbindung durch die Dünenbarriere, die *barra,* erlebte wechselhafte Zeiten. Im 15./16. Jahrhundert stand sie offen, und Aveiro galt als sicherster Hafen an der Westküste. 1575 verschloss ein Unwetter die Barra und Aveiro versank als Hafen in der Bedeutungslosigkeit. 1808 öffnete ein weiterer Sturm die Barra wieder, und Aveiros avancierte erneut zur Hafenstadt. Heute sorgen Deiche dafür, dass sich dieses Spiel nicht wiederholt. Der Schiffsverkehr ist bedeutend, doch die Stadt hat stets auch von den natürlichen Gaben der Ria gelebt: von der Salzgewinnung und vom Tang-

Salinen

fischen. Tang aus der Ria gilt als hervorragender Dünger, und die *moliceiros,* die Tangfischer, sind mit ihren bunt bemalten Segelbooten mit hoch gezogenem Bug und Heck regelmäßig und nicht nur zur Freude fotografierender Touristen in der Lagune unterwegs.

Stadtrundgang

Der Altstadtbereich wird durch Canal Central und Canal do Cóio in zwei Teile getrennt; Verbindung und Ausgangspunkt für den Rundgang ist der viel befahrene Kreisverkehr der **Praça Humberto Delgado (1).** Wenn Sie nach Süden gehen, erreichen Sie die **Praça de la República** mit der barocken **Igreja da Misericórdia (2)** und dem Rathaus. Rua Coimbra und Av. Santa Joana führen zur **Kathedrale São Domingos (3),** die 1464 geweiht und später üppig barockisiert wurde. Vor der Kathedrale steht ein schönes gotisches Kreuz. Besuchenswert ist das **Museu de Aveiro (4)** im ehemaligen Dominikanerinnenkloster, das eine Prinzessin zu seinen Ordensschwestern zählte. 1472 trat Johanna, Tochter Königs Afonso V., gegen den Willen ihres Vaters in das Kloster ein. Sie wurde heilig gesprochen und ist nun die Schutzpatronin der Stadt. Ihr barockes Grabmal in der Klosterkirche zählt zu den sehenswerten Exponaten des Museums, das vor allem portugiesische Gemälde präsentiert. Eindrucksvoll sind auch die ehemaligen Räume des Konvents sowie die ursprünglich manuelinische Kirche, die mit üppigem Barock-Dekor umgestaltet wurde (Di–So 10–17.30 Uhr, Eintritt).

Kanalpartie

1 Stadtrundgang	**a** Unterkunft	**a** Essen und Trinken
1 Praça Humberto Delgado	a Moliceiro	d Salpoente
2 Igreja da Misericórdia	b Alboi	e Mercado Peixe
3 Kathedrale São Domingos	c Beira	f O Telheiro
4 Museu de Aveiro		g Adamastor
5 Rua J. Mendonça		h A Tasca do Confrade
6 Largo Praça Peixe		i Mercado Negro
7 Ecomuseu		

Von der Praça Humberto Delgado (1) gelangen Sie in die nördliche Altstadt. Sie ist weniger für weitere Sehenswürdigkeiten als für ihre entspannte Atmosphäre bekannt. Hübsche architektonische Details (viel Art Nouveau), Cafés und Restaurants entlang der **Rua J. Mendonça (5)** und die aus dem Jahr 1904 stammende Markthalle am **Largo Praça Peixe (6)** laden zum Verweilen ein. Von Dienstag bis Samstag wird hier zwischen 7.30 und 12.30 Uhr der Fischmarkt abgehalten.

Über die traditionellen Methoden der Salzgewinnung sowie über Flora und Fauna der Ria informiert das **Ecomuseu (7)** an der Marinha da Troncalhada nordöstlich der Stadt (nur im Rahmen einer Führung zugänglich; Kontakt über **Posto de Turismo** oder das Museu Municipal, Tel. 234-406485).

Tipp: Salz und Flor de Sal aus Aveiro können Sie bei einem Kiosk gegenüber der Touristeninformation kaufen.

Service Aveiro

Information   **Posto de Turismo,** Rua João Mendonça 8, Tel. 234-420760, Fax 234-428326, www.rotadaluz.pt

Unterkunft   **Moliceiro (a),** Rua Barbosa de Magalhães 15, Tel. 234-377400, Fax 234-377401, www.hotelmoliceiro.com. Eine gelungene Mischung traditioneller und moderner Deko-Elemente, aufmerksames Personal und seine zentrale Lage machen dieses Hotel zu einer guten, wenngleich nicht gerade günstigen Wahl. DZ ab 100 €.

Alboi (b), Rua da Liberdade 10, Tel. 234-404190, Fax 234-404191, www.residencial-alboi.com. Hinter historischer Fassade präsentiert sich das Altstadthotel im Stil der sechziger Jahre. Originell und komfortabel. DZ ab 60 €.

Beira (c), Rua José Estêvão 18, Tel./Fax 234-424297. Einfache, saubere und ansprechende Pension in der Altstadt. DZ ab 35 €.

Essen und Trinken

Salpoente (d), Canal S. Roque 83, Tel. 234-382674. Ein ehemaliges Salzlager, das moderne und elegante Einrichtung mit großen historischen Fotos an den Wänden bietet. Dazu stehen Spezialitäten wie Caldeirada vom Aal auf der Karte. Für einen besonderen Abend in gehobener Atmosphäre. Teuer.

MercadoPeixe (e), Largo da Praça do Peixe, Tel. 234-383511. Wo gibt's besseren Fisch als direkt über dem Fischmarkt – und dazu den Blick auf das geschäftige Treiben unten? Das schicke Restaurant hat sich ganz den Gaben des Meeres verschrieben. Mittel bis teuer.

Das Restaurant MercadoPeixe

O Telheiro (f), Largo da Praça do Peixe 20, Tel. 234-429473. Die Konkurrenz am Platz, etwas eleganter und gediegener mit Fischgerichten von schmackhafter Frische. Mittel bis teuer.

Adamastor (g), Travessa do Lavadouro 1, Tel. 234-371777. Viel Fisch, günstige Touristenmenüs und als Spezialität: Aal. Ein beliebtes Mittelklasserestaurant in Marktnähe. Mittel.

A Tasca do Confrade (h), Rua dos Marnotos 24, Tel. 234-386381. Das urige Restaurant zählt zu den Lieblingskneipen der Einheimischen. Mittel.

Nightlife/ Shopping

Mercado Negro (i), Rua João Mendonça 17. Die ehemalige Lagerhalle wird von einer Künstlervereinigung organisiert und ist Treffpunkt der Szene in Aveiro. Neben diversen Läden wie *WahWah* (Platten), *Mao Mao* (Klamotten) und *Lollipop* (Accessoires) gibt's ein Café mit kostenlosem WLAN sowie diverse Konzertveranstaltungen. Programm unter www.myspace.com/mercadonegro_aveiro

Aveiro Umgebung

Vista Alegre

Der Name des Städtchens, 9 Kilometer südlich von
Aveiro, klingt für viele Portugiesen ähnlich legendär
wie Meißen für deutsche Porzellanliebhaber. Seit 1824
wird hier edelstes Porzellan angefertigt, heute natürlich nicht nur im traditionellen, sondern auch im zeitgenössischen Design. Ein Porzellanmuseum zeigt die
kostbarsten Stücke der vergangenen 200 Jahre (Di–
So 9–12.30 Uhr, 14–16.30 Uhr, Eintritt). Im Outlet
gleich nebenan gibt es dann Porzellan zu „Schnäpp-
chenpreisen" – zumindest im Vergleich zu den offiziellen Preisen in den Läden (Mo–Sa 9.30–18.30 Uhr).

Costa Nova

Tausendfach fotografiert und reproduziert, aber dennoch faszinierend und ein nettes Ausflugsziel: Costa
Nova, westlich von Aveiro an der Praia de Barra gelegen, besitzt ganz eigenwillige, mit Streifen bemal-
te Holzhäuschen, vor allem in den Farben blau-weiß
und rot-weiß. Viel mehr ist allerdings nicht zu sehen:
eine Hauptstraße, zu beiden Seiten die Häuschen, an
der Westseite der Strand, an der Ostseite der Yacht-
club. Der Ort ist dennoch hübsch und außerhalb der
Hauptsaison ein netter Zwischenstopp. Übernachten
können Sie in der *Residencial Azevedo,* die im Inneren
mit viel Plüsch eingerichtet ist (Rua Arras Ança 16,
Praia da Costa Nova, Tel. 234-390170, www.residen
cialazevedo.com, DZ ab 55 €). Fürs Abendessen wird
das Restaurant des Segelclubs, *Restaurante de Clube
Vela,* empfohlen (Av. José Estevão, Tel. 234-360250,
Mittel), dessen Gambas na Frigideiras bei den einheimischen Gästen sehr beliebt sind.

4

Mira

Rund 20 Kilometer die Küste entlang nach Süden liegt das ehemalige Fischerdorf Mira, das längst zu einem großen Ferienzentrum angewachsen ist, sich aber trotz der Appartementanlagen und Hotels etwas von seinem Charme bewahren konnte. Zumindest halten die Fischer an ihrer Tradition fest, die Netze per Traktor aus dem Wasser zu holen. Der Ort teilt sich in die alte, landeinwärts an einer Lagune gelegene Siedlung und Praia da Mira, wo Restaurants, Cafés und diverse Unterkünfte versammelt sind. Das kleine ethnographische **Museum** hält in diesem Trubel die Traditionen hoch und erläutert, wie man früher in dieser von Wäldern bewachsenen und von Lagunen und Kanälen durchzogenen Landschaft gelebt hat (Sept.– Juni, Mo–Fr 9–12.30, 14–17.30 Uhr, Sa/So 14–18 Uhr; Juli/Aug. tgl. 9.30–12.30, 14–18 Uhr, Eintritt). Ein Abstecher zum gut besuchten, sehr schönen Strand lohnt sich.

Viseu

Die ländliche Metropole 90 Kilometer östlich von Aveiro ist der Hauptort der Provinz Beira Alta und der Mittelpunkt eines Weinbaugebiets, in dem einer der besten portugiesischen Tropfen, der *Dão,* gekeltert wird. Außerdem wurde hier im 16. Jahrhundert die „Schule von Viseu" gegründet, eine Vereinigung von Malern, deren Werke zu den bedeutendsten der portugiesischen Kunstszene zählen. Als einer der schönsten Plätze Portugals gilt der **Adro da Sé.** Er ist gesäumt von der gotisch-barocken Kathedrale,

Azulejos in Viseu

Gang in der
Kathedrale Sé
mit Azulejos

der Rokoko-Fassade der **Miseri-córdia-Kirche,** dem Renaissance-palast **Paço dos Três Escalões** (heute Museu de Grão Vasco) und dem Schandpfahl. Die ursprünglich romanische **Kathedrale Sé** wurde in manuelinischer Gotik restauriert und bekam im 17. Jahrhundert ihre barocke Fassade, nachdem das ursprüngliche Gebäude eingestürzt war. Im Inneren fasziniert das harmonische Zusammenspiel all dieser Baustile zu einem erhabenen Raumerlebnis. Einen bewusst kühlen Kontrapunkt setzt der Ende des 20. Jahrhunderts aufgestellte moderne Altar. Im **Museu de Grão Vasco** hängen vor allem Gemälde des aus Viseu stammenden Vasco Fernandes, genannt Grão und seiner auch zur „Schule von Viseu" gehörenden Kollegen. Grão schuf seine großformatigen Werke gegen Ende der manuelinischen Ära für die Kathedrale. Später mussten die ungemein anrührenden Bilder dem Barockstil weichen (Di 14–17, Mi–So 10–18 Uhr, Eintritt). Lokale Spezialitäten, darunter auch Dão-Wein, verkauft *O Celeiro dos Sonhos* (Rua Capitão Silva Pereira 161). Für ein elegantes Mittag- oder Abendessen in historischer Kulisse empfiehlt sich das Restaurant *Muralha da Sé* mit delikaten Fisch- und Fleischgerichten (Rua Adro da Sé 24, Tel. 232-437777, mittel).

4

Bitte schreiben oder mailen Sie (rkhhermann@aol.com), wenn sich in Portugal Dinge verändert haben oder Sie Neues wissen. Wir beantworten jede Zuschrift. Danke!

Östliches Zentralportugal
von Castelo Branco bis Guarda

Ein unbekannter, besonders Naturliebhabern empfohlener Teil Zentralportugals ist der östliche Teil des Centro. Dort befinden sich der einzige wirklich nennenswerte Gebirgszug des Landes, die **Serra da Estrela** (höchster Berg ist der 1993 Meter hohe Torre) und der faszinierende **Geopark Naturtejo** zwischen Castelo Branco und der spanischen Grenze. Kulturgeschichtliche Zeugnisse finden sich in diesem historischen Grenzgebiet natürlich auch, allerdings sind die meisten kriegerischer Natur: der früher bedrohliche Nachbar Spanien war hier besonders nahe und man versuchte ihn sich durch Festungen vom Leib zu halten. Als Ausgangspunkt für die südliche Region empfiehlt sich Castelo Branco, den Norden kann man gut von Guarda aus besuchen.

Castelo Branco

Eine ehemalige Burg der Tempelritter, eine gotische Kathedrale und ein zauberhafter Barockgarten sind die schönen Seiten dieser Stadt. Die Industrialisierung und der Zustrom vieler Menschen haben aus dem historischen Grenzstädtchen aber eine Geschäftsmetropole mit vielen Wohnhausblocks und Fabriken gemacht. Ein Abstecher zum **Jardim Episcopal** am nördlichen Stadtrand lohnt dennoch, denn er ist der schönste Barockgarten Portugals. Dom João de Mendoça ließ den Garten zu Beginn des 18. Jahr

Jardim Episcopal

hunderts als Fantasiereich voller hübsch gestutzter Hecken und sprudelnder Wasserfontänen anlegen (Rua Bartolomeu da Costa, im Winter tgl. 9–17.30 Uhr, Sommer 9–20 Uhr, Eintritt). Gleich nebenan im ehemaligen Bischofspalast zeigt das **Museu de Francisco Tavares Proença Júnior** die archäologische Sammlung des Namensgebers und eine sehenswerte Auswahl der in Castelo Branco traditionell hergestellten bunten Bettüberwürfe, der *colchas* (Di–So 10–12.30, 14–17.30 Uhr, Eintritt).

_____ **Service Castelo Branco**

Information   **Posto de Turismo,** Praça do Município, Tel. 272-330339, www.cm-castelobranco.pt

Unterkunft   **Tryp Colina do Castelo,** Rua da Piscina, Tel. 272-349280, Fax 272-329759, www.trypcolinadocastelo.solmelia.com. Modernes Geschäftshotel in Panoramalage über der Stadt. DZ ab 60 €.

Pousada de Juventude, Rua Dr. Francisco José Palmeiro, Edifício do IPJ, Tel: 272-321363, Fax 272-321364, www.pousadasjuventude.pt. Komplett renoviert und modern eingerichtet bietet die Jugendherberge Unterkunft in 16 Vier- und zwei Doppelzimmern mit WC. Bett ab 12, DZ ab 30 €.

Essen und Trinken   **Praça Velha,** Praça Luís de Camões 17, Tel. 272-328640. Das schicke Lokal in historischen Mauern serviert traditionelle Inlandsküche wie *cabrito assado,* aber auch Spezialitäten wie mit Chouriço-Wurst gefüllte Tomaten. Mittel bis teuer.

Zé dos Capochos, Rua Dona Emília Oliveira Pinto 13, Tel. 272-345537. Sympathischer Familienbetrieb mit der traditionellen Küche der Region Beira Baixa. Wichtigste Spezialität sind Barsch-Gerichte. Mittel.

_____ # Castelo Branco Umgebung

_____ ## Geopark Naturtejo

Mit einer Fläche von 4625 Quadratkilometern bedeckt der erste Geopark Portugals die Region zwischen Serra de Estrela im Norden, dem Tejo im Süden und der spanischen Grenze im Osten. Die weitgehend flache Landschaft der Meseta wird geprägt von Nadelwäldern und Weiden, von Olivenhainen und Weinreben in der Umgebung der Dörfer. Im nördlichen Teil prägen rie-

Pastorale

4

sige Granitblöcke in allen nur vorstellbaren Verwitterungsformen das Bild. Die wichtigsten Orte sind Idanha-a-Velha und Monsanto. Sehenswert sind die Fossilienfunde von Penha Garcia, und auch die Fauna hat mit Schwarzstörchen, Königsadlern und Mönchsgeiern Spezielles zu bieten. In **Idanha-a-Velha** gibt es heute kaum noch Hinweise, die Rückschlüsse auf die Bedeutung zulassen, welche die von den Römern Aegitidanorum genannte Stadt auch als Hauptstadt des Westgotischen Reiches hatte. 1199 wurde der Bischofssitz von den Mauren überrannt und verwandelte sich danach in ein friedliches, ländliches Dorf. Nur der von den Tempelrittern im 13. Jahrhundert erbaute Torre dos Templários, der Schandpfahl und die schlichte Kathedrale erinnern noch an diese frühe Blüte. **Monsanto** ein Stück weiter nach Norden wirkt wie eine aus dem Granit gewachsene Festung und dies ist kein Zufall: Viele Häuser und auch die Burg dieses Städtchens auf einem Granithügel sind direkt ins Gestein hineingebaut. Gemächlich geht's zunächst durch die schmalen Gassen bergauf, vorbei an der **Ireja São Salvador** und dann steil bergan zum Castelo. Unterwegs passiert man den Schandpfahl, mehrere Kapellen und den Backofen des Ortes. Von der Burg genießt man eine herrliche Fernsicht über die Landschaft mit ihren Granitbrocken. Rund um die romanische Capela São Miguel unterhalb der Burg befinden sich Grabstätten aus der Eisenzeit, die in den Stein geschlagen wurden.

Felsen-Idylle

Trilobiten
gelten als die ersten tierischen Erdbewohner. Sie lebten vor einer halben Million Jahren im Meer und starben vor 250 000 Jahren aus.

Wenige Kilometer nach Osten schmiegt sich ein weiteres Dorf an den Hang: **Penha García** ist Ausgangspunkt des Wanderwegs *Rota dos Fósseis* (s. Kasten). Im Dorf ist eine Paläontologische Sammlung im Aufbau, die Region ist übersät mit Versteinerungen von Trilobiten. Auch Penha Garcia hat seinen Schandpfahl und den Vorplatz der Kirche schmückt ein wenig befremdlich ein Panzerdenkmal.

Die Rota dos Fósseis

Ablagerungen des Meeres, das auch diesen Teil Portugals bedeckte, sind in der Felslandschaft rund um Penha Garcia besonders häufig zu entdecken. Die meisten Funde zeigen die Trilobiten, die Paläontologen für die ersten tierischen Lebewesen halten, die sich im Urmeer entwickelt haben. Der Fossilien-Wanderweg beginnt am Largo do Chão vor der Kirche und führt durchs Dorf bergan, vorbei an der Touristeninformation und den Resten des Castelo (15. Jahrhundert) in Richtung Stausee Barragem de Penha Garcia. Hier befindet sich der erste von mehreren Granitblöcken, an denen Freeclimber ihr Können messen, die „Placa das Tartugas" (Schwierigkeitsgrade IV bis VI). Nach Überquerung der Staumauer erwartet die Felswand „Marrocos" schwindelfreie Sportler mit Routen vom Schwierigkeitsgrad 5 bis 6a. Dann geht's durch den Wald und am Flüsschen Rio Ponsul entlang bis zu einer rekonstruierten Mühle, die heute als ethnographisches Museum dient (Öffnungszeiten vorher bei der Touristeninformation erfragen). Weitere Kletterwände liegen auf dem Weg, bis man in einem weiten Bogen schließlich ins Dorf zurückkehrt. Eine Karte der Tour gibt's bei der Touristeninformation.

Service Geopark Naturtejo

4

Touristeninformation	• **Posto de Turismo** de Idanha-a-Velha, Rua da Sé, Tel. 277-914280.
	• **Posto de Turismo** de Monsanto, Rua Marquês da Graciosa, Tel. 277-314642.
	• **Posto de Turismo** de Penha Garcia, Rua do Espírito Santo, Tel. 272-366011.
Unterkunft	**Estalagem de Monsanto,** Rua da Capela, Monsanto, Tel. 277-314471, http://monsanto.homestead.com. Das Hotel im Herzen Monsantos bietet einfache, gemütliche Unterkunft in zwei zusammengelegten alten Häuschen. DZ ab 70 €.
Essen und Trinken	**Snack Bar Jovem,** Av. Fernando Ramos Rocha 21, Monsanto, Tel 277-314590. Sympathisches Ambiente mit guter Regionalküche. Mittel.

Wanderung in
der Einsamkeit

A Frágua, Rua da Alegría 2, Penha Garcia, Tel. 277-366447.
Restaurant, Bar und Galerie im Ortszentrum von Penha
Garcia. Preiswert.

Aktivitäten   **Escola de Escalada,** Tel. 275-314312, Covilhã, www.
clubecampismocovilha.com. Die Kletterschule betreut die
Routen um Penha Garcia.

Guarda und die Serra da Estrela

Wie Castelo Branco ist auch Guarda nicht wegen der
besonderen Sehenswürdigkeiten, sondern als Aus-
gangspunkte für Ausflüge in die Gebirgswelt der Serra
da Estrela interessant. Die 1057 Höhenmeter machen
sich bemerkbar: Es kann empfindlich kalt werden in
Guarda. In der Vergangenheit kam der Stadt eine
wichtige Rolle zu. Mit ihren mächtigen Mauern war
sie Bollwerk gegen die Spanier. Heute sind immerhin
noch drei Tore und Teile der Mauern erhalten. Da viele
Häuser und auch die Festungsanlagen aus dunklem
Granit erbaut wurden, wirkt Guarda so gar nicht lieb-
lich, sondern ziemlich düster. Die Altstadt ist dennoch
sehenswert, zahlreiche Bürgerhäuser aus dem 16. bis
18. Jahrhundert säumen die Straßen, und die wehr-
hafte **Kathedrale Sé,** die zwischen dem 14. und dem
16. Jahrhundert erbaut wurde, zeigt schöne gotische
Schmuckelemente außen wie innen. Im Kirchenschiff
zieht der Renaissance-Altar die Aufmerksamkeit der
Besucher auf sich.

Service

Information   **Posto de Turismo,** Praça Luis de Cãmoes 46, Tel. 271-
205530, www.mun-guarda.pt

Unterkunft	**Vanguarda,** Av. Monsenhor Mendes do Carmo, Tel. 271-208390, Fax 271-227526, www.imb-hotels.com. Das moderne Hotel am Rand der Altstadt bietet komfortable Unterkunft in großzügigen Zimmern. DZ ab 60 €.
	Residencial Santos, Rua Tenente Valadim 14, Tel. 271-205400. Die Pension in dem historischen Stadthaus ist modern gestaltet und biete eine angenehme Unterkunft in der Altstadt. DZ ab 35 €.
Essen und Trinken	**Belo Horizonte,** Largo de São Vicente 1, Tel. 271-211454. Das wohl beliebteste Restaurant in Guarda ist trotz seines Erfolges sehr familiär. Zu den regionalen Spezialitäten zählt ein täglich wechselndes *bacalhau*-Gericht. Mittel.
	Aliança, Rua Vasco da Gama 8, Tel. 271- 222235. Hier sollten sie unbedingt die Forelle probieren. Mittel.

Guarda Umgebung

Serra da Estrela

Portugals höchster Gebirgszug ist ein Paradies für Wanderer bzw. Skifahrer. Informationen über das gut ausgebaute Wanderwegnetz bekommt man bei der Verwaltung des *Parque Natural in Gouveia,* allerdings nur auf Portugiesisch (Av. dos Bombeiros Voluntários 8, Tel 238-492441). **Gouveia** ist ein netter, außerhalb der Saison ziemlich verschlafener Bergort, dessen aus Stein erbaute Häuser die Kälte erahnen lassen, die hier im Winter herrscht. Malerisch über dem Tal des Rio Zêzere liegt das Städtchen **Manteigas,** von dem man herrliche Wanderungen ins Tal des Zêzere bis hin zu seinen Quellen machen kann. Einkehren können Sie in Manteigas in der *Cervejaria Central.* Dort gibt es einfache, deftige Gerichte (Rua Bernardo Marco Leitão, Tel. 275-982787, preiswert).

Parque Natural
Montezinho

Norte – Portugals Norden

Die lebhafte und in herrlicher Lage über dem Douro-Fluss gelegene Stadt Porto und das von Stränden eingerahmte Viana do Castelo sind die beiden Städte, denen im nördlichen Teil Portugals die größte Bedeutung zukommt. Landschaftlich präsentiert sich die Region sehr vielfältig: Im Westen liegt die Costa Verde mit blendend weißen Sandstränden und tiefgrünen Kiefernwäldern. Im Norden befindet sich das Minho-Tal, das die Grenze zu Spanien bildet und in dem die Rebsorte Vinho Verde angebaut wird. Der dicht bewaldete und wasserreiche Nationalpark Peneda-Gêres schließt im Südosten an und die karge Berglandschaft von Trâs-os-Montes bildet im Nordosten die Grenze der Region. Von dort stammte Portugals berühmte Königsdynastie, die *Bragança*. Besonders sehenswert sind im Norden ohne Zweifel Porto und Guimarães.

Porto

Der Großraum von Portugals zweitgrößte Stadt (400.000 Einwohner) besteht im Grunde aus mehreren städtischen Zonen: aus Porto mit der historischen Altstadt am Nordufer des Douro, aus der Portweinstadt Vila Nova de Gaia, der Altstadt gegenüber am Südufer, dem Mündungsgebiet Foz, wo sich

Porto vom
Fluss aus

Strand- und Nachtleben konzentrieren, und aus dem Hafengebiet Matosinhos nordwestlich der Douro-Mündung. Portos besonderer Reiz liegt einerseits in seiner Lage an den relativ steilen Hängen, die das Tal des Douro hier, neun Kilometer vor seiner Mündung ins Meer, begrenzen. Dazu kommt die Tatsache, dass Porto nicht so aufpoliert wirkt, wie andere Städte: In der Altstadt stehen repräsentative, frisch renovierte Häuser im Barockstil neben Zeugnissen des Verfalls der historischen Bausubstanz. Große Paläste fehlen, denn den Bewohnern von Porto kam es stets darauf an, Geld zu verdienen, während man es in der prunkvollen Konkurrenzstadt Lissabon einfach nur ausgab. Porto war und ist eine Stadt der Bürger und Kaufleute.

Seit 1996 zählt die Altstadt von Porto zum Unesco-Weltkulturerbe.

Geschichte

Porto, „Hafen", ist Namenspatron des ganzen Landes. Nach einer griechischen und später römischen Niederlassung, nach Westgoten und Arabern wurde Porto im 10. Jahrhundert Hauptstadt der Grafstadt Portucalia, die sich zwischen den Flüssen Douro und Minho erstreckte und aus der sich schließlich das Königreich Portugal entwickelte. Der Schiffbau war lange Zeit Motor der städtischen Wirtschaft, und in gewisser Weise kann sich Porto auch rühmen, am Beginn der portugiesischen Seefahrerei gestanden zu haben: Hier wurde 1394 Heinrich der Seefahrer geboren. Auch der Portwein, das wohl berühmteste portugiesische Exportprodukt, der in den Kellereien in den Bergrücken über Vila Nova de Gaia gelagert wird,

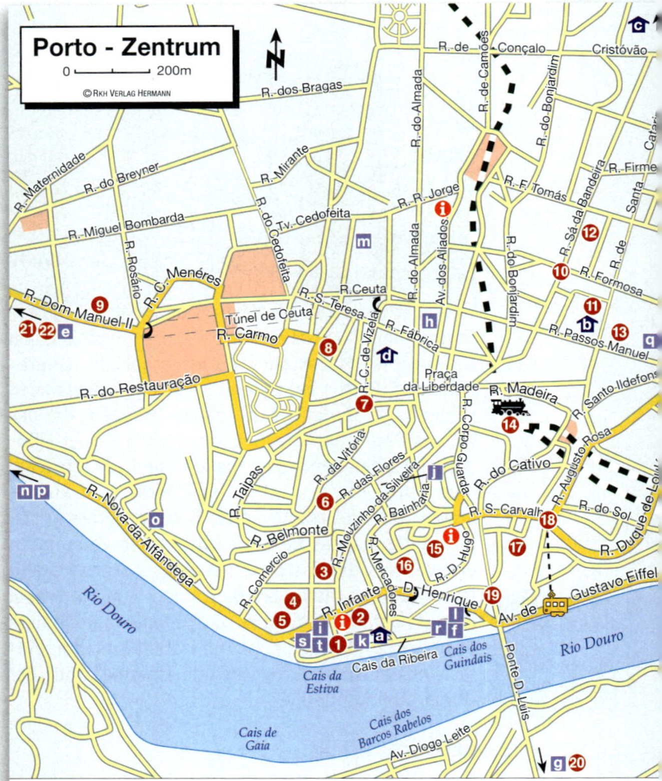

Porto - Zentrum

0   200m

© RKH VERLAG HERMANN

(Stadtplan mit Straßennamen: R. de Camões, R. de Bonjardim, Cristóvão, Gonçalo, R. dos Bragas, R. dos Aliados, R.-R. Jorge, R. do Almada, R. F. Tomás, R. Sá da Bandeira, R. Firme, R. Maternidade, R. do Breyner, R. Miguel Bombarda, R. do Cedofeita, Tv. Cedofeita, R. Ceuta, R.-S. Teresa, R. Formosa, R. Passos Manuel, R.-C. Menéres, R. Rosário, R.-C. de Vizela, R. Fábrica, R. Santo Ildefonso, R. Dom Manuel II, Túnel de Ceuta, R. Carmo, Praça da Liberdade, R. Madeira, R. do Restauração, R. Copo Guarda, R. do Cativo, R. Augusto Rosa, R. da Vitória, R. das Flores, R. Mouzinho da Silveira, R. do Sol, R. Talpas, R. Belmonte, R. Bainharia, R. S. Carvall, R. Duque de Loulé, R. Nova da Alfândega, R. Comércio, R. Mercadores, R. Infante D. Henrique, Gustavo Eiffel, Av. de, Cais da Ribeira, Cais dos Guindais, Ponte D. Luis, Rio Douro, Cais da Estiva, Cais de Gaia, Cais dos Barcos Rabelos, Av. Diogo Leite)

🔴 Stadtrundgang

1 Largo do Terreiro	**9** Museu Nacional Soares dos Reis	**18** Station Funicular dos Guindais
2 Casa do Infante	**10** Rua de Sã	**19** Ponte D. Luis I
3 Mercado Ferreira Borges	**11** Rua de Santa Catarina	**20** Vila Nova de Gaia
4 Palácio da Bolsa	**12** Mercado do Bolhão	**21** Casa da Música
5 São Francisco	**13** Café Majestic	**22** Fundação Serralves / Museu de Arte Contemporânea
6 Igreja da Misericórdia	**14** Bahnhof São Bento	
7 Torre und Igreja dos Clérigos	**15** Kathedrale	
8 Lello & Irmão	**16** Igreja dos Grilos	
	17 Igreja de Santa Clara	

🏨 Unterkunft

a Pestana Porto
b Grande Hotel do Porto
c Castelo Santa Catarina
d Residencial União

🔴 Essen und Trinken / Nachtleben / Shopping

e Kool Restaurante	**m** Armazém do Chá ♟
f D. Tonho	**n** Le Bazaar ♟
g Bacalhoeiro	**o** Clube literário do Porto ♟
h Café-Restaurant Guarany	**p** Trinta e Um ♟
i Adega S. Nicolau	**q** Pitch Club
j Arroz de Forno	**r** Azeitoneirs do Porto 🖥
k Ora Viva	**s** F.M. Gomes Teixeira 🖥
l Casa Dura Sempre	**t** Pharmacia 🖥

Industrialisierung und Handel brachten Ende des 19. Jahrhunderts den Aufschwung der Ingenieurskunst nach dem Vorbild Gustave Eiffels. Von den damals erbauten Eisenkonstruktionen ist die Brücke D. Luis die spektakulärste.

wurde nach Porto benannt. Im 18. Jahrhundert war der bereits bei den Römern beliebte Wein für zahlreiche britische Kaufleute der Grund, warum sie sich in Porto niederließen und dort den Portweinhandel übernahmen. Im 19. Jahrhundert florierte auch der Handel mit Wolle, Leder und Fisch. Bis heute ist Porto die Wirtschaftsmetropole Portugals, während Lissabon als Verwaltungshauptstadt gilt.

Stadtrundgang

Ausgangspunkt ist der **Largo do Terreiro (1)**, von dem aus die schmale Rua da Alfandega zu einer der Hauptachsen, der Rua do Infante Dom Henrique führt. Hier, gleich neben der Touristeninformation, steht das Geburtshaus Heinrichs des Seefahrers, **Casa do Infante (2).** Heute ist darin das Stadtarchiv untergebracht. Dass sich hinter der vielfach umgebauten Fassade ein romanisches Haus verbirgt, haben Rekonstruktions- und Grabungsarbeiten ans Licht gebracht. Die Ergebnisse dieser Recherchen präsentiert das **Nucleo Museólogico** im Haus in einer kleinen Ausstellung (Rua da Alfândega 10, Di–So 10–13 u. 14–17.30 Uhr, Eintritt). Eine Statue des Seefahrers, der selbst jedoch nie zur See fuhr, schmückt die Praça do Infante D. Henrique, die unübersehbar beherrscht ist von den beiden Symbolen für Handel und Gewerbe, dem Ende des 19. Jahrhunderts erbauten **Mercado Ferreira Borges (3)** und der Börse, **Palácio da Bolsa (4).** Die Markthalle in der für Porto charakteristischen, schmiedeeisernen Bauweise, hat ihre Funktion leider verloren und dient heute als Messehalle.

Historische Stadtansicht von Porto

5

Tipp: Die Stadtverwaltung
Porto stellt auf ihrem Touris-
musportal im Internet fünf
thematische Stadtrundgänge
(englisch) zum Download für
den MP3-Player zur Verfügung:
www.cm-porto.pt, *Tourism* und
dann *Tours* anklicken.

Die 1842 anstelle eines Franziskanerklosters errichtete Börse ist eines der
prunkvollsten Beispiele klassizisti-
scher Architektur in Portugal, ein
wahrer Palast des Geldhandels. Leider
dürfen die Räume nur im Rahmen einer Führung besichtigt werden. Der
ehemalige Kreuzgang des Klosters
wich einem von einer Glaskuppel überspannten
Innenhof, von dem die einzelnen Räume abgehen.
Dort versammelten sich die Kaufleute und wickelten
ihre Geschäfte ab. Ein Raum ist prunkvoller als der
andere. Den Höhepunkt bildet der *Arabische Saal* –
ein Feuerwerk orientalischer Formen und Farben.
Heute dient er als Veranstaltungsort für Konzerte
(Rua de Ferreira Borges, www.palaciodabolsa.pt,
April–Okt. 9–18.30 Uhr, Winter 9–12.30 u. 14–17.30
Uhr, Eintritt).

Arabischer Saal

Das Kloster verschwand, doch die **Kirche São Francisco (5)** gleich neben der Börse ist noch erhalten.
Das einzige gotische Gotteshaus Portos ist innen üppig mit der Talha dourada, der vergoldeten Schnitz-
kunst des portugiesischen Barock, ausgestattet. Zwei
monumentale Altäre zieren den goldenen Raum, einer davon mit der Darstellung der „Wurzel Jesse",
also des Stammbaumes Christi. Die Kirche und ihre
Katakomben sind heute ein Museum (Nov.–Feb. 9–
17.30 Uhr, März–Okt. 9–19 Uhr, Juli/Aug. u. Sept.
bis 20 Uhr. Eintritt).

Die Rua de Ferreira Borges führt bergauf zur Praça de
São Domingos, wo linker Hand, am Beginn der auf-

Torre dos
Clérigos

steigenden **Rua das Flores,** die Kirche **Igreja da Misericórdia (6)** wegen ihrer Ausstattung mit Azulejos und der spätbarocken Fassade einen Besuch wert ist. Leiter der Umbauarbeiten an dem im 16. Jahrhundert errichteten Gotteshaus war der Italiener Nicolo Nasoni, ein in Porto vielbeschäftigter Mann. Die Rua das Flores bergauf erreichen Sie weitere Bauwerke des Barockmeisters, **Torre und Igreja dos Clérigos (7).** Von 1732 bis 1750 dauerten die Bauarbeiten für die ungewöhnliche Kirche, deren elliptische zierliche Gestalt in einem ungewöhnlichen Verhältnis zur Höhe des freistehenden Turms mit seinen 75 Metern steht. Nasoni vollendete ihn 1755. Wer ihn über 196 Stufen erklimmt, genießt eine herrliche Aussicht über Stadt und Douro (Kirche 8.45–12.30 u.15.30–19 Uhr, Turm Winter 10–13 u. 14–17 Uhr, Sommer 9.30–13 u. 14.30–19 Uhr, Aug. 10–19 Uhr. Letzter Einlass jeweils eine halbe Stunde früher, Eintritt).

Der große Platz nordwestlich der Kirche gehört der Universität von Porto mit ihren Fakultäten. Hier darf natürlich eine Buchhandlung nicht fehlen, und **Lello & Irmão (8),** Rua das Carmelitas 144, ist nicht nur gut sortiert, sondern eine Sehenswürdigkeit aus der Epoche des Art Nouveau. 1906 wurde sie eröffnet und hat bis heute ihre Innenausstattung und ihren Flair bewahrt.

Abstecher zum Museu Nacional Soares dos Reis (9)

Das Museum liegt etwas abseits des Stadtrundgangs, rund 500 Meter westlich der Uni an der Rua D. Manuel II und zeigt eine eindrucksvolle Auswahl portugiesischer Kunstwerke des 19. Jahrhunderts, darunter viele Werke des Namensgebers, des Bildhauers Antonio Soares dos Reis. Daneben gibt es Sammlungen orientalischen Porzellans, portugiesischer Fayencen und Schmucks ab dem 17. Jahrhundert (Di 14–18, Mi–So 10–18 Uhr, Eintritt). Interessant ist der Palast, in dem das Museum untergebracht ist. Er wurde 1795 für das Königshaus errichtet und zwar außerhalb der Stadtmauern. Die Bürgerschaft von Porto hatte beschlossen, dass niemals ein Mitglied der Königsfamilie innerhalb der Stadtmauer Grund besitzen dürfe.

5

Rua de Sta. Teresa und Rua de Fàbrica führen nach Südosten zur Praça da Liberdade, und von dort geht's nach Nordosten ins lebhafte Einkaufsviertel von Porto: die **Rua de Sà (10)** und **Rua de Santa Catarina (11)** mit Filialen internationaler Ketten, zwischen denen sich aber auch das eine oder andere portugiesische Delikatessengeschäft halten kann. Für Restaurantbesitzer, Köche und alle, die sich für frisches Obst und Gemüse begeistern, sind die Markthallen des **Mercado do Bolhão (12)** Anziehungspunkt. Dort sind Delikatessenläden, z.B. das *Pérola do Bolhão,* zu finden und natürlich auch Cafés und kleine Restaurants, in denen die Ein- und Verkäufer einkehren.

Besonders entlang der Rua Formosa reihen sich Läden und Cafés aneinander: Neben dem Delikatessengeschäft *Pérola do Bolhão* (Nr. 279) lohnt die *Confeitaria do Bolhão* mit ihrer Art-Deco-Einrichtung einen Besuch (Nr. 339).

Zu den preiswerten Lokalen zählt das **Café Majestic (13)** sicherlich nicht. Art Nouveau, Spiegel, Lüster und ein Pianist schaffen eine nostalgische Stimmung, für die man etwas tiefer in die Tasche greifen muss. Dennoch sollte man hier unbedingt einkehren und die Spezialität *Pataniscas* probieren (Rua de Santa Catarina 112, Tel. 222-003887, www.cafemajestic.com).

Pataniscas: Bacalhão (Stockfisch), Ei und Petersilie werden frittiert und mit Bohnen und Reis serviert.

Nächster Halt – nun bergabwärts – ist der **Bahnhof São Bento (14),** der mit schönen, weiß-blauen Azulejo-Wandbildern rund ums Thema Reisen ausgestattet ist. Gehen Sie nun südwestlich der viel befahrenen Avenida Don Afonso Henriques durch die schmalen, gewundenen Gassen des Sé-Viertels zur **Kathedrale (15),** die wie eine Burg wehrhaft über dem Ribeira-Viertel am Fluss steht. Im 12. Jahrhundert erbaut, später u.a. durch Nicolo Nasoni verändert, strahlt sie eine romanische Strenge aus. Im

Inneren wirkt sie regelrecht düster, bis man die strahlenden Fixpunkte der kostbaren Talha Dourada-Arbeiten am Hauptaltar und in den Kapellen entdeckt (Nov–März, Mo–So 8.45–12.30 u. 14.30–18 Uhr, April–Okt. Mo–So 8.45–12.30 u. 14.30–19 Uhr). Vorbei am Bischofspalast kommen Sie dann zu einer weiterer Kirche: Igreja de São Lourenço, besser bekannt als **Igreja dos Grilos (16).** Sehenswert ist ihre plastisch bewegte Fassade und im Inneren ein weiteres Beispiel der portugiesischen Talha dourada-Kunst. Wenn Sie von Kirchen im Allgemeinen und dem goldenen Schnitzwerk im Besonderen noch nicht genug haben: die **Igreja de Santa Clara (17)** gilt als absoluter Höhepunkt. Ein kleines gotisches Gotteshaus, wie mit Gold ausgegossen (Largo Primeiro de Dezembro, Mo–Fr 9.30–11.30 u. 15–19 Uhr). Sind die Beine nun schwer vom Gehen und Schauen, können sie mit der Seilbahn *Funicular dos Guindais* hinunter an den Douro sausen. Die obere **Station (18)** liegt unweit der Kirche (So–Do 8–20, Fr/Sa 8–24 Uhr).

Der **Funicular dos Guindais** bewältigt den Höhenunterschied von 230 Metern in knapp zwei Minuten und rast dabei an den Überresten der Stadtmauer entlang.

Unten angekommen, bietet sich nun ein Bummel entlang der **Cais dos Guindais** und **da Estiva** an. Zunächst sollte man sich aber den **Ponte D. Luis I (19)** anschauen. 1881–1886 baute der Belgier Teófilo Seyrig, ein Mitarbeiter Gustave Eiffels, an der Brücke mit einer Bogenspannweite von 172 Metern und einer Höhe von knapp 47 Metern. Die untere Fahrspur ist für den Autoverkehr geöffnet. Hoch oben über dem Bogen verläuft die Eisenbahrlinie. Gustave Eiffel war übrigens an der Konstruktion der Ponte Maria Pia, ein Stück weiter ostwärts, beteiligt.

Portwein-Boote unterhalb der Brücke Ponte D. Luis I

Cais dos Guindais

Entlang des Kais ist dann Bummeln, Einkaufen oder Kaffeetrinken angesagt. Café reiht sich hier an Café, dazwischen kann man kitschige Souvenirs, aber auch hochwertiges Olivenöl kaufen. Es lohnt sich, in die Hinterhöfe dieses **Ribeira-Viertels** zu schauen. Hier hat die alte Hafenstadt Porto deutliche Spuren hinterlassen. An den Kais legen heute allerdings nicht mehr Handelsschiffe, sondern Boote für Douro-Rundfahrten an. Die Schiffe, mit denen früher der Wein aus den Anbaugebieten flussaufwärts nach Vila Nova de Gaia gebracht wurde, dienen heute als malerische Kulisse.

Ihren großen Auftritt haben die **Boote** bei der Regatta, die immer am 24. Juni zu Ehren São Joãos stattfindet.

Vila Nova de Gaia (20)

Welche der vielen Kellereien von Gaia Sie besuchen möchten, bleibt Ihnen überlassen. Die großen, renommierten Häuser wie *Calem* bieten Führungen und Weinproben in vielen Sprachen an. Anschaulich werden die Verfahren erläutert, in denen aus den Trauben der Douro-Hänge Portwein gekeltert wird. Auch die Unterschiede zwischen weißem, nämlich jungem, und dem hellroten älteren Ruby sowie den vielen anderen Spezialitäten werden erklärt. Westlich der Kellereien hat sich das alte Hafengebiet *Cais de Gaia* in eine postmoderne Restaurant-, Laden- und Bürolandschaft verwandelt. Leider ist sie nicht so mit Leben erfüllt, dass man an einem längeren Aufenthalt Freude hätte.

Portwein-Kellereien

Bei diesen und vielen anderen Kellereien können sie eine Besichtigungstour mit Weinprobe vereinbaren:
Calém & Filho, Av. Diogo Leite 344, Tel. 223-746660, www.sogevinus.com
A. Ramos Pinto, Av. Ramos Pinto 380, Tel. 223-775011, www.ramospinto.pt
Quinta do Noval, Av. Diogo Leite 256, Tel. 223-770282, www.quintadonoval.pt

Casa da Música (21)

Das voll und ganz der Musik gewidmete Haus öffnete 2005 seine Tore. Schon das von den Architekten Rem Koolhaas & Ellen van Loon entworfene Gebäude ist die weite Anfahrt zur Praça de Mousinho de Albuquerque im Nordosten Portos wert (U-Bahn-Haltestelle *Casa da Música*). Von Außen mag der nahezu monolithische Betonblock abweisend, ja sogar abschreckend wirken. Im Inneren aber haben die beiden Architekten im Spiel mit Perspektiven und Materialien sowie mit Zitaten traditioneller portugiesischer Dekorationskunst, wie beispielsweise den Azulejos, viele eigenwillige, fast intime Ecken geschaffen. Höhepunkt ist natürlich der Konzertsaal mit seiner großen, gewellten Glasfront, die für die besondere Akustik des Hauses sorgt. Sein Schmuck, eine Holztäfelung mit Blattgold, nimmt auf die Talha dourada Bezug. Am schönsten ist es, diesen Raum bei einem Konzert zu erleben. Das Programm findet sich im Internet (www.casadamusica.pt) oder unter Tel. 220-120220. Führungen in englischer Sprache Mo–Fr um 11 u. 15.30 Uhr, Sa/So 10.30 u. 16 Uhr, Eintritt.

Fundação Serralves

Fundação Serralves/ Museu de Arte Contemporânea (22)

Ein architektonischer wie künstlerischer Genuss ist der Besuch des Museums für zeitgenössische Kunst im Osten Portos. Das 1999 eröffnete Museum liegt in einem 18 ha großen Park, in dem sich auch die *Casa de Serralves,* ein denkmalgeschützter Bau des Art Deco, befindet (heute Sitz der Stiftung und nur zugänglich, wenn darin Ausstellungen stattfinden). Gezeigt wird Kunst des 20./21 Jahrhunderts, von den 1960er Jahren bis zur Gegenwart. In wechselnden Einzelschauen werden die Arbeiten junger portugiesischer

5

und europäischer Künstler präsentiert. Die geradlinige, aus Beton-, Granit- und Glasbausteinen zusammengesetzte kubische Architektur des Museums
hat sich der in Matosinhos geborene Álvaro Siza ausgedacht (Rua D. João de Castro 210, Metro *Casa da
Musica,* dann weiter mit den Bussen 201 und 203, Di–
Fr 10–17, Sa/So 10–19 Uhr, Eintritt).

> **Tipp:** Empfehlenswert ist das **Restaurant** des Museums
> mit feiner, leichter Küche (mittel) und schöner Aus
> sichtsterrasse. Im Park können Sie in der **Casa de Chá**
> eine Pause bei Tee und Kuchen machen.

Service Porto

Information

Posto de Turismo, Rua Clube dos Fenianos 25, Tel. 223-
393472, Fax 223-323303, www.portoturismo.pt
Posto de Turismo – Ribeira, Rua do Infante D. Henrique
63, Tel. 222-060412, Fax 222-060414

Verkehr

Flug: Aeroporto Francisco Sá Carneiro, Tel. 229-432400,
Fax 229-484597, www.ana-aeroportos.pt; nationale und
internationale Flüge, auch Charterverbindungen, z.B. mit
Air Berlin.
Bahn: Von touristischer Bedeutung sind folgende Bahnhöfe:
• **Campanhã,** Largo da Estação de Campanhã, Tel. 221-
052700, 808-208208, www.cp.pt. Regionale und internationale Verbindungen.
• **São Bento,** Praça Almeida Garret, Tel. 222-019517, 808-
208208, www.cp.pt. Regionalzüge.
Bus: Es gibt zwar Pläne für eine zentrale Busstation, aber
im Augenblick fahren die Busse der jeweiligen Unternehmen
von mindestens neun verschiedenen Stationen ab. Am besten informieren Sie sich bei der Touristeninformation.

Stadtverkehr

Obwohl die Topographie dem U-Bahn-Bau nicht gerade entgegenkommt, hat Porto eine **Metro** mit fünf Linien, die sich
am Knotenpunkt *Trindade* treffen. Die gelbe *Linie D* fährt z.B.
nach Vila Nova de Gaia, *A* verbindet Porto mit Matosinhos,
E mit dem Flughafen (www.metro-porto.pt). Die wiederbelebte historische **Tram** fährt mit den Linien 1 und 18 die
Strecke Infante – Massarelo – Carmo. Für Metro, Eléctrico
(Tram) und das dichte **Busnetz** der STCP (www.stcp.pt) gibt
es das wiederaufladbare Kombi-Ticket „Andante" (auch gültig für den Funicular). **Fährboote** verbinden im Zehn-
Minuten-Takt die Cais do Ouro mit Vila Nova de Gaia.

Sightseeing

Neben den üblichen Besichtigungstouren mit dem Bus können Sie in Porto eine Schiffsfahrt auf dem Douro unternehmen. Die reizvolle Sechs-Brücken-Fahrt führt flussaufwärts bis zur Ponte do Freixo und passiert dabei Ponte D.
Luis, do Infante, D. Maria Pia und São João. Auf dem
Rückweg geht's fast bis zur Ponte d'Arrábida kurz vor dem
Mündungsgebiet des Douro. Neben schönen Altstadt-

panoramen genießen sie vom Boot aus einen guten Blick auf die Eisenkonstruktionen der Brücken. Abfahrt halbstündlich an den Cais da Estiva, Tel. 222-082286, www.viadouro-cruzeiros.com.

Unterkunft

Porto ist dank seiner guten Verkehrsanbindung als Tagungsort und für Kongresse beliebt. Deshalb sind die Hotels und Pensionen oft lange im Voraus ausgebucht.

Pestana Porto (a), Praça da Ribeira 1, Tel. 223-402300, Fax 223-402400, www.pestana.com. Am Kai und in einem renovierten historischen Haus gelegen, bietet das Hotel einen wunderbaren Blick auf den Fluss. Die Zimmer sind geschmackvoll, modern und mit allem Komfort ausgestattet. DZ ab 160 €.

Grande Hotel do Porto (b), Rua Santa Catarina 197, Tel. 222-076690, Fax 222-076699, www.grandehotelporto.com. Ein nostalgisches Grandhotel im Herzen der Stadt. Marmorsäulen und Kristalllüster schaffen eine gediegene Stimmung. DZ ab 110 €.

Castelo Santa Catarina (c), R. Santa Catarina 1347, Tel. 225-095599, Fax 225-506613, www.castelosantacatarina .com.pt. Man sollte sich nicht am Kitsch stören, um dieses ebenso charmante wie überdekorierte Anwesen aus dem beginnenden 20. Jahrhundert zu würdigen. Die Zimmer sind sehr verspielt, verfügen aber über modernen Komfort. Im herrlichen Garten können Sie sich nach anstrengenden Stadtspaziergängen erholen. DZ ab 80 €.

Residencial União (d), Rua Conde Vizela 62, Tel. 222-003078, www.residencial-uniao.com. Die preiswerte Pension in der Altstadt wird freundlich und aufmerksam geführt. Nette Atmosphäre. DZ ohne Bad ab 20 €.

Essen und Trinken

Kool Restaurante (e), in der Casa da Musica, Tel. 226-092876, www.restaurantekool.com. Cool ist es wirklich, unendlich schick und die Küche gilt als eine der besten in Porto. Probieren Sie *Carpaccio de bacalhau e salmão*, ein Gedicht. Teuer.

D. Tonho (f), Cais da Ribeira 13-15, Tel. 222-004307, www.dtonho.com. Das Lokal ist ein touristisches Muss und entsprechend voll. Auch die Portugiesen lieben die delikate Fischküche und das elegant-rustikale Ambiente, zudem gehört das Lokal noch dem beliebten Popstar Rui Veloso. Sie sollten reservieren. Teuer.

Bacalhoeiro (g), Avenida Diogo Leite 74, Vila Nova de Gaia, Tel. 223-759408, www.bacalhoeiro.com. Wie der Name sagt – es gibt ausschließlich Stockfisch, *bacalhão*, in allen möglichen Variationen. Das Ambiente ist nüchtern. Mittel bis teuer.

Café-Restaurant Guarany (h), Avenida dos Aliados 89, Tel. 223-321272, Fax 222-0002710, www.cafeguarany.com. Seit 1933 ein Klassiker, kürzlich wurde es modernisiert. Neben guter portugiesischer Küche gibt es Live-Musik und ein lebhaftes Ambiente. Mittel.

Adega S. Nicolau (i), Rua S. Nicolau 1, Tel. 222-008232. Ein einfaches Traditionslokal im Herzen des Ribeira-Viertels. Die Küche ist gut, das Preis-Leistungsverhältnis stimmt. Mittel.

5

Arroz de Forno (j), Rua de Mouzinho da Silveira 203, Tel. 222-007465. Nordportugiesische Küche mit Raffinesse. Die Hausspezialität ist *Arroz de Forno,* Reis aus dem Backofen mit zartem Zicklein. Als Desert ist der zuckersüße Portweinpudding zu empfehlen. Mittel.

Ora Viva (k), Rua Fonte Taurina 83, Tel. 222-052033. Portugiesische Spezialitäten, wie gegrillte Sardinen, bekommen Sie hier mittags auch als halbe Portion. Preiswert – mittel.

Casa Dura Sempre (l), Rua da Lada 106, Tel. 222-008488. Ein winziges Restaurant mit ein paar Tischen in der Gasse hinter den Kais. Spezialität sind *Tripas* (Kutteln) *a moda.* Preiswert.

Weitere Restaurant-Tipps

Einige für ihre typische und gute Küche bekannte Lokale:

Abadia do Porto,
Rua Ateneu Comercial do Porto 22/24,
Tel. 222-008757, mittel.

Boa Nova, Muro dos Bacalhoeiros 115,
Tel. 222-00686, nur Mittagessen, mittel.

Ribeiro, Praça dos Poveiros 2,
Tel. 222-008637, preiswert.

A Antiga, Rua Roberto Ivens 628, Matosinhos,
Tel. 229-380660, mittel.

Xarrôco, Av. Heróis de França, Matosinhos,
Tel. 229-381 649, mittel.

Nachtleben

Armazém do Chá (m), Rua José Falcão 180, Tel. 222-444223, www.armazemdocha.com. Teestube, Weinbar, Disco – am Wochenende ist diese ehemaligen Lagerhalle ein beliebter Treffpunkt.

Le Bazaar (n), Cais Pedras 13, Tel. 226-062113, www.le-bazaar.com.pt. Unter der Woche ein Einkaufszentrum mit gehobenen Läden, am Wochenende öffnen hier Clubs ihre Pforten.

Clube literário do Porto (o), Rua Nova da Alfândega 22, Tel. 222-089228, www.clubeliterariodoporto.com. Buchhandlung, Kunstgalerie und Piano-Bar. Ein sehr entspannter Ort fürs ruhige Gespräch bei einem Glas Wein. Am Wochenende gibt es Jam-Sessions.

Trinta e Um (p), R. Passeio Alegre (Foz) 564, Tel: 226-107567, www.trintaeum.com. Momentan eine der angesagtesten Diskotheken.

Pitch Club (q), Rua de Passos Manuel 34-38, Tel. 222-012349, www.pitch-club.com. Ebenfalls ein beliebter Club.

Shopping

Azeitoneirs do Porto (u), Cais da Ribeira 36, Tel. 222-007303. Hier gibt es das beste Speiseöl Portugals, außerdem Oliven, Schinken, Wurst, Käse und Wein.

F.M. Gomes Teixeira (v), Rua da Reboleira 32. Ein Paradies für Freunde des Modellschiffbaus.

Pharmacia (w), Rua do Reboleira 23. Eine der ältesten Apotheken von Porto, deren Einrichtung noch wunderbar erhalten ist. Zu kaufen gibt's Kunsthandwerk, Schmuck, Lampen und tausend andere Dinge.

Porto Umgebung

Douro-Tal

Seit 2001 ist das Tal des Alto Douro **Unesco-Weltkulturerbe**

Mit 925 Kilometer Länge ist der Douro einer der wichtigsten Flüsse der Iberischen Halbinsel. Er entspringt in Spanien und ist mehr als 100 Kilometer der Grenzfluss zwischen Portugal und Spanien. Auf seinem Weg zum Atlantik fließt er durch eine Kulturlandschaft, in der Wein schon seit 2000 Jahren angebaut wird. Seit dem 18. Jahrhundert werden die Hänge zwischen Peso da Régua und Pinhão für jene Reben genutzt, aus denen Portwein gekeltert wird. Auf dem Fluss werden die Fässer mit der kostbaren Flüssigkeit dann ins 70 Kilometer entfernte Porto verschifft. Die Anbauflächen an den Hängen sind zum Teil winzige Terrassen, die nur von Hand bearbeitet werden können. Das hat dazu beigetragen, dass diese Landschaft in ihrer ursprünglichen Form bewahrt werden konnte. Das Douro-Tal besitzt das Unesco-Prädikat. Von Porto gibt es mehrtägige Kreuzfahrten durch das Tal, natürlich mit Verpflegung in den großen Quintas der Kellereien. Auf eigene Faust können Sie das Douro-Tal auch mit dem Zug bereisen. Von Porto nach Peso da Régua fährt fast stündlich ein Zug (ab São Bento und Campanhã). Von dort geht es weiter durch das

Weinberghänge mit Rotweinreben säumen das Ufer der Douro

Tal in Richtung Vila Real. Ein Highlight für Eisenbahn-
freunde ist die Fahrt mit der nostalgischen, von
einer Dampflok gezogenen Eisenbahn, *Comboio
Histórico a Vapor*, die in den Sommermonaten zwischen Juli und Oktober jeden Samstag durchs Tal
schnauft (Tel. 221-052524, www.cp.pt).

Vila Real

Die etwa 80 Kilometer östlich von Porto gelegene
Stadt ist der Endpunkt der Eisenbahnfahrt durchs
Douro-Tal und der Ausgangspunkt für den Besuch des
Anwesens, in dem der berühmte Mateus-Rosé (halb-
trockener Roséwein) produziert wird. Vila Real hat
einen hübschen historischen Stadtkern, aber keine
außergewöhnlichen Sehenswürdigkeiten.

Ein Abstecher nach **Mateus,** 4 Kilometer östlich der
Stadt, lohnt sich in jedem Fall. Hier wird der Mateus-
Rosé gekeltert und das Barockschloss, das dessen
Etikett ziert, kann man bei einer Führung besichtigen, auch wenn einige Flügel noch von der Grafenfamilie Mangualde bewohnt werden. Interessanter als
die Zimmerfluchten sind ohnehin der herrliche Park
und die fantastische Fassade des Schlosses (Casa de
Mateus, Tel. 259-323121, www.casademateus.com,
Juni–Sept. 9–19.30 Uhr, Okt., März – Mai 9–13 u. 14–
18 Uhr, Nov.–Feb. 10–13 u. 14–17 Uhr, Eintritt).

Braga, Minho und Tràs-os-Montes

Portugals nördlichster Landesteil ist Heimat hervorragender Weine und zugleich Wiege des portugiesischen Königreichs. Sanfte Weinhügel entlang der
Minho, die karge, von römischen Heerstraßen durch-
zogene Gebirgslandschaft des Nationalparks Peneda-
Gêres und historische Städtchen wie Braga machen
die Region ungemein vielseitig und reizvoll – und
nicht zu vergessen: Viana do Castelo mit seinen herrlichen Stränden.

Braga

Das „Rom Portugals" oder „Hauptstadt des Barock" –
beide Apostrophierungen lassen erahnen, was Sie in
Braga erwartet: viele Kirchen und üppige Barockarchi-
tektur. Braga ist aber auch eine Universitätsstadt und
deshalb außerordentlich lebhaft und umtriebig.

Stadtrundgang

Ausgangspunkt für den Bummel durch Braga ist die
Praça da República (1), wo die Touristeninformation
einen übersichtlichen Stadtplan mit einer Barock-
Tour durchs Zentrum bereithält. Als verbliebener Rest
der Stadtmauer aus dem 14. Jahrhundert erhebt sich
der zinnengekrönte **Torre de Menagem.** Die Rua do
Souto führt durch den Altstadtkern nach Westen,
vorbei am barocken **Paço Episcopal (2).** Wenn Sie
nach links weitergehen, kommen Sie zur **Kathedrale
Sé (3)** mit ihren romanischen Elementen aus dem
12. Jahrhundert am Haupt- und Südportal. Die Kathedrale wurde im gotischen Stil umgebaut und mit manuelinischem und barockem Dekor geschmückt. Im
Inneren des Gotteshauses ist es recht düster. Vom
Kreuzgang geht's in das **Museu da Sé,** das aus einer
Reihe von Kapellen mit wertvollem Talha dourada-
und Azulejo-Schmuck sowie der Schatzkammer mit
kostbarem liturgischen Zubehör, Kleidung und Skulpturen (Di–So, im Winter 10–12 u. 14–17.30 Uhr, im
Sommer 9–12 u. 14–18.30 Uhr, Eintritt).

Wenn Sie nach Westen weiterspazieren, folgt die
Praça Velha (4) mit dem ehemaligen Stadttor Arco
da Porta Nova, das 1512 erbaut und 1772 dem Barock-

Stil angeglichen wurde. In einem mittelalterlichen Stadthaus residiert hier das **Museu da Imagem (5),** dessen wechselnde Ausstellungen das Werk portugiesischer Fotografen zeigen (Campo das Hortas, 35–37, Di–Fr 11–19 Uhr, Sa/So 14.30–18 Uhr, Eintritt). Folgen Sie nun den verkehrsberuhigten Gassen um die Sé wieder nach Osten. Am Largo Sta. Cruz mit der gleichnamigen Barockkirche können Sie noch einen Abstecher zum barocken **Palácio do Raio (6)** unternehmen, dessen Fassade mit blauen Azulejos verkleidet ist. Vom Largo Sta. Cruz führt die Rua de São Marcos nach Norden und zur **Casa dos Crivos (7).** Das „Haus der Jalousien" wurde im 17. Jahrhundert so erbaut, dass die darin wohnenden Damen unerkannt die Straße durch Holzjalousien beobachten konnten – eine im Orient übliche Gepflogenheit, die hier imitiert wurde. Kehren Sie auf der Praça da República ein und gönnen Sie sich eine Pause im *Café Vianna.* Dort trinken die Intellektuellen der Stadt seit 1871 ihren Kaffee.

Service Braga

Information   **Posto de Turismo,** Av. da Liberdade 1, Tel. 253-262550, www.cm-braga.pt

Verkehr   **Bahn:** Santa Apolónia, Largo da Estação, Tel. 253-278552. Züge nach Lissabon und in Richtung Avoeiro.

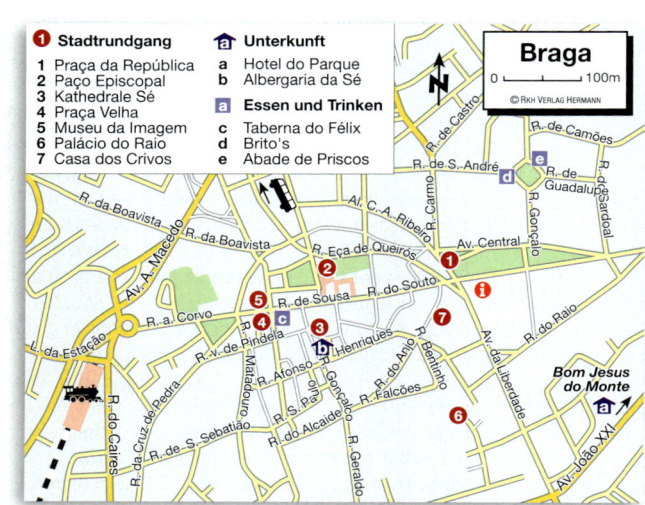

❶ **Stadtrundgang**

1 Praça da República
2 Paço Episcopal
3 Kathedrale Sé
4 Praça Velha
5 Museu da Imagem
6 Palácio do Raio
7 Casa dos Crivos

🏠 **Unterkunft**

a Hotel do Parque
b Albergaria da Sé

🅰 **Essen und Trinken**

c Taberna do Félix
d Brito's
e Abade de Priscos

Braga

0 _____ 100m

© RKH VERLAG HERMANN

Bom Jesus do Monte

Bus: Central de Caminhonagem, Av. General Norton de Matos. Tel. 253-209 400. Von Braga aus sind alle größeren Städte des Nordens zu erreichen. Es gibt verschiedene Busgesellschaften; Informationen hält der Posto de Turismo bereit.

Unterkunft   **Hotel do Parque (a),** Bom Jesus do Monte, Tel. 253-603470, Fax 253-603479, www.hoteisbomjesus.pt. Ruhig gelegen, im Park des Wallfahrtsberges und mit antikem Mobiliar eingerichtet. DZ ab 85 €.

Albergaria da Sé (b), Rua Dr. Gonçalo Pereira 39, Tel. 253-214502, Fax 253-214501, www.albergaria-da-se.com.pt. Gemütliche Pension im Herzen der Altstadt, auch das Restaurant ist zu empfehlen. DZ ab 50 €.

Essen und   **Taberna do Félix (c),** Praça Velha 17, Tel. 253-617701. Ein
Trinken   beliebtes Restaurant fürs Abendessen in der Altstadt, in dem es abends richtig hoch hergeht. Spezialität des Hauses ist *Arroz de pato à antiga,* Ente mit Reis. Mittel.

Brito's (d), Praça Mouzinho de Albuquerque, Tel. 253-617576. Hier wird traditionelle portugiesische Küche fantasievoll dem modernen Geschmack Portugals angepasst. Versuchen Sie's mit *Salmão com molho de marisco.* Mittel.

Abade de Priscos (e), Praça Mouzinho de Albuquerque 7, Tel. 253-276650. Ein ruhiges Restaurant mit kleiner Speisekarte und gediegener Atmosphäre. Die Gerichte sind stets exzellent und mit frischen Zutaten angerichtet. Mittel.

Braga Umgebung

Bom Jesus do Monte

Glaube und Barock finden in der Wallfahrtskirche *Bom Jesus do Monte* 5 Kilometer östlich von Braga zueinander: Zu dem an einem Hang gelegenen Heiligtum führen eine Straße, eine Seilbahn und ein Kreuzweg. Einzigartig ist die barocke Treppenanlage, die der Pilger schließlich auf das Gotteshaus zugehend hinaufsteigt. Die Wallfahrtsstätte ist von einem hübschen Park umgeben.

Guimarães

Guimarães gehört wegen seines gut erhaltenen historischen Kerns zum **Unesco-Weltkulturerbe.**

Aqui nasceu Portugal – hier wurde Portugal geboren. Guimarães, die Wiege der Nation, liegt 25 Kilometer südöstlich von Braga und ist ein hübsches historisches Städtchen. Es war erste Hauptstadt des 1139 von Afonso Henriques, der übrigens 1109 hier das Licht der Welt erblickte, gegründeten Königreiches Portugal.

Burg von Guimarães

Bereits im 10. Jahrhundert wurde der Grundstein für die **Burg (1)** gelegt, deren zinnengekrönten Mauern und Türme im Nordosten die Altstadt befestigen (9.30–12.30 u. 14–17.30 Uhr). Gleich unterhalb der Burg steht der gotische **Paço Ducal (2)**, der mehr einer Festung als einem Fürstenpalais gleicht. Praça de Santiago und der angrenzende Largo da Oliveira sind die gute Stube der Altstadt. Die Kirche **N. Sra. da Oliveira (3)** und der *Salado,* ein gotischer Säulengang zum Gedenken an eine Schlacht, sind eingerahmt von

Statue von Afonso Henriques

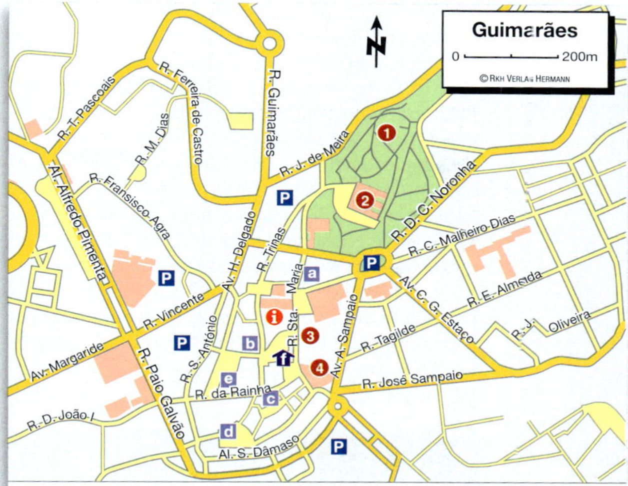

![Guimarães Stadtkarte mit Sehenswürdigkeiten]

Guimarães

0 ———— 200m

© RKH VERLAG HERMANN

🅰 **Essen und Trinken / Sonstiges**	🅰 **Unterkunft**
a Casa Costinhas	**f** Pousada da Oliveira
b Art'iago	
c Gaspar	➊ **Stadtrundgang**
d Restaurante Vira Bar	
e Nora Zé da Curva	**1** Burg
	2 Paço Ducal
	3 N. Sra. da Oliveira
	4 Museu de Alberto Sampaio

Tipp

Kostenloser **W-LAN-Zugang** auf beiden Plätzen.

Bürgerhäusern und Palästen aus dem 14. bis 17. Jahrhundert. Beide Plätze vermitteln ein lebendiges Bild vom historischen Stadtleben.

Die Reichtümer aus Kirchen und Klöstern von Guimarães und Umgebung präsentiert das sehenswerte **Museu de Alberto Sampaio (4),** gleich neben der Kirche in Räumen eines im 10. Jahrhundert gegründeten Klosters. Keramik, Gemälde und andere Werke des Meisters von Guimarães António Vaz werden hier gezeigt. Außerdem sind liturgisches Gerät und wertvolle Skulpturen ausgestellt. Absoluter Höhepunkt ist ein gotischer Altaraufsatz aus dem 14. Jahrhundert aus vergoldetem Silber, auf dem Christi Geburt dargestellt ist (Di–So 10–18 Uhr, Eintritt). Es gibt viele weitere Kirchen, die Sie besichtigen können – aber in erster Linie lohnt sich ein Bummel durch die alten Gassen. Dort kann man besonders hübsche Entdeckungen machen: So zum Beispiel die *Casa Costinhas (a)* (Rua Sta. Maria 68), wo es regionale Süßigkeiten und andere kulinarische Spezialitäten gibt. Oder den Laden *Art'iago (b)* (Rua Gravador Molarinho) mit originellem Kunsthandwerk. In der Rua da Rainha kann man Herrn Gaspar (c) zusehen, wie er schmiedeeiserne Balkonbrüstungen und Skulpturen anfertigt. Den Stadtbummel beschließen Sie im *Restaurante Vira Bar (d)* bei „Polvo a Lagareiro", Tintenfisch auf Art der Olivenbauern, (Largo Condessa do Juncal 27, Tel. 253-518427, mittel). Alternativ bietet das schicke *Nora Zé da Curva (e)* (Rua da Rainha 125, Tel. 253-554256, mittel – teuer) ein exzellentes Vier-Gänge-Touristenmenü mit Wein um 25 €. Wenn Sie sich in das historische Ensemble verliebt haben, können Sie stilgerecht in der *Pousada da Oliveira (f)* (Rua de Sta. Maria, Tel. 253-514157, Fax 253-514204, www.pousada.pt, DZ um 100 €) übernachten.

Citânia de
Briteiros

Auf der Weiterfahrt in Richtung Braga lohnt sich ein Stopp an der 15 Kilometer entfernten Ausgrabungsstätte **Citânia de Briteiros.** Zwischen dem 4. Jahrhundert v. Chr. und dem 4. Jahrhundert n. Chr. lebten hier wahrscheinlich keltische Siedler der „Castro"-Kultur in über 150 aus Granitsteinen errichteten Rundhäusern. Zwei wurden wieder aufgebaut (tgl. 9–12 u. 13–18 Uhr, Eintritt). Zur Siedlung gehört auch das **Museu da Cultura Castreja** im Herrenhaus *Solar do Ponte* (S. Salvador de Briteiros, Tel. 253-478952, tgl. 9.30–12 u. 14–17 Uhr, Eintritt). Hier sind bedeutende Funde aus der eisenzeitlichen Siedlung ausgestellt.

Barcelos

Besuchen Sie Barcelos an einem Donnerstagvormittag. Der **Wochenmarkt** am Campo da República gilt als einer der schönsten und lebendigsten des Landes.

Barcelos, 24 Kilometer westlich von Braga, liegt auf dem Pilgerweg von Südportugal ins spanische Santiago de Compostela und ist ein bedeutendes Etappenziel. Deshalb gibt es hier zahlreiche preiswerte Unterkünfte. Berühmt ist Barcelos wegen seines Wahrzeichens, des schwarzen und aus Ton gebrannten Hahns, den es in allen Größen gibt und der das Symbol Portugals ist. Vom Palast der Grafen von Braganca, die hier ab dem 15. Jahrhundert residierten, stehen heute nur noch Ruinen. Das darin untergebrachte **Freilichtmuseum** zeigt archäologische Funde aus der Region (Largo do Municipio, tgl. 9–17 Uhr). Ein Stück weiter östlich bietet das **Museu de Olaria** einen sehenswerten Überblick über die Keramik-Tradition der Region (Rua Cónego Joaquim Gaiolas, www.museuolaria.org, Di–Fr 10–17, Sa/So 10–12.30 u. 14–17.30 Uhr, Eintritt). Beim Bummel durch die Altstadtgassen kann man noch lauschige Plätzchen, historische Fassaden und Kirchen entdecken – zum Beispiel die barocke **Igreja do Senhor Bom Jesus,** die auf dem Grundriss eines griechischen Kreuzes errichtet wurde. Über Pilgerunterkünfte, die natürlich auch allen anderen Herbergssuchenden offenstehen, informiert der **Posto de Turismo** (Largo Dr. José Novais 8, Tel. 253-811882, www.cm-barcelos.pt). Er verfügt über einen kostenlosen Internetzugang. Ein sehr modernes Ambiente verspricht die *Albergaria do Terco* (Rua de S. Bento, Tel. 253-808380, www.arterco.com, DZ ab 50 €). Mittags nach dem Markt sollten Sie unbedingt im *Bagoeira* einkehren, einem 400 Jahre alten, aus mehreren Sälen bestehenden Restaurant. Donnerstags ist es besonders voll und ziemlich hektisch – aber auch sehr authentisch (Av. Dr. Sidónia Pais 495, Tel. 253-811236, mittel).

Der Hahn – Symbol für Portugal

5

Pilgerweg nach Santiago de Compostela

Durch Portugal führen zwei Pilgerwege ins spanische Santiago. Landschaftlich fantastisch ist der küstennahe Weg, der im Prinzip auf dem Europäischen Fernwanderweg GR11/E9 ab Porto verläuft und mit 230 Kilometer Länge in zehn Tagen gut zu bewältigen ist. Wer die Route verlängern möchte, kann am Cabo São Vicente starten und die Küste entlang bis Lissabon wandern. Von dort geht's über Coimbra nach Porto. Bei Valença do Minho überquert der Pilgerweg den Fluss Minho und damit die spanische Grenze. Nach weiteren 112 Kilometern erreichen Sie Santiago de Compostela. Der portugiesische Weg ist wie der Weg durch Frankreich ein historischer Pilgerpfad, der seit Jahrhunderten begangen wird.

Parque Nacional da Peneda-Gerês

Das knapp 70.000 Hektar große Naturschutzgebiet ist der einzige Nationalpark Portugals. Er umfasst mehrere Serras, also Gebirgszüge entlang der spanischen Grenze mit Gipfeln zwischen 1400 und 1545 Meter Höhe. Peneda-Gerês ist dank seiner Stauseen ein bedeutendes Wasserreservoir und ein wichtiger Stromlieferant. Seltene Tier- und Pflanzenarten, wie Steinadler, Grauwölfe oder die Gerês-Iris haben hier ihre Heimat. In den wenigen Siedlungen scheint die Zeit stillzustehen. Einen Besuch wert ist beispielsweise das Dorf **Soajo,** dessen granitenen Getreidespeicher, die *espigueiros,* ein beliebtes Fotomotiv sind (im Nordwesten des Parks, an der Straße N 202 von Arcos de Valdevez). Ein Stück weiter westlich an der N 203 von Ponte de Barca liegt **Lindoso,** dessen *espigueiros* von einer mächtigen Burg bewacht werden.

Typischer
Getreidespeicher

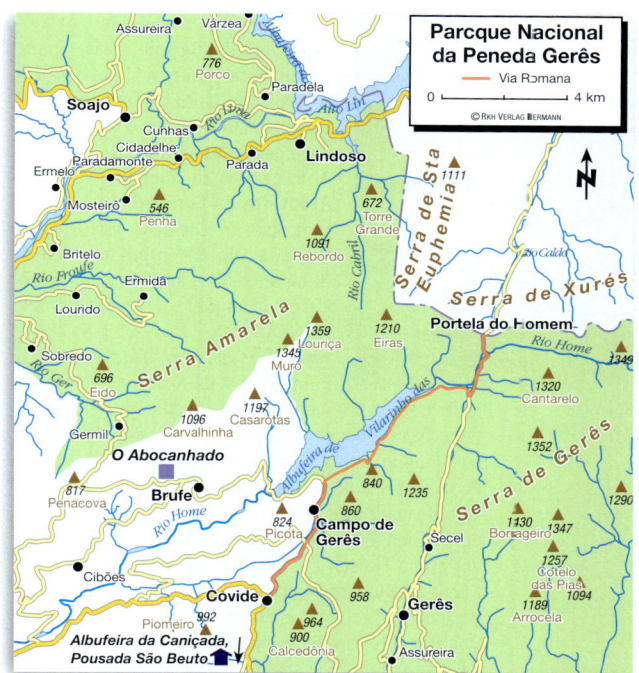

Ein Netz von Wanderwegen erschließt die Region, doch sind die meisten Pfade schlecht beschildert. Der Park wird von einer ehemaligen römischen Straße durchquert und zahlreiche Meilensteine sowie teilweise sogar der römische Pflasterbelag sind noch erhalten. Folgen Sie dieser **Via Romana,** dann treffen Sie auf drei römische Brücken und eine Thermenanlage. Die Straße führt vom Südwesten bei Covide über Campo de Gerês nach Nordosten bei Portela do Homem.

Ausgangspunkt für zahlreiche Aktivitäten ist **Vila do Gerês,** wo sich auch der einzige **Posto de Turismo** befindet (Av. Manuel Francisco da Costa Gerês, Tel. 253-391133). Hier bekommen Sie eine Wanderkarte des Nationalparks, eine Broschüre mit allerdings eher vagen Wegbeschreibungen und außerdem zahlreiche

Tipp: 40 Kilometer lang können Wanderer der **Römerstraße** folgen. Eine genaue Beschreibung der Wanderroute befindet sich in englischer Sprache auf www.geira.cm-terrasdebouro.pt

Römische
Meilensteine

Informationen zu anderen Aktivitäten wie zum Beispiel Wassersport. Übernachten können Sie in der netten Pension *Baltazar* (Av. Eng. José Lagrifa Mendes, Tel. 253-391131, www.pensaobaltazar.com, Preise auf Anfrage). Hoch über dem Stausee **Albufeira da Caniçada** können Sie sich auch in der sehr gemütlichen *Pousada São Bento* mit herrlichem Blick über die Landschaft einquartieren (São Bento, Caniçada, Tel. 253-649150, Fax 253-647867, www.pousadas.pt, DZ ab 120 €). Ein wahres Kult-Restaurant verbirgt sich hier in der bergigen Abgeschiedenheit ebenfalls: Das *O Abocanhado* liegt bei Brufe an der Straße von Campo Gerês nach Nordwesten, außerhalb der Parkgrenzen und ist ein moderner Kubus aus Granit, Schiefer und Glas, kühn an einen Hang gebaut. Von dort haben Sie eine fantastische Fernsicht. Es kommt vor allem Fleisch aus der Region in die Pfanne, die Küche ist modern-regional und an den Wochenenden ist immer viel los. Die Preise sind, gemessen an der Qualität des Essens, durchaus gerechtfertigt (Lugar de Brufe, Tel. 253-352944, www.abocanhado.com, teuer, die Internetseite gibt Auskunft über die Ruhetage).

Viana do Castelo

Costa Verde heißt der nördlichste Küstenstrich Portugals und Viana do Castelo, das im Gegensatz zu dem, was der Name vermuten lässt, keine Burg besitzt, ist eine noch wenig entdeckte Schönheit. Umgeben von weiten Stränden, nach Norden begrenzt von einem Höhenzug und nach Süden vom Rio Lima, drängt sich der hübsche historische Stadtkern um die Praça de República. Viana versuchte über Jahrhunderte hinweg mit Porto zu konkurrieren: auch von hier wurde Portwein nach Brasilien verschifft. Mit der Unabhängigkeit des südamerikanischen Landes begann Vianas Abstieg. Heute ist es eine sehr lebhafte Stadt mit einem modernem Hafen und vielen Freizeitmöglichkeiten.

Stadtrundgang

Die Praça de República ist ein harmonisches Ensemble historischer Häuser. 1589 wurde die **Casa de Misericordia (1)** im Stil der Renaissance errichtet. Karyatiden, antike Frauengestalten, stützen seine zweistöckige Loggia. Gleich nebenan, in der gleichnamigen Kirche, wetteifern Talha dourada und Azulejos um Aufmerksamkeit. Der **Domus Municipalis (2),** das frühere Rathaus direkt gegenüber, ist ein wuchtiger, von weiten Arkadenbögen getragener gotischer Bau mit Zinnenkranz (16. Jahrhundert). 1559 wurde der hübsche Brunnen in der Mitte des Platzes aufgestellt. Im **Museu do Traje (3)** können Sie sich über die verschiedenen Trachten der Region Alto

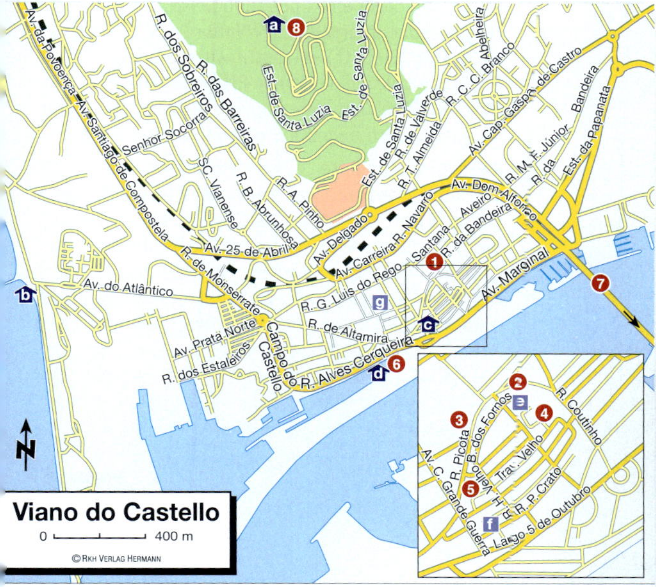

Viano do Castello

0 ⊢————————⊣ 400 m

© RKH VERLAG HERMANN

ⓐ Unterkunft
a Pousada Monte Sta. Luzia
b Flôr de Sal
c Aliança
d Gil Eannes

ⓐ Essen und Trinken
e Os 3 Potes
f Casa de Pasto Maria de Perre
g Confeiraria Manuel Natário

❶ Stadtrundgang
1 Casa de Misericordia
2 Domus Municipalis
3 Museu do Traje
4 Kathedrale
5 Hospital Velho
6 Gil Eannes
7 Ponte Eiffel
8 Igreja de Santa Luzia

Casa do Velho neben der Kathedrale und **Casa dos Lunas** gegenüber sind schöne Beispiele für Patrizierhäuser aus dem 15. bzw. 16. Jahrhundert.

Minho informieren (Di–So, Juni–Sept. 10–13 u. 15–19 Uhr, Okt.–Mai 10–13 u. 15–18 Uhr, Eintritt).

Die Rua Sacadura Cabral führt zur **Kathedrale (4)** mit einem fantastischen gotischen Portal und zinnenbewehrten wuchtigen Türmen, die eine schöne Rosette einrahmen. Im Inneren hat das Gotteshaus seinen ursprünglich romanischen Charakter kaum bewahrt: die Decke schmückt ein illusionistisches Fresko.

Die schmale Rua do Torinho führt schließlich zum **Hospital Velho (5),** wo ab dem 15. Jahrhundert die Pilger auf ihrem Weg nach Santiago de Compostella eine Unterkunft fanden. Wenn Sie der Rua Hospital Velho nach Süden folgen, erreichen Sie das Ufer des Rio Lima. Zur Rechten liegt die **Gil Eannes (6)** vor Anker. Das Schiff diente früher dem Thunfischfang, heute sind darin eine Jugendherberge und ein Fischfangmuseum untergebracht (Winter 9–17.30, Sommer 9–19 Uhr, Eintritt). Flussaufwärts überspannt die Eisenkonstruktion der **Ponte Eiffel (7)** den Rio Lima. Gustave Eiffel hat den Bau der Brücke durch sein Ingenieursbüro angeblich persönlich überwacht.

Rund fünf Kilometer außerhalb thront die im 20. Jahrhundert erbaute Wallfahrtskirche **Igreja de Santa Luzia (8)** in 250 Meter Höhe über der Flussmündung. Der Blick über die Stadt und die Küstenlinie ist einfach herrlich. Die neobyzantinischen Dekors des Gotteshauses können damit nicht konkurrieren. Wenn sie diesen Ausblick vor dem Schlafengehen und beim Aufstehen genießen möchten, können Sie in der komfortablen Pousada gleich nebenan übernachten. Vom Fuß des Hügels führt der Elevador Santa Luzia zur Wallfahrtskirche (Av. 25 de Abril).

Die Praça de República

Service Viana do Castelo

Information

Posto de Turismo, Rua do Hospital Velho, Tel. 258-822620, www.rtam.pt

Verkehr

Bahn: Caminhos de Ferro, Avenida dos Combatentes, Tel. 258-822296. Von dort verkehren fast stündlich Züge in Richtung Porto.

Bus: Die zentrale Busstation befindet sich neben dem Bahnhof. Verbindungen in alle Landesteile.

Igreja de Santa Luzia

Fähre: Die Fährschiffe starten am Margem do Rio Lima etwa auf Höhe des Museumsschiffes Gil Eannes und setzen ans Südufer des Flusses über.

Unterkunft

Pousada Monte Sta. Luzia (a), Tel. 258-800370, Fax 258-828892, www.pousadas.pt. Luxuriöse Unterkunft mit fantastischem Blick und Pool. DZ ab 100 €.

Flôr de Sal (b), Av. de Costa Verde, Praia Norte, Tel. 258-800100, Fax 258-800101, www.hotelflordesal.com. Dank der großen Glasfronten dieses modernen Baus hat man den Eindruck über dem Meer zu schweben. Geschmackvolles Design in gedämpften Farben, ein exzellentes Restaurant und ein kleiner Spa-Bereich sorgen fürs Wohlbefinden. DZ um 100 €.

Aliança (c), Av. dos Combatendes, Tel. 258-829498, Fax 258-825299.Einfache Pension in zentraler Lage. DZ ab 30 €.

Gil Eannes (d), Pousada de Juventude. Tel. 258-821582. Eine originelle Jugendherberge auf dem ehemaligen Fischkutter. Es gibt Einzel-, Doppel- und Mehrbettzimmer. Kein Frühstück. DZ ab 25 €.

Essen und Trinken

Saleiro (b), im Hotel Flôr de Sal. Elegantes, minimalistisches Ambiente für einen besonderen Abend. Die Küche verbindet klassische portugiesische Rezepte mit modernen Trends. Reservieren Sie einen Tisch an der Glasfront. Teuer.

Os 3 Potes (e), Beco dos Fornos 7, Tel. 258-829928. Das gemütliche Lokal im Herzen der Altstadt gilt als Feinschmeckeradresse, ist aber nicht überteuert. Empfehlenswert: *Bacalhau assado na brasa,* Stockfisch vom Holzkohlengrill, Mittel.

Casa de Pasto Maria de Perre (f), Rua de Viana 118, Tel. 258-822410. Bei Einheimischen wie Gästen beliebtes Restaurant mit Spezialitäten des Minho. Hier finden Sie auch eine reiche Auswahl an gutbürgerlichen Fleischgerichten. Mittel.

Confeiraria Manuel Natário (g), Rua Manuel Espregueira 37, Tel. 258-822376. Teestube, Café und Konditorei mit den besten Kuchen der Stadt.

5

Feiern, wie es die Portugiesen lieben

Etwas gewöhnungsbedürftig, aber wenn man aufgeschlossen ist durchaus amüsant und originell, ist das Angebot des Restaurants **Quinta do Santoinho** in Darque, fünf Kilometer südöstlich von Viana do Castelo. Zwischen Mai und November findet hier samstags, im Sommer auch häufiger, die *Festa do Minho* statt. Das Folklorespektakel ist in Portugal so beliebt, dass die Menschen sogar von Lissabon mit Bussen anreisen. Los geht's um 20 Uhr, dann gilt es zunächst, einen Platz zu finden und sich auf den Abend einzustimmen. Als nächstes holen sie sich Sardinen vom Grill, die mit Maisbrot gegessen werden. Während der Fisch verzehrt wird und der Wein fließt, tanzen Folkloregruppen. Gegen 21 Uhr machen sich alle über Brathähnchen und Schweinshaxe her. Gegen später beginnt der Tanz. Um 23 Uhr endet der Abend mit der Kohlsuppe Caldo Verde. Für 15 €/Person ist das eine durchaus nette Art, einen portugiesischen Abend zu verbringen. In der Hochsaison ist eine Reservierung sinnvoll: www.avic.pt/santoinho, Tel. 258-800363.

Freizeit und Sport

Hier am Atlantik sind natürlich Baden und Surfen angesagt. **Praia do Cabedelo,** südlich des Rio Lima, ist mit der Fähre gut zu erreichen. Er gilt als einer der schönsten Strände Nordportugals und ist wegen der Winde vor allem bei Surfern beliebt.

Praia Norte liegt nördlich der Stadt. Hier gibt es Sandbuchten und Felsen sowie zwei vor der Brandung geschützte Meerwasserpools.

Weitere Strände s. „In der Umgebung"

Viana do Castelo Umgebung

Ponte de Lima

Ihren ganzen Zauber entfaltet die Stadt anlässlich der *Feira Medieval,* zu der Ende Mai Ritter und Burgfräulein, fahrende Sänger und Metverkäufer die alten Gassen beleben. Doch auch ohne Spektakel ist der historische Stadtkern am Lima-Fluss sehenswert. 1125 wurde die Stadt gegründet und 1359 auf Geheiß König Pedros I. mit einer Mauer umgeben, von deren Wehrhaftigkeit noch zwei wuchtige Türme zeugen. Zur gleichen Zeit wurde die 227 Meter lange **Brücke** erbaut, die ebenfalls von Wachtürmen gesichert wurde. Über die Brücke erreichen Sie den **Largo de Camões** mit einem hübschen Renaissancebrunnen. Ein Bummel durch die Innenstadt führt zu Häusern mit manuelinischem Fassadenschmuck entlang der **Rua Beato Francisco Pacheco,** zum mittelalterlichen **Paço do Marques** an der **Praça República** und zur **Igreja Matriz** (15. Jahrhundert). Das Restaurant *Encanada* (Passeio 25 de Abril, Tel. 258-941189, mittel) befindet sich im selben Gebäude wie der Mercado Municipal. Die Karte bietet zwar nichts Ausgefallenes, dafür aber sind die Zutaten sehr frisch und den schönen Blick auf den Fluss gibt's gratis dazu.

Ponte de Lima

Entlang der Nordküste

Rund 14 Kilometer sind es an der Küste entlang, bis Sie nach **Afife,** dem großen Badeort des Nordens, kommen. Eingeweihte nennen ihn auch Mariana Beach. Der breite, von Grün gesäumte Sandstrand zieht sowohl Surfer als auch Sonnenanbeter an. Im *Restaurante de Praia de Afife* (Tel. 258-981314) gibt's fangfrischen Fisch, kleine Snacks und Salate. Abends verwandelt sich das Lokal in eine romantische Bar mit herrlichem Blick auf den Sonnenuntergang.

Etwas intimer, dafür auch exklusiver als Afife, ist **Moledo** rund sechs Kilometer weiter. Eine zwei Kilometer lange Sandsichel, eingerahmt von einem Kiefernwald, ist hier ein beliebter Platz für Kitesurfer. Beliebt ist auch die Küche des *Mar de Moledo* (Rua João Batista da Silva 136, Tel. 258922737, mittel). Ein Stück landeinwärts können Sie in der *Casa da Eira* eines der drei geschmackvoll eingerichteten Steinhäuschen anmieten und sich an der herrlichen Umgebung dieser ländlich-eleganten Unterkunft freuen (Rua do Ingusto, 274, Gateira-Moledo, Tel. 258-722180, www.casadaeira.com, Preise auf Anfrage).

Caminha

Der hübsche Ort ist unsere letzte Station im Norden. Er liegt an der Mündung des Rio Cura in den Minho, der hier die Grenze zu Spanien bildet. Um die zentrale **Praça do Conselheiro Silva Torres** stehen Rathaus (15. Jahrhundert), Glockenturm und Palácio das Pitas im manuelinischen Baustil. Wenn Sie sich bis jetzt noch nicht an Talha dourada-Schnitzwerk sattgesehen haben, lohnt sich ein Besuch in der **Igreja da Misericórdia.** Der Altar wird Sie sicher begeistern. Die **Rua Direita** führt durch die Altstadt mit ihren Kopfsteingassen und historischen Bauten auf die **Igreja Matriz** zu, die im 15./16. Jahrhundert entstanden und sowohl die manuelinische Epoche als auch die beginnende Renaissance spiegeln. Im Inneren sind die Azulejos aus dem 17./18. Jahrhundert und die wunderbare Holzdecke im Mujédar-Stil sehenswert. Dennoch: In erster Linie wird Caminha wegen des Strandes besucht.

Caminha

Tipp
Surfer und Badegäste genießen in Caminha entweder im *Barracuda* oder in der *Bar O Corsario* den Sonnenuntergang.

Als Restaurant im Ort ist das *Amãndio* (Rua Ricardo Joaquim de Sousa 166, Tel. 258-921979, mittel) zu empfehlen. Die Spezialität des Hauses ist *sável,* Maifisch, ein Salzwasserfisch, der im Frühjahr den Rio Minho hinaufwandert um dort zu laichen. Prominente aus Film und Fernsehen zählen zu den Gästen des *Duque de Caminha* (Rua Ricardo Joaquim de Sousa 111, Tel. 258-722046, mittel) mit rustikaler Einrichtung und einigen Tischen in der schmalen Gasse.

Auch hier gibt es vor allem Fischgerichte Im Herbst werden außerdem köstliche Wildgerichte serviert. Folgt man dem Minho 15 Kilometer nach Osten, kommt man zum imposanten, 1320 erbaute **Castelo von Vila Nova da Cerveira.** Das Castelo thront förmlich über dem Altstadtkern. Die nach König Dinis benannte Pousada verwöhnt hier zahlungskräftige Gäste (www.pousadas.pt).

Das Tal des Minho

Zwischen Caminha und Paços ist der Minho Grenzfluss zwischen Spanien und Portugal, und das Flusstal zwischen Valença und Melgaço gilt als eines der bedeutendsten Anbaugebiete des Vinho Verde. Die Jahrhunderte politischer Auseinandersetzungen zwischen Portugal und Spanien hinterließen hier ihre Spuren in Festungen und dem Stadtbild der Ortschaften. Das historische, etwas oberhalb des Flusses liegende **Valença do Minho** ist fast vollständig von einer Festungsanlage umschlossen, die im 17. Jahrhundert erbaut wurde. Leider hat der Kommerz die hübschen Gassen und weiß gekalkten Häuser der Altstadt mittlerweile vollständig erobert; die Nachbarn aus Spanien decken sich hier mit preiswerten portugiesischen Textilien ein.

Dieses Schicksal blieb dem 18 Kilometer entfernten Nachbarstädtchen **Monção,** das ebenfalls im 17. Jahrhundert sein heute noch erhaltenes Mauerwerk bekam, erspart. Blumengeschmückte Häuschen prägen die Altstadt um die **Praça Deu-la-Deu,** ein schönes, manuelinisches Portal schmückt die **Igreja Santa Maria.** Das Innere der Kirche ist im Barockstil gestaltet, eine manuelinische Kapelle ist jedoch erhalten. In der ersten Etage über der Touristeninformation an der Praça Deu-la-Deu können Sie im **Paço do Alvarinho** eine kleine Ausstellung zum hier produzierten Vinho Verde, dem *Alvarinho,* besichtigen und den Wein kosten (Di–Sa 9.30–12.30 u. 14–18, So 10–12 u. 15–18 Uhr). Zum Mittag- oder Abendessen kehren Sie im Restaurant *Cabral* ein. Hier steht vor allem Süßwasserfisch auf der Speisekarte, z.B. *lampretes,* Lachsforelle (Rua 1 de Decembro, Tel 251-651775, mittel).

Melgaço liegt 23 Kilometer östlich und besitzt eine Pfarrkirche und ein Kastell aus dem 12. Jahrhundert. Vor allem aber ist es Mittelpunkt des Anbaugebiets des Vinho Verde. In der *Quinta do Reguengo* finden Weinbau und Gastfreundschaft perfekt zusammen. Das historische Herrenhaus ist umgeben von Weingärten und empfängt seine Gäste mit antikem Mobiliar und dem hauseigenen Weinkeller mit Alvarinho und anderen Vinhos Verdes (Paderne/Melgaço, Tel. 251-410150, Fax 251-410159, www.hoteldoreguengo.pt, DZ ab 80 €).

Bragança

Die Wurzeln der etwas erhöht über dem Rio Sabor gelegenen Stadt reichen zurück bis in die Römerzeit. Umgeben von einer kargen, an schottisches Hochland erinnernden Landschaft, scheint Bragança völlig abseits zu liegen. Von Bedeutung ist es trotzdem: Die

❶ Stadtrundgang
1 Festung
2 Domus Municipalis
3 Museu Ibérico da Máscara e do Traje
4 Museu do Abade de Baçal
5 Sé de Bragança

🅰 Unterkunft
a S. Lázaro

🅰 Essen und Trinken
b Solar Bragançan
c O Geadas
d Dom Fernando

letzte Königsdynastie Portugals, die vom 17. bis zum Anfang des 20. Jahrhundert regierte, stammte aus Bragança. Heute besteht es aus dem mittelalterlichen, von Mauern umschlossenen Kern und der Neustadt am Fuß des Festungshügels. Sie entstand im 15. Jahrhundert und ist heute weitgehend von modernen Wohn- und Geschäftsbauten geprägt.

Stadtrundgang

Die **Festung (1)** ließ König Sancho I. 1187 errichten, die mittelalterliche Stadt ließ er mit einer wuchtigen Mauer umgeben. Im 15. Jahrhundert wurde die Stadt mit dem 34 Meter hohen **Torre de Menagem** gesichert. Darin zeigt das **Museu Militar** Exponate zur Militärgeschichte. Interessant ist es vor allem, weil man durch das Museum auf die Aussichtsterrasse des Festungsturms gelangt und von dort einen herrlichen Blick über die Stadt und die Landschaft des Alto Minho genießt (Fr–Mi 9–12 u. 14–17 Uhr, Eintritt). Der sechs Meter hohe **Pelourinho** vor der Festung steht auf einer Schweinskulptur aus Granit – im Norden Portugals ist das ein Symbol für Fruchtbarkeit. Seinen Ursprung hat das Symbol in der Keltenzeit. Vorbei an der **Igreja Santa Maria** (romanischen Ursprungs, barockisiert) geht's zum **Domus Municipalis (2).** Das ehemalige Rathaus zählt zu den ältesten noch erhaltenen Bauten Portugals. Typische Bögen, bizarre Fratzen und Ornamente weisen es als romanisches Bauwerk aus.

Traditionsreiches Bragança

Weiß gekalkte Häuschen, schmale Gassen, Geranien und Oleander prägen das hübsche Städtchen, doch leider gibt es kaum Leben, der Altstadtkern wirkt ausgestorben. Interessant ist zum Abschluss hier oben der Besuch des **Museu Ibérico da Máscara e do Traje (3)**, das den Faschingsbräuchen in der Region Trás-os-Montes und in der angrenzenden spanischen Provinz Zamora gewidmet ist. Masken und Kostüme erinnern an die alpenländischen Perchten, die zotteligen, mit Hörnern bewehrten Geister, die den Winter austreiben. (Rua Dom Fernão Mendes 24/26, www.mascaraiberica.com, Di–So 10–12.30 u. 14–18 Uhr, Eintritt.)

Die Rua Conselheiro Abilio Beça führt durch die Unterstadt zum **Museu do Abade de Baçal (4)** im ehemaligen Palaçio der Bischöfe. Das Regionalmuseum zeigt archäologische Funde, sakrale Kunst, antike Möbel und Gemälde und bietet die Möglichkeit, das Innere eines Palastes aus dem 18. Jahrhundert zu besichtigen (Mi–Fr 10–17, Sa/So 10–18 Uhr, Eintritt). Die Praça da Sé wird von der Renaissancekirche **Sé de Bragança (5)** dominiert. Im Inneren tauchen sie gelb-blaue Azulejos und ein üppiger Talha dourada-Hochaltar in goldenes Licht.

> Den Titel einer Kathedrale musste die Sé 1996 an die moderne Kathedrale weiter westlich abgeben.

Service Bragança

Information   **Posto de Turismo,** Av. Cidade de Zamora, Tel. 273-381273, www.cm-braganca.pt

Unterkunft   **São Lázaro (a),** Av. Cidade de Zamora, Tel. 273-302700, Fax 273-302701, www.hoteis-arco.com. Man würde sich in der Stadt wirklich etwas Netteres wünschen als dieses nichtssagende, moderne Hotel, aber die Zimmer sind in Ordnung. DZ ab 75 €.

Essen und Trinken   **Solar Bragançan(b),** Praça da Sé, Tel. 273-323875. Besonders im Sommer, wenn man im kleinen Innenhof speisen kann, ist das Lokal eine gute Adresse. Wild ist die Spezialität des Hauses, doch auch Fisch und Fleischgerichte schmecken hervorragend. Teuer.

O Geadas (c), Rua do Loreto 32, Tel. 273-326002. Hier stehen Forelle und Wild auf der Speisekarte. Die Bar des Restaurants ist ein beliebter Treff am Abend. Mittel.

Dom Fernando (d), Cidadela 197, Tel. 273-326273. Das einzige Restaurant im mittelalterlichen Kern, die Gaststube in der ersten Etage ist besonders hübsch. Auch hier dominieren Wild und Fisch die Karte. (Mittel)

Bragança Umgebung

Chaves

Das rund 30 Kilometer westlich, nahe der spanischen
Grenze gelegene Städtchen, war dank seiner heilen-
den Quellen bereits zur Zeit der Römer ein bedeutendes Thermalbad. Davon zeugt die im 2. Jahrhundert errichtete und wunderbar erhaltene Brücke *Ponte
Romana* über den Rio Tâmega. Sie besteht aus zwölf
Bögen.

Römerbrücke
von Chaves

Hoch über dem Ort thront das *Castelo,* das aus einer
römischen Wehranlage hervorgegangen ist. Viele
Portugiesen besuchen Chaves wegen des *Restaurante
Tipico Adega Faustino* (Travessa do Olival, Tel. 276-
322142, mittel), wo die Gäste an langen Holztischen
die Spezialität der Region, nämlich Würste und Schinken, verzehren. Bekannt ist Chaves auch für die
Kunstfertigkeit seiner Bäcker, die hier allerdings nicht
für Süßes, sondern für Pikantes geschätzt werden:
Pasteis de Chaves sind halbmondförmige Teigtaschen
mit Kalbfleisch; *folares* sind Pasteten mit Olivenöl
und Schweinefleisch.

Tipp

Pasteis de
Chaves gibt's
in der *Pastelaria
Maria* (Largo do
Município) und
bei *João
Padeiro* (Rua
do Postigo).

Wenn Sie die Heilkraft der Thermalquellen testen
möchten, können Sie im *Forte de São Francisco* aus
dem 17. Jahrhundert eines der komfortablen Pousa-
da-Zimmer mieten (Tel. 276-333700, Fax 276-333701,
www.pousadas.pt, DZ ab 110 €) und sich in den
Termas de Chaves (Tel. 276-332445, www.termasde
chaves.com) verwöhnen lassen.

Parque Natural de Montesinho

Den 74.300 ha großen Naturpark nördlich von Bragança prägen Schiefer und Granite. In den weiten,
kargen Ebenen leben Schafe und Ziegen, die einsam

gelegenen Dörfer werden zumeist nur noch von wenigen Menschen bewohnt. Die wenigen fruchtbaren
Flächen dienen dem Anbau von Kartoffeln, Weizen
und Roggen. Die Provinz *Trás-os-Montes*, zu der der
Naturpark gehört, zählt zu den ärmsten und am dünn-
sten besiedelten des Landes. Vor allem junge Leute
ziehen weg: 1981 lebten im Naturpark noch 12.493
Menschen, zehn Jahre später war die Zahl schon auf
9500 gesunken. Das würde Naturliebhaber nicht weiter stören, doch ist es zumindest im Augenblick nicht
besonders einfach, diese harsche Region zu erkunden, denn Wanderwege sind kaum ausgewiesen oder
markiert. Eine Rundfahrt mit dem Auto erschließt
die herbe Schönheit der Region: historische Monumente wie mittelalterliche Brücken und Kapellen und
hübsche Dörfer. Als Standort geradezu ideal ist die
Casa dos Marrões. Das Bauernhaus aus dem 18. Jahrhundert wurde zu einer komfortablen, geschmackvoll
eingerichteten Unterkunft um- und ausgebaut. Sie
liegt etwa 17 Kilometer nordwestlich von Bragança
inmitten von Eichen- und Kastanienwäldern (Vilarin-
ho de Cova de Lua, Tel. 273-999550, www.casados
marroes.com, DZ ab 60 €).

Miranda do Douro

Die 75 Kilometer lange Fahrt nach Südosten lohnt
sich, denn die Altstadt thront malerisch über der tief
eingeschnittenen Schlucht des Grenzflusses Douro.
1762 zerstörte die Explosion eines Munitionsdepots
die im 13. Jahrhundert erbaute Burg und einen Teil
der Häuser. Heute scheint Mirandas Bedeutung darin
zu liegen, spanische Tagestouristen mit preiswerter
Kleidung und Tischdecken zu versorgen. Davon abgesehen ist der Ort sehr hübsch. Die etwas überdi-
mensioniert wirkende **Kathedrale** mit ihrem mächtigen Talha dourada-Dekor ist die wichtigste historische Sehenswürdigkeit (16. Jahrhundert).

Sehr zu empfehlen ist eine **Bootsfahrt** auf dem
Douro, der bei Miranda von einem Wehr aufgestaut
wird. Die Fahrt führt flussaufwärts zwischen den über
200 Meter hohen Felswänden und bizarren Erosions-
skulpturen hindurch. Hier bekommt man Nester von
Schwarzstörchen, uralte, im Fels wurzelnde Bäume,
einen kleinen Wasserfall und mit etwas Glück auch

Flussfahrt
zwischen hohen
Felswänden auf
dem Douro

Steinadler und Geier zu sehen. Bevor das Schiff um-
kehrt, führt ein Landgang ein Stück den Hang hinauf zu den Resten einer wahrscheinlich aus der
Keltenzeit stammenden Siedlung. Nach etwa einer
Stunde ist man wieder zurück in Miranda (Parque
Náutico, Reservierung unter Tel. 980-557557,
www.europarques.com, Abfahrten Mo–Fr jeweils 16
Uhr, Sa/So und tgl. im August 11 und 16 Uhr, 15 €).
Im *Estalagem Sta. Catarina* können Sie sich am
1960er-Jahre-Dekor erfreuen, vor allem aber die fantastische Sicht in die Schlucht genießen (Largo da
Pousada, Tel. 273-431255, www.estalagemsanta
catarina.pt, DZ ab 90 €). Für die örtliche Spezialität
Posta Mirandesa ist das Restaurant *O Mirandês* be-
kannt: Kalbsfilet von der hier gezüchteten Rinder-
rasse (Largo da Moagem, Tel. 273-431418, mittel).
Lokale Produkte wie Würste, Schinken und Käse können Sie in der *Antiga Alfândega* kaufen (Estrada
Nacional 218, Tel. 273-430021).

5

Bitte schreiben oder mailen Sie (rkhhermann@aol.com), wenn
sich in Portugal Dinge verändert haben oder Sie Neues wissen.
Wir beantworten jede Zuschrift. Danke!

REISE KNOW-HOW
25 JAHRE INDIVIDUELL UND UNABHÄNGIG

Anhang

Anhang

Autoren

Daniela Schetar und Friedrich Köthe

Zu seiner Arbeit als Reisejournalisten und –autoren kam das Münchner Ehepaar durch Zufall. Ursprünglich hatten die beiden Ethnologie und Soziologie studiert, waren privat und beruflich viel in Afrika unterwegs und wurden Anfang der 1990er Jahre von einem Verleger gebeten, einen Reiseführer über Tunesien zu schreiben. Seither sind von ihnen zahlreiche Bücher über Nord- und das südliche Afrika, vor allem über Namibia, erschienen, europäische Lieblingsziele wie Slowenien oder Sizilien kamen hinzu, und auf Madeira lernten sie den portugiesischen Kulturkreis kennen und lieben. Nach vielen Reisen und Aufenthalten in Portugal legen sie nun einen Reiseführer vor, der nicht nur zu den Highlights, sondern auch in versteckte Winkel führt, der das traditionelle, aber auch das moderne Portugal beleuchtet.

Bildnachweis

Alle Fotos von den Autoren, außer …

Carsten Blind: Titelbild, Titelei, Vorwort, S. 13, 15, 29, 43, 45, 107, 110, 116, 121 (2x), 123, 124, 125, 126 u., 128, 129, 130, 132, 133, 134, 136, 137 (2x), 138, 139 (2x), 140, 144, 209, 263, 269, 270, 275

Helmut Hermann: S. 47

Bettina Mornhinweg: S. 135

Fotolia: S. 156 (inacio pires #7426350), 172 (Lumiers #14318034), 204 (peterz #13646540), 216 (Hugh Shaw #253034), 232 (Atlantismedia #9590626)

iStockphoto: S. 89 (Christina Hanck #4612004), 96 (Francisco Caravana #9296015), 98 (ungorf #9002537), 100 (ungorf #7498347), 153 (Valeria Cantone #4750675), 154 (Matt Trommer #4126813), 159 (jan kranendonk #6848348), 162 (Alan John Lander Phillips #4683656), 175 (Valeria Cantone #4623255), 187 (Rui Caldeira #6672170), 190 (Rui Caldeira #9435884), 206 u. (Peter Zaharov #95286869, 211 (Abel Leão #6947536), 217 (photooiasson #6862669), 231 (woofmy #8436813), 237 (Bjorn Hotting #4373583), 245 (Luis Pedrosa #5877027), 253 (Carlos Caetano #2774453), 257 (César Pedrosa #5983377)

Santuário de S. Fátima: S. 207

Glossar Portugal

Abadia	Abtei
Adega	Weinkeller
Anta	Hünengrab
Armillasphäre	nautisches Instrument des 15./16. Jahrhunderts
Azulejos	Fliese, häufig als Schmuckverkleidung an Wänden und Böden
Caid	arab. Bezeichnung für einen regionalen Herrscher
Cais	Quai
Calçada	Gasse
Câmara municipal	Rathaus
Campo	Platz
Capela	Kapelle
Castelo	Burg
Centro Histórico	historische Altstadt
Chalora	Rotunde der Tempelritterkirche in Tomar, ursprünglich runde Betkapelle der Templer nach dem Vorbild der Grabeskirche in Jerusalem.
Cidade Velha	Altstadt
Claustro	Kreuzgang
Convento	Kloster
Cromeleque	keltisch; vorgeschichtliche, kreisförmig angeordnete Steinsetzung um einen Mittelpunkt
Dolmen	megalithische Grabanlage
Dom	„Herr", portugiesischer Titel, wird vor den Taufnamen gesetzt
Emanuelismus	s. Mauelinik
Estação	Bahnhof
Fado	Portugiesische Liedform, der Gesang bringt das besondere Gefühl der Melancholie, *saudade,* zum Ausdruck.
Fortaleza	Festung
Igreja	Kirche
Infant	(Kind, „Edelknabe") historischer Titel portugiesischer und spanischer Prinzen
Kalfatern	„Kalfatern" (auch: Kalfaten, arab. kafr „Asphalt" und kalafa) ist eine Tätigkeit beim Schiffbau, bei der die Stöße zwischen hölzernen Schiffsplanken mit Werg oder Baumwolle und Pech oder Gummi abgedichtet werden.
Largo	größerer Platz, Stadtplatz
Manuelinik	portug. Baustil, in dem Gotik und Renaissance Anfang des 16. Jahrhunderts in der Regierungszeit König Manuels (1495–1521) verschmolzen und der Dekorationselemente aus den neu entdeckten Ländern und der Seefahrt aufnahm.

Megalithische Steinsetzungen	in der Jungsteinzeit und der Bronzezeit zu Kultzwecken aufgestellte Steine, Steinkreise bzw. Grabstätten
Menhir	aus dem Bretonischen, bedeutet „langer Stein" und bezeichnet einen zu kultischen Zwecken aufgestellten, oft mit Schriftzeichen oder Ornamenten geschmückten Stein megalithischer Kulturen.
Miradouro	Aussichtspunkt
Mosteiro	Kloster
Mouraria	ehemals von Mauren bewohntes Viertel
Mudéjar	Dekorationsstil des 14.-16. Jahrhunderts, nach maurischen Vorbildern stark ornamental geprägt. In Portugal häufig in der Ausstattung von kunstvoll geschnitzten Kirchendecken vertreten.
Paço	Palast
Paláço	Palast
Paláço Episcopal	Bischofspalast
Padrão	Steinkreuz mit dem Wappen der portugiesischen Könige, markierte die Oberhoheit Portugals über neu entdeckte Gebiete.
Pelourinho	Schandpfahl, Steinpfosten auf einem Stadtplatz, an dem Sklaven und Verurteilte gebunden und öffentlich bestraft bzw. ausgepeitscht wurden.
Ponte	Brücke
Pousada	ehemals staatliche und nun von einem Hotelkonzern geführte Verwöhn-Herbergen in alten Kastellen, Klöstern oder an naturschönen Orten in ganz Portugal, www.pousadas.pt
Praia	Strand
Quinta	Herrenhaus
Ria	Haff, durch vorgelagerte Inseln geschützter und sich durch Ebbe und Flut beständig verändernder Küstenabschnitt.
Ribeira	Fluss, Flussufer
Rua	Straße
Reconquista	christliche Rückeroberung der von Mauren besetzten Gebiete der Iberischen Halbinsel, in Portugal zwischen 8. Jahrhundert und 1249
Santuário	Heiligtum
Sé	Bischofskirche im portugiesischen Sprachraum
Solar	Adelsschloss, Herrenhaus, heute häufig mit Gästezimmern
Talha dourada	vergoldete Holzschnitzarbeiten in Kirchen, Dekorationsform des Barock.
Terreiro	großer Platz
Torre de menagem	Bergfried
Travessa	Passage, Quergasse

Sprachhilfe Portugiesisch

In Portugal kommt man in den touristischen Regionen mit Englisch gut zurecht. Nur auf dem Land kann es manchmal schwierig sein, jemanden zu finden, der eine Fremdsprache spricht. Im Reise Know-How Verlag ist in der Reihe „Kauderwelsch" ein Sprachführer für Portugiesisch erhältlich.

Zahlen		
	null	zero
	eins	um, uma
	zwei	dois
	drei	três
	vier	quatro
	fünf	cinco
	sechs	seis
	sieben	sete
	acht	oito
	neun	nove
	zehn	dez
	elf	onze
	zwölf	doze
	dreizehn	treze
	vierzehn	catorze
	fünfzehn	quinze
	sechzehn	dezasseis
	siebzehn	dezassete
	achtzehn	dezoite
	neunzehn	dezanove
	zwanzig	vinte
	einundzwanzig	vinte-e-um(a)
	dreißig	trinta
	vierzig	quarenta
	fünfzig	cuinquenta
	sechzig	sessenta
	siebzig	setenta
	achtzig	oitenta
	neunzig	noventa
	hundert	cento

Begrüßung		
	Guten Morgen	Bom dia
	Guten Tag	Boa tarde
	Guten Abend	Boa noite
	Wie geht's	Como está
	Auf Wiedersehen	Adeus

Straßenmusiker
in Tavira

Sonstiges	Ja	Sim, senhor (senhora)
	Nein	Não, senhor (senhora)
	Rechts	Á direita
	Links	Á esquerda
	Geradeaus	Sempre a direito
	Wie weit	Que distância
	Bitteschön	De nada (als Dank)
	Bitte	À vontade (als Aufforderung)
	Bitte	Faz Favor (um eine Gefälligkeit)
	Danke	Obrigado
	Entschuldigung	Desculpe

Wichtige Sätze	Sprechen Sie englisch?	Fala inglès?
	Ein wenig	Um pouco
	Ich verstehe nicht	Não comprendo nada
	Die Rechnung bitte	Faz favor, a conta
	Wie komme ich nach Funchal?	Para Funchal, se fa favour

Kulinarisches Lexikon

Allgemein		
	Abendessen	jantar
	Frühstück	pequeno almoço
	Gabel	garfo
	Guten Appetit	bom apetite
	Löffel	colher
	Messer	faca
	Mittagessen	almoço
	Ober	faz favor
	Prost	saúde
	Rechnung	conta
	Serviette	guardanapo
	Speisekarte	ementa
	Teller	prato
	Weinkarte	ementa dos vinhos

Fisch und Fleisch		
	Amêijoas	Miesmuscheln
	atum	Thunfisch
	balalhau	Stockfisch
	bife	Steak
	borrego	Lamm
	cabrito	Zicklein
	caldeirada	Fischeintopf
	camarão	Crevette
	carne picada	Hackfleisch
	chouriço	Wurst
	coelho	Kaninchen
	costeleta	Kotelett
	dourada	Goldbrasse
	enguia	Aal
	espadarte	Schwertfisch
	fiambre	gekochter Schinken
	frango	Hühnchen
	lagosta	Languste
	leitão	Milchferkel
	linguado	Seezunge
	lombo	Filet
	mariscos	Meeresfrüchte
	ostras	Austern
	pato	Ente
	peixe	Fisch
	peru	Puter

ADEGA TÍPICA
FISCH AND FLEISCH
SEA FOOD RICE

Am Cabo de
São Vicente
gibt es, weniger
landestypisch,
die „letzte
Bratwurst vor
Amerika"

polvo	Krake
porco	Schwein
presunto	Schinken
salmão	Lachs
sardinha	Sardine
tripas	Kutteln
truta	Forelle
vaca	Rind
vieiras	Jakobsmuscheln
vitela	Kalb

Früchte,	abóbora	Kürbis
Gemüse	alface	grüner Salat
und Brot	alho	Knoblauch
	arroz	Reis
	azeite	Olivenöl
	azeitonas	Oliven
	caldo verde	Gemüsesuppe
	cebolas	Zwiebeln
	cogumelos	Pilze
	damasco	Aprikose
	feijão	Bohnen
	grão	Kichererbsen
	laranja	Orange
	legumes	Gemüse
	limão	Zitrone
	morango	Erdbeere
	pão	Brot
	patatas	Kartoffeln
	pêra	Birne
	pimento	Paprika

	piri-piri	Chili
	salada	Salat
	tomate	Tomate

Nachspeisen	gelado	Eis
	nata	Sahne
	pudim flan	Karalellpuding
	queijo	Käse
	arroz doce	Milchreis
	tarte de amêndoa	Mandelkuchen

Getränke	água	Wasser
	água mineral	Mineralwasser
	- com/sem	mit/ohne
	- gás	Kohlensäure
	aguardente	Schnaps
	bagaço	Tresterschnaps
	bebidas	Getränke
	bica	Kaffee (Espresso)
	cerveja	Bier
	chá	Tee
	galão	Milchkaffee
	ginjinha	Kirschlikör
	leite	Milch
	medronho	Schnaps von Baumerdbeeren
	sumo de fruta	Fruchtsaft
	vinho	Wein
	· branco	weiß
	· tinto	rot
	· verde	leicht moussierender Weißwein

Weinlese

Register A–Z

Bootssteg im
Naturreservat
Quinta de Marim

NOTIZEN

NOTIZEN

Rad- und andere Abenteuer aus aller Welt

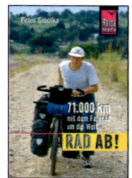

Edition Reise Know-How

In der Edition Reise Know-How erscheinen außergewöhnliche Reiseberichte, Reportagen und Abenteuerberichte, landeskundliche Essays und Geschichten. Gemeinsam ist allen Titeln dieser Reihe: Sie unterhalten, sei es unterwegs oder zu Hause – auch als ideale Ergänzung zum jeweiligen Reiseführer.

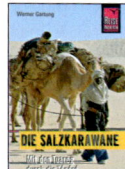

Abenteuer Anden - Eine Reise durch das Inka-Reich.
ISBN 3-89662-307-9 · € 17,50
Auf Heiligen Spuren - 1700 km zu Fuß durch Indien.
ISBN 3-89662-387-7· € 17,50
Die Salzkarawane - Mit den Tuareg durch die Ténéré.
ISBN 3-89662-380-X · € 17,50
Durchgedreht – Sieben Jahre im Sattel
ISBN 3-89662-383-4 · € 17,50
Myanmar/Burma – Reisen im Land der Pagoden.
ISBN 3-89662-196-3 · € 17,50
Please wait to be seated – Bizzares und Erheiterndes von Reisen in Amerika. ISBN 3-89662-198-X · € 12,50
Rad ab – 71.000 km mit dem Fahrrad um die Welt.
ISBN 3-89662-383-4 · € 17,50
Südwärts – von San Francisco nach Santiago de Chile.
ISBN 3-89662-308-7 · € 17,50
Suerte – 8 Monate auf Motorrädern durch Südamerika.
ISBN 978-3-89662-366-9 · € 17,50

Taiga Tour – 40.000 km allein mit dem Motorrad von München durch Russland nach Korea und Japan · ISBN 3-89662-308-7 · € 17,50
USA Unlimited Mileage – Abgefahrene Episoden einer Reise durch Amerika. ISBN 3-89662-189-0 · € 14,90
Völlig losgelöst – Panamericana Mexiko–Feuerland in zwei Jahren ISBN 978-89662-365-2 · € 14,90
Die goldene Insel – Geschichten aus Mallorca
ISBN 3-89662-308-7 · € 10,50
Eine Finca auf Mallorca oder Geckos im Gästebett
ISBN 3-89662-176-9 · € 10,50
Eine mallorquinische Reise – Mallorca 1929
ISBN 3-89662-308-7 · € 10,50
Geschichten aus dem anderen Mallorca
ISBN 3-89662-308-7 · € 10,50
Mallorca für Leib und Seele – Schlange im Schneckensud und andere Köstlichkeiten · ISBN 3-89662-195-5 · € 14,90

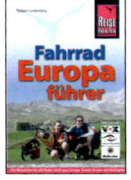

„Rad & Bike"

Fahrrad Weltführer – Das Standardwerk für Fernreseradler, 2. Auflage, 744 Seiten. ISBN 3-89662-304-4 · € 29,50
BikeBuch USA/Canada – 624 S., über 170 Fotos und 45 Karten ISBN 3-89662-389-3 · € 23,50
Fahrrad-Europaführer– 3. Auflage, 648 S., über 50 Karten und 200 Fotos und Abb. · ISBN 978-3-89662-384-3 · € 25,00
Das Lateinamerika BikeBuch 696 S., 92 SW- und 32 Farbfotos, 27 Karten · ISBN 978-3-89662-388-1 · € 25,00

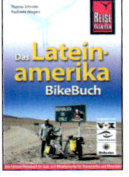

Die Reiseführer auf einen Blick

Reisehandbücher
Urlaubshandbücher
Reisesachbücher
Edition RKH, Praxis

Die Reiseführer auf einen Blick

Reisehandbücher
Urlaubshandbücher
Reisesachbücher
Edition RKH, Praxis

Sydney, Naturparks
Syrien

Taiwan
Tansania, Sansibar
Teneriffa
Thailand
Thailand – Tauch-
   und Strandführer
Thailands Süden
Tokyo, Kyoto,
   Yokohama
Transsib
Trinidad und Tobago
Tunesien
Türkei, Hotelführer
Türkei: Mittelmeerküste

Uganda, Ruanda
USA, als Gastschüler
USA, Kanada
USA, Canada BikeBuch
USA Nordosten,
   Kanada Osten
USA, der große Süden
USA Südwesten, Kalif.,
   Baja California
USA, Südwesten,
   Natur u. Wandern
USA, der ganze Westen

Venezuela
Vereinigte Arabische
   Emirate
Vietnam

Westafrika – Sahel
Westafrika – Küste
Wo es keinen Arzt gibt

Yucatán, Chiapas
   (Mexiko)

PANORAMA

Australien
Cuba
Rajasthans Palasthotels
Südafrika
Thailands Bergvölker
   und Seenomaden
Tibet
Vietnam

Edition RKH

Abenteuer Anden
Auf Heiligen Spuren
Durchgedreht –
   Sieben Jahre im Sattel
Inder, Leben und Riten
Mona und Lisa
Myanmar – Land
   der Pagoden
Please wait to be seated
Rad ab!
Salzkarawane
Südwärts durch
   Lateinamerika
Suerte –
   8 Monate durch Südamerika
Taiga Tour
USA – Unlimited Mileage

Praxis

Aktiv Marokko
All inclusive?
Australien: Outback/Bush
Australien: Reisen/Jobben
Auto durch Südamerika
Ayurveda erleben
Buddhismus erleben
Canyoning
Clever buchen/fliegen
Daoismus erleben
Drogen in Reiseländern
Dschungelwandern
Expeditionsmobil
Fernreisen auf eigene Faust
Fernreisen, Fahrzeug

Fliegen ohne Angst
Frau allein unterwegs
Früchte Asiens
Fun u. Sport im Schnee
Geolog. Erscheinungen
GPS f. Auto, Motorrad
GPS Outdoor-Navigation
Handy global
Hinduismus erleben
Höhlen erkunden
Hund, Verreisen mit
Indien und Nepal,
   Wohnmobil
Internet für die Reise
Islam erleben
Japan: Reisen
   und Jobben
Kanu-Handbuch
Kartenlesen
Kommunikation
   unterwegs
Konfuzianismus erleben
Kreuzfahrt-Handbuch
Küstensegeln
Langzeitreisen
Maya-Kultur erleben
Mountainbiking
Mushing/Hundeschlitten
Neuseeland: Reisen
   und Jobben
Orientierung mit
   Kompass und GPS
Panamericana
Paragliding-Handbuch
Pferdetrekking
Radreisen
Reisefotografie
Reisefotografie digital
Reisekochbuch
Reiserecht
Respektvoll reisen

Mit PANORAMA neuen Horizonten entgegen

Außergewöhnliche Bilder, lebendige Anekdoten und hautnahe Einblicke wecken Erinnerungen oder Vorfreude auf ein Reiseland. PANORAMA präsentiert sich im handlichen, quadratischen Format (18x18 cm, Hardcover mit Fadenheftung) und luftigen Layout, mit Fotos von atemberaubenden Landschaften, Land & Leuten ...

Andrew Forbes & David Henley
PANORAMA Tibet
ISBN 978-3-8317-1542-8 · € 14,90 [D]

Aroon Thaewchatturat & Tom Vater
PANORAMA Zur Quelle des Ganges
ISBN 978-3-8317-1702-6 · € 14,90 [D]

Andrew Forbes & David Henley
PANORAMA Cuba
ISBN 978-3-8317-1519-0 · € 14,90 [D]

Andrew Forbes & David Henley
PANORAMA Kambodscha
ISBN 978-3-8317-1610-4 · € 14,90 [D]

Elke & Dieter Losskarn
PANORAMA Südafrika
ISBN 978-3-89662-347-8 · € 14,90 [D]

Isabel und Steffen Synnatschke
PANORAMA USA Südwesten
Wonderland of Rocks
ISBN 978-3-89662-242-6 · € 17,50 [D]

Günter & Andrea Reindl
PANORAMA Australien
ISBN 978-3-89662-390-4 · € 14,90 [D]

Aroon Thaewchatturat & Tom Vater
PANORAMA Thailands
Bergvölker und Seenomaden
ISBN 978-3-8317-1524-4 · € 14,90 [D]

Aroon Thaewchatturat & Tom Vater
PANORAMA Rajasthans
Palasthotels
ISBN 978-3-8317-1601-2 · € 14,90 [D]

Hans Zaglitsch & Linda O'Bryan
PANORAMA Mundo Maya
ISBN 978-3-8317-1611-1 · € 14,90 [D]

Elke & Dieter Losskarn
PANORAMA Namibia
ISBN 978-3-89662-327-0 · € 14,90 [D]

Andrew Forbes & David Henley
PANORAMA Vietnam
ISBN 978-3-8317-1520-6 · € 14,90 [D]

Andrew Forbes & David Henley
PANORAMA Thailand
ISBN 978-3-8317-1609-8 · € 14,90 [D

Weitere Titel in Vorbereitung

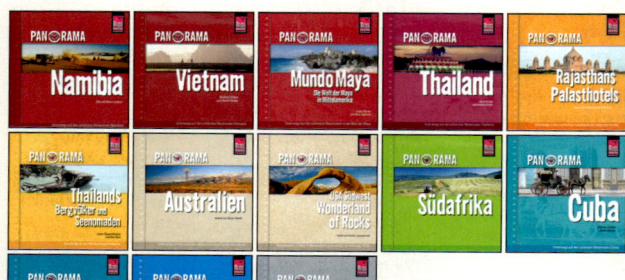